Handbuch der Informatik

herausgegeben von
Prof. Dr. Albert Endres
Prof. Dr. Hermann Krallmann
Dr. Peter Schnupp

Band 9.2

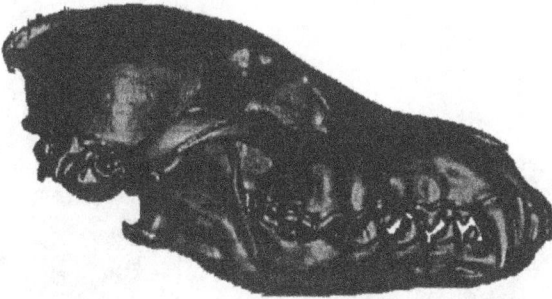

Abb. 1.2: Die hier gezeigte dreidimensionale Darstellung des Schädels eines Koyoten aus Röntgen-Computer-Tomogrammen beschreibt zwar einen real existierenden Sachverhalt, der jedoch normalerweise dem Betrachter nicht zugänglich ist. Das Bild ist das Resultat von Verfahren zur Repräsentation dreidimensionaler Objekte und solcher zur Simulation des Verhaltens von Licht an den repräsentierten Objektoberflächen (erstellt im Rahmen des MILORD-Projekts an der Technischen Universität Berlin).

Die Aufzeichnung realer Szenen - z.B. durch Photos und in gewissem Umfang durch Bilder - ist eine wesentlich unmittelbarere Art der visuellen Informationsvermittlung. Hier findet keine Symbolisierung statt, sondern es wird eine visuell wahrnehmbare Szene konserviert und weitergegeben (etwa bei der Dokumentation eines Verkehrsverstoßes durch ein Photo). *Aufzeichnung realer Szenen*

Die Akzeptanz dieses wenig abstrakten Gebrauchs bildlicher Informationsvermittlung ist größer als der durch die zuvor genannten, abstrakteren Formen der grafischen Kommunikation. Diese non-verbale Vermittlung von Informationen ist derzeit eines der Hauptgebiete der computergestützten Darstellung dreidimensionaler Objekte. Da es verhältnismäßig einfach ist, die Axiome der euklidischen Geometrie auf den Rechner abzubilden, ist eine geometrische Weiterverarbeitung von dreidimensionalen Strukturen möglich. Wenn es also gelingt, die geometrische Struktur eines Teils der realen Welt gut genug zu approximieren und Wege zu finden, den Prozeß, der zur visuellen Wahrnehmung dieser Strukturen führt, auf den Rechner abzubilden, dann ist es möglich, real nicht existierende Objekte realitätsnah zu visualisieren und so die visuelle Wahrnehmung einer realen Welt zu simulieren (Abb. 1.2 zeigt als Beispiel die Darstellung von Knochen aus Röntgen-Computer-Tomogrammen).

Damit gehen die Mittel der Computergrafik über die Möglichkeiten der ursprünglichen Bildaufnahme weit hinaus. Künstliche Wirklichkeiten können geschaffen werden, die nach den Gesetzen der euklidischen Geometrie manipulierbar sind. Durch die Einbeziehung eines Modells über die Ausbreitung *Die Simulation künstlicher Wirklichkeiten*

17

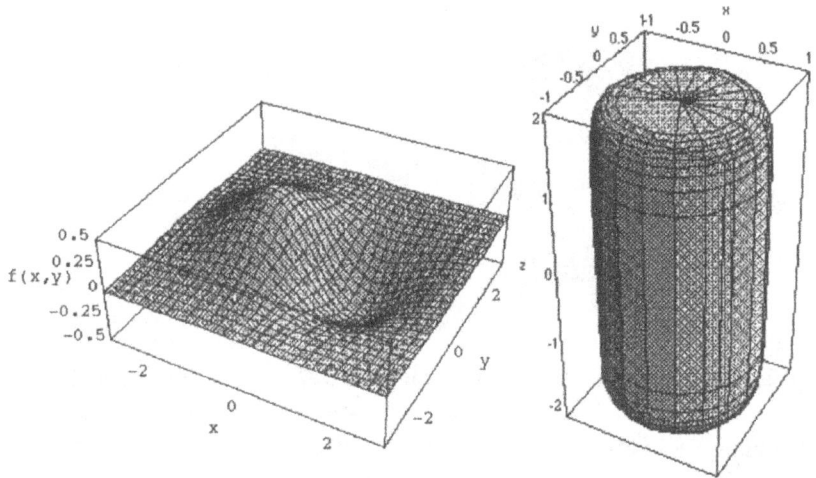

Abb. 1.3: Die Darstellung der Funktion $f(x,y) = \dfrac{-2x}{\sqrt{2\pi}} \cdot \exp\left[-\left(x^2 + y^2\right)\right]$ (links) und der Superquadrik mit $x = \cos(u)^{0.2} \cdot \cos(v)$, $y = \cos(u)^{0.2} \cdot \sin(v)$, $z = 2 \cdot \sin(u)^{0.2}$ (rechts) sind Beispiele für die Möglichkeiten der Grafik zur Informationsvermittlung abstrakter Sachverhalte.

von Licht gelingt die wirklichkeitsnahe Simulation realer Vorgänge oder die Animation irrealer Sachverhalte[1]. Die Bedeutung der Computergrafik in diesen Bereichen entsteht also durch die Eröffnung von gänzlich neuen Möglichkeiten der bildlichen Informationsvermittlung.

Die Visualisierung mehrdimensionaler Funktionen

Ein Gebiet der Informationsvermittlung durch Bilder, das in jüngster Zeit an Bedeutung gewonnen hat, ist die Visualisierung mehrdimensionaler Funktionen. Eigenschaften von Funktionen, die das Resultat von Messungen oder Untersuchungen in Gebieten wie der Geologie, der Physik, der Medizin oder der Chemie sind und von denen eine analytische Beschreibung sehr komplex oder nicht bekannt ist, lassen sich zum Teil einfach vermitteln, wenn Funktionswerte abgebildet werden. Lassen sich die Werte einer eindimensionalen Funktion noch leicht zu Papier bringen, so sind für die Projektion mehrdimensionaler Funktionen Methoden der Computergrafik unabdinglich. Abb. 1.3 zeigt als Beispiel die Visualisierung von komplexen Funktionen.

---

[1] Es geht hier ausschließlich um die Simulation des Vorgangs, der zur visuellen Wahrnehmung von Objekten führt. Die unter dem Begriff der 'Virtuellen Realität' subsummierte Beeinflussung mehrerer Sinneswahrnehmungen soll hier nicht behandelt werden.

Die zuvor erwähnten Methoden zur Visualisierung einer künstlichen Wirklichkeit lassen sich einsetzen, um Informationen über eine abstrakte, mehrdimensionale Welt zu vermitteln. Auch hier ist es notwendig, Sorgfalt bei der Auswahl der Symbolisierung grafischer Information walten zu lassen. Wenn es gelingt, die Fähigkeit des Menschen zur visuellen Wahrnehmung mehrdimensionaler Informationen dahingehend zu nutzen, die verwendete Symbolisierung im Sinne der mathematischen, physikalischen oder physiologischen Bedeutung der abstrakten Funktion zu deuten, dann ist ein neues Gebiet der Vermittlung abstrakter Sachverhalte mit Mitteln der Grafik erschlossen. Darüber hinaus können Erkenntnisse aus der Wahl der Symbolisierung für die Repräsentation einer bestimmten Funktion zu einer Theorie über die visuelle Wahrnehmung abstrakter Sachverhalte beitragen. Der Einsatz des Computers hat in diesem Zusammenhang den Vorteil, daß er ein wiederholbares Experimentieren mit dem Medium 'Bild' ermöglicht.

Computergrafisch können Werte zweidimensionaler Funktionen als Projektion eines dreidimensionalen Raums visualisiert werden. Die zusätzliche Information mehrdimensionaler oder multispektraler Funktionen kann durch die Verwendung von Echtzeitrotationen, Farbe, Schattierung, Transparenz oder Textur vermittelt werden. Realitätsnähe spielt in diesem Zusammenhang keine Rolle. Es kommt vielmehr darauf an, die menschliche Erfahrung bei der Interpretation von Bildern der realen Welt für die Vermittlung abstrakter, mehrdimensionaler Information zu verwenden.

Visualisierung zweidimensionaler Funktionen

Der Computer trägt also dazu bei, den ursprünglich künstlerischen und damit individuellen und nicht nachvollziehbaren Prozeß der Vermittlung mehrdimensionaler Information durch eine zweidimensionale Anzeige zu reglementieren und damit zu standardisieren. Das mag im ersten Moment erschreckend klingen, doch wird hierdurch ein Prozeß der Informationsvermittlung wiederholbar und für viele Menschen durchführbar gestaltet. Andere als eine kleine Zahl begabter Individuen können dieses Kommunikationsmittel nutzen und zwar sowohl als Interpretierende als auch als Synthetisierende der Information. Genausowenig wie es durch die Einführung von Sprache und Schrift zu einem Aussterben der Kunst von Wort und Musik kam, wird diese Reglementierung der visuellen Kommunikation zu einem Ende der bildlich orientierten Kunst führen.

Standardisierung der bildlichen Informationsvermittlung

Computergrafik und Computer Vision sind diejenigen Teilgebiete der Informatik, die die oben genannte rechnergestützte Verarbeitung von bildlichen Daten zum Inhalt haben. Durch die Computer Vision wird die Analyse von Bilddaten abgedeckt, während die Computergrafik die Synthese grafischer Daten umfaßt. Hierunter sind die Generierung und Manipulation von 2D- und 3D-Daten, die Verbindung zwischen grafischen Daten und dreidimensionaler Realität zum Zweck der Simulation und Animation realer

Gebiete der grafischen Datenverarbeitung

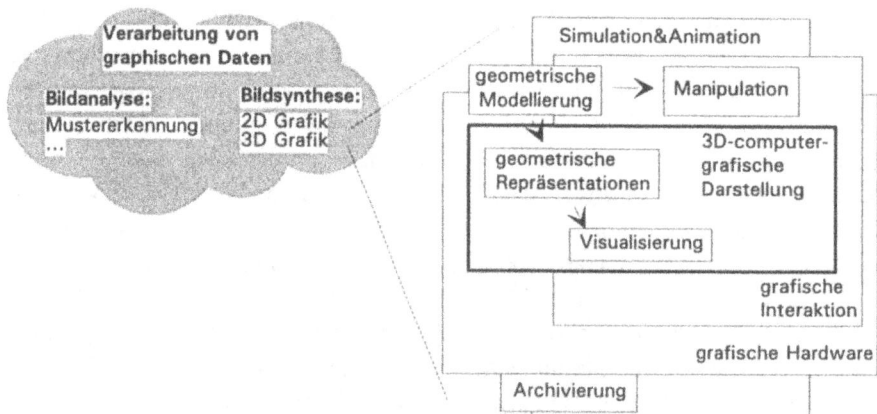

Abb. 1.4: Gebiete der grafischen Datenverarbeitung

Vorgänge, die Vermittlung der repräsentierten Information, die Archivierung und Übertragung grafischer Daten sowie die Entwicklung von Hardware für die grafische Interaktion und die Verbreitung grafischer Daten zu verstehen (siehe Abb. 1.4). Ein Einblick in Grundlagen der Computergrafik findet sich in /Enca88/ und /Fell93/. Einen Überblick über weite Bereiche der Computergrafik bietet das über 1000-seitige Werk von Foley et al. /Fole92/. Eine genauere Betrachtung grafischer Hardware ist /Jack92/ zu entnehmen.

Die 3D-computergrafische Darstellung

Die 3D-computergrafische Darstellung ist nur ein kleiner Teil der Computergrafik, der jedoch Motivation oder Basis für alle die Gebiete ist, die sich mit der Verarbeitung dreidimensionaler Daten beschäftigen. Das Ziel der computergrafischen Darstellung dreidimensionaler Strukturen ist die Informationsvermittlung durch Modellierung desjenigen Prozesses, durch den dreidimensionale Objekte der realen Welt für uns visuell wahrnehmbar werden.

Wir sehen Objekte, weil Licht von den Objekten auf die Netzhaut reflektiert wird. Durch unterschiedliche Schattierung und Farbgebung sind diese Objekte für uns erkennbar. Dabei bedienen wir uns neben der Auswertung dieser Information weiterer Hilfsmittel, wie z.B. der Fähigkeit zum Stereosehen oder der Möglichkeit, durch kontrollierte Bewegung die Objektform aus mehreren Ansichten zu rekonstruieren. Diese Mittel zu simulieren und über ein zweidimensionales Anzeigemedium zur Verfügung zu stellen, ist das Ziel von dreidimensionalen computergrafischen Darstellungsmethoden[2]. Der Inhalt des Buchs besteht demgemäß aus zwei Teilen, die die

---

[2] Daß wir in der Lage sind, solche 2D-Anzeigen (z.B. Photos oder einen Film) als dreidimensionale Realität zu interpretieren, zählt zu den erstaunlichen Leistungen frühkindlichen Lernens, das durchaus nicht selbstverständlich oder leicht erlernbar ist, wie

Generierung und Modellierung der dreidimensionaler Geometrierepräsentation sowie Verfahren zu ihrer Darstellung zum Inhalt haben.

Ursprünglich für Anwendungen im computergestützten Entwurf und zur computergestützten Fertigung konzipiert, gibt es inzwischen eine Vielzahl von 3D-Repräsentationen für die Beschreibung von Objekten. Ein Objekt kann z.B. die Oberfläche eines Werkstücks, die Form einer Blume, die Struktur von Wolken oder die Verteilung des Absorptionskoeffizienten für Röntgenstrahlung im menschlichen Körper sein. Elemente der Geometrie zur Beschreibung und Manipulation dieser Formen sind das Thema des Kapitels 2.

Struktur des Handbuchs

Die im anschließenden Kapitel vorgestellten Repräsentationen basieren auf diesem Thema. Repräsentationen dienen als rechnerinterne Approximation existierender oder abstrakter Daten. Bedingt durch die Unterschiedlichkeit gibt es verschiedene Ansätze, durch die solche Strukturen entweder aus Komponenten konstruiert, aus Meßdaten rekonstruiert oder nach ihnen approximiert werden. Darüber hinaus existieren Verfahren, die den Entstehungsprozeß selbst modellieren und repräsentieren.

3D-Repräsentation

Die folgenden vier Kapitel behandeln die Visualisierung der solcherart repräsentierten Objekte. Erste Verfahren zur Visualisierung dreidimensionaler Daten wurden bereits zu Beginn der 70er Jahre veröffentlicht (siehe z.B. /Bouk70/ für einen frühen Algorithmus zur Entfernung verdeckter Flächen) und bald folgten Algorithmen zur schattierten Darstellung dreidimensionaler Objekte (z.B. /Gora71/, /Phon75/ zur Modellierung und Berechnung des vom Objekt in Betrachtersicht reflektierten Lichts). Die Suche nach größerer Realitätsnähe der berechneten Bilder resultierte in der Integration des geometrischen Aspekts der feststellbaren sichtbaren Flächenelemente und der Berechnung der Oberflächenschattierung. Daraus ergaben sich Algorithmen zur Lichtstrahlverfolgung /Whit80/ und zur Berechnung der von allen Seiten auf eine Oberfläche einfallenden Strahlung /Gora84/. Wenig später erfolgte mit der Verschmelzung beider Konzepte eine weitere Annäherung an die in der Realität stattfindende Reflexion /Kaji86/.

Visualisierung

Alle diese Ansätze werden in den Kapiteln 4 bis 6 vorgestellt. Die älteren Methoden sind hierbei durchaus nicht nur aus historischen Gründen interessant, denn je realitätsnäher das Resultat eines auf eine Geometrierepräsentation angewendeten Beleuchtungsmodells ist, desto größer ist der zu treibende Aufwand und die Menge der zur Anwendung des Modells benötigten Informationen über das darzustellende Objekt. Die Entscheidung für ein

---

es das Beispiel von früh erblindeten Menschen zeigt, die später ihr Sehvermögen zurückerlangten /Sack93/.

spezielles Darstellungsverfahren wird daher von der Art der zur Verfügung stehenden Information, den Anforderungen an Geschwindigkeit und Realitätsnähe, sowie der gegebenen Hardware-Ausstattung abhängen. Die frühen Visualisierungsmethoden sind deshalb wegen ihrer einfachen Berechenbarkeit auch heute noch häufig die Basis von Visualisierungssoftware.

Textur

Reale Objekte erhalten ihr Aussehen durch die Feinstruktur der Oberfläche. Ein Block aus Plastik sieht beispielsweise anders aus als ein gleichgroßer, gleichfarbiger Holzblock, weil ersterem die Maserung fehlt. Diese Feinstruktur führt zu einer von der Geometrie der Oberfläche und der Art der Beleuchtung abhängigen Lichtreflexion. Nicht immer ist es freilich günstig, sie als Teil der Objektgeometrie und der Lichtreflexion zu modellieren. Für die Reflexion an makroskopischen aber dennoch sehr kleinen Oberflächenstrukturen ist es effektiver, eine eigene Repräsentation einzuführen und in Geometrierepräsentation und Beleuchtungsmodell zu integrieren. Diese Repräsentation heißt Textur und ist ein wichtiger Bestandteil der Repräsentation und Darstellung realer Objekte. Der Texturrepräsentation ist das Kapitel 7 gewidmet.

Abgeschlossen wird das Buch durch ein kurzes Kapitel über Trends in der computergrafischen Darstellung. Hier soll der Versuch gemacht werden, zukunftsträchtige Bereiche der Forschung und der Anwendungen 3D-computergrafischer Darstellungen aufzuzeigen.

2 Grundlagen der 3D-Grafik

Die euklidische Geometrie auf einem dreidimensionalen Raum reeller Zahlen ist das Modell für die geometrischen Aspekte dreidimensionaler computergrafischer Darstellungen. Für die rechentechnische Umsetzung von Teilen dieses Modells wird eine möglichst einfache Struktur für die zu repräsentierenden Objekte, sowie die auf ihnen auszuführenden Operationen bevorzugt, auch wenn das dazu führt, daß komplexe Sachverhalte durch eine Vielzahl von Einzelelementen beschrieben werden und ihre Darstellung die häufige Ausführung einfacher Operationen erfordert.

Die Reduktion auf möglichst einfache Strukturen erfolgt aus zwei Gründen. Zum einen erleichtert ein hoher Grad von Modularisierung und die Simplizität der einzelnen Module eine hardware-technische Realisierung mancher der besonders oft auszuführenden Operationen. Zum anderen vereinfacht sich die Korrektur von Ungenauigkeiten. Gerade dies ist ein nicht zu vernachlässigender Aspekt, denn durch die nur näherungsweise Repräsentation der reellen Zahlen im Computer - die das Modell für die Axiome der euklidischen Geometrie sind - sind Approximationsungenauigkeiten unvermeidlich.

Beispielsweise steht ein aus dem Kreuzprodukt zweier Vektoren mit Rechengenauigkeit berechneter dritter Vektor nur fast senkrecht auf diesen Vektoren. Auch zwei ursprünglich parallele Geraden bleiben nach einer Rotation nicht unbedingt zueinander parallel. Algorithmen, die diesen Umstand einer Approximation der reellen Zahlen nicht in Betracht ziehen, können ein sehr unstabiles Verhalten aufweisen, das sich unangenehm auf die Visualisierung der repräsentierten Daten auswirken kann (wenn z.B. das Objektinnere plötzlich sichtbar wird, weil nach einer Transformation zwei ursprünglich aneinandergrenzende Flächenelemente auseinanderklaffen). Fehler dieser Art sind nicht vermeidbar, doch ihre Auswirkung sollte lokal begrenzt bleiben. Auch das ist ein Grund für die Wahl einer auf einfachen Elementen basierenden Repräsentation der für die 3D-Darstellung benötigten Aspekte der euklidischen Geometrie. Diese Elemente zu charakterisieren ist das Thema des vorliegenden Kapitels.

2.1 Elemente der 3D-Grafik

Ein Objekt kann als eine Menge von Punkten im dreidimensionalen, euklidischen Raum modelliert werden, von denen die Zugehörigkeit zum Objekt - ggf. nur mit einer von Null verschiedenen Wahrscheinlichkeit - bekannt ist. Der Darstellungsprozeß für ein solches Objekt kann als Projektion eines durch Flächen begrenzten Teilraums auf eine Anzeigefläche verstanden werden, wobei die Art der Darstellung von der Objektzugehörigkeit und objektspezifischen, geometrischen und physikalischen Eigenschaften der projizierten Punkte abhängt.

Punkte, Geraden und Flächen sind die Grundbausteine eines solches Modells. Ihre Transformation, sowie die Auswertung einfacher geometrischer Eigenschaften zwischen unterschiedlichen Bausteinen bilden eine Basis für Methoden der 3D-computergrafischen Darstellung.

2.1.1 Punkte, Geraden und Flächen

Punkte im karthesischen Koordinatensystem

Der Lokalisation und Beschreibung von geometrischen Strukturen im dreidimensionalen Raum liegt meist ein karthesisches Koordinatensystem zugrunde. Danach wird die Position eines Punktes $\vec{p}$[3] durch drei Koordinaten charakterisiert:

$$\vec{p} = [x\ y\ z].$$

Homogene Koordinaten

Für Anwendungen in der 3D-Computergrafik hat sich jedoch mit der Repräsentation durch homogene Koordinaten eine alternative Form als zweckmäßig erwiesen, durch die viele Operationen auf geometrischen Strukturen vereinfacht durchzuführen sind. Ein homogenes Koordinatensystem für einen n-dimensionalen Raum besteht aus $n+1$ Koordinatenvektoren, die einen $n+1$-dimensionalen Raum aufspannen. Das Verhältnis der $n+1$ Koordinaten zueinander bestimmt die Position eines Punktes im n-dimensionalen, karthesischen Koordinatensystem. Die gleichzeitige Skalierung aller Koordinaten ändert daher die Position im karthesischen Koordinatensystem nicht (siehe Abb. 2.1).

Für die Beschreibung von Positionen im dreidimensionalen Raum wird ein vierdimensionales, orthogonales, homogenes Koordinatensystem verwendet. Ein Punkt $\vec{p}$ wird wie folgt repräsentiert:

$$\vec{p} = [x\ y\ z\ w].$$

---

[3] Für Punkte wird die Vektordarstellung verwendet, weil viele der nachfolgend behandelten Operationen für ihre Berechnung von einer Vektordarstellung ausgehen.

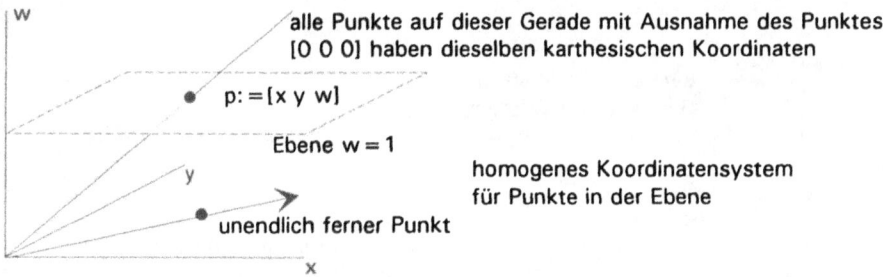

w

alle Punkte auf dieser Gerade mit Ausnahme des Punktes
[0 0 0] haben dieselben karthesischen Koordinaten

p: = [x y w]

Ebene w = 1

homogenes Koordinatensystem
für Punkte in der Ebene

y

unendlich ferner Punkt

x

Abb. 2.1: Ein homogenes Koordinatensystem ist ein baryzentrisches System. Eine Skalierung der Koordinaten ändert daher die korrespondierende Position im karthesischen Koordinatensystem nicht.

Seine Position im karthesischen Koordinatensystem ist:

Konversion von homogenen in karthesische Koordinaten

$$\vec{p} := \left[\frac{x}{w} \ \frac{y}{w} \ \frac{z}{w} \right].$$

Alle Punkte $[xw \ yw \ zw \ w]$ mit festen x, y, z und variablem $w \neq 0$ bezeichnen den gleichen Punkt im karthesischen Koordinatensystem. Ein Punkt des karthesischen Koordinatensystems entspricht also einer Linie durch den Koordinatenursprung des homogenen Koordinatensystems (mit Ausnahme des Ursprungs selbst). Der Einfachheit halber wird häufig die Repräsentation $\vec{p} = [x \ y \ z \ 1]$ gewählt, weil dann die ersten drei Komponenten mit den Koordinaten im karthesischen Koordinatensystem übereinstimmen.

Ein Sonderfall ergibt sich für $w = 0$. Der Punkt $[x \ y \ z \ 0]$ befindet sich im karthesischen Koordinatensystem auf einer Gerade durch den Koordinatenursprung mit der Richtung $[x \ y \ z]$ unendlich fern vom Ursprung. In einem homogenen Koordinatensystem ist es also möglich, unendlich ferne Punkte zu bezeichnen und zu manipulieren.

Unendlich ferne Punkte

Geraden $\vec{g}(t)$ lassen sich durch die Koordinaten zweier Punkte $\vec{p}_1$ und $\vec{p}_2$ auf ihr oder durch Angaben der Koordinaten eines Punktes $\vec{p}$ und einer Richtung $\vec{v}$ bezeichnen

Geraden in homogenen Koordinaten

$$\vec{g}(t) = \vec{p}_1 + t \cdot (\vec{p}_2 - \vec{p}_1) \tag{2.1}$$

oder

$$\vec{g}(t) = \vec{p} + t \cdot \vec{v} \, .$$

Eine Ebene kann in unterschiedlicher Weise beschrieben werden. Beispielsweise kann die Repräsentation durch drei in der Ebenen liegende Punkte oder durch einen Punkt und zwei Richtungen erfolgen. Für eine Verarbeitung innerhalb eines homogenen Koordinatensystems bietet sich indes die Repräsentation durch die Ebenengleichung

Repräsentation von Ebenen

25

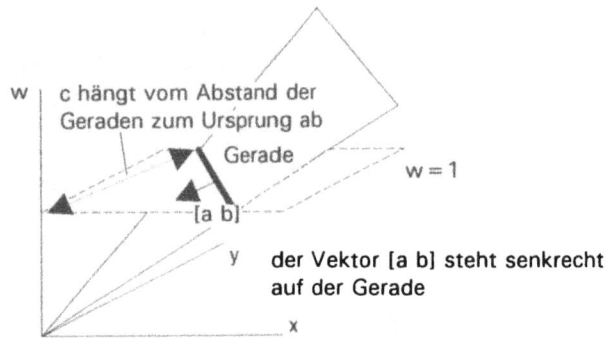

Abb. 2.2: Repräsentation einer Geraden im zweidimensionalen Raum durch die Geradenparameter $ax+by+c=0$.

$$a \cdot x + b \cdot y + c \cdot z + d \cdot w = 0$$

an. Durch die Parameter $[a\,b\,c\,d]$ wird die Ebene spezifiziert. Alle Punkte $\vec{p} = [x\,y\,z\,w]$, für die die obige Gleichung erfüllt ist, liegen in der Ebene. Es handelt es sich um die Repräsentation der Ebene in homogenen Koordinaten Eine Skalierung der Parameter führt nicht zu einer Änderung der repräsentierten Ebene.

Geometrische Interpretation der Ebenengleichung

Geometrisch lassen sich die ersten drei Parameter als ein Vektor interpretieren, der auf der Ebene senkrecht steht (Abb. 2.2 zeigt das zweidimensionale Analogon einer Geraden in homogenen Koordinaten). Falls die Parameter so skaliert sind, daß dieser Vektor normiert ist, entspricht der vierte Parameter dem Abstand der Ebene vom Ursprung. Punkte $[x\,y\,z\,w]$, für die das Skalarprodukt $<[a\,b\,c\,d],[x\,y\,z\,w]>$ positiv ist, liegen vor der Ebene - d.h. in Richtung des Vektors $[a\,b\,c]$ - und solche, für die das Ergebnis negativ ist, liegen hinter der Ebene.

Simplex-Repräsentation

Im Gegensatz zu Punkten und Ebenen sind Geraden nicht so einfach zu repräsentieren, denn für sie ist nur eine indirekte Darstellung durch Angabe zweier auf ihr liegenden Punkte nach Gleichung 2.1 möglich. Es gibt freilich eine Verallgemeinerung der homogenen Koordinaten durch die sogenannten Plücker-Koordinaten, welche auch die Repräsentation von Geraden einschließt /Stol91/. Plücker-Koordinaten werden aus der Simplex-Repräsentation abgeleitet. In der Simplex-Repräsentation wird eine Hyperebene durch ein in ihr liegendes Simplex von der Dimension der Hyperebene beschrieben (siehe Abb. 2.3). Das Simplex wird durch die homogenen Koordinaten seiner Eckpunkte repräsentiert. Die Repräsentation eines Punktes im 3D-Raum wäre also

$$\vec{p} = (a_0\ a_1\ a_2\ a_3),$$

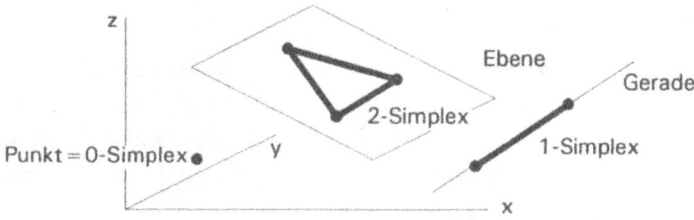

Abb. 2.3: Simplex-Repräsentation von Punkten, Geraden und Ebenen im 3D-Raum (die w-Koordinate der Punkte ist nicht gezeichnet).

wobei $(a_0\ a_1\ a_2\ a_3)$ die homogenen Koordinaten des Punktes sind. Eine Gerade wäre durch ein Simplex mit zwei Ecken beschrieben und hat demzufolge die Repräsentation

$$\bar{g} = \begin{pmatrix} a_0 & a_1 & a_2 & a_3 \\ b_0 & b_1 & b_2 & b_3 \end{pmatrix}.$$

Eine Ebene, schließlich, wird durch ein Dreieck beschrieben und hat die Repräsentation

$$E = \begin{pmatrix} a_0 & a_1 & a_2 & a_3 \\ b_0 & b_1 & b_2 & b_3 \\ c_0 & c_1 & c_2 & c_3 \end{pmatrix}.$$

Die Plücker-Koordinaten einer n-dimensionalen Hyperebene lassen sich aus der Simplex-Repräsentation durch die Bestimmung der Determinanten aller $n \times n$ großen Untermatrizen errechnen. Die Plücker-Koordinaten eines Punktes sind daher seine homogenen Koordinaten. *Plücker-Koordinaten*

Die Gerade hat sechs Koordinaten, die sich aus der Berechnung der folgenden Determinanten ergeben:

$$\bar{g} := (c_0\ c_1\ c_2\ c_3\ c_4\ c_5)$$

$$= \left(\det\begin{vmatrix} a_0 & a_1 \\ b_0 & b_1 \end{vmatrix} \det\begin{vmatrix} a_0 & a_2 \\ b_0 & b_2 \end{vmatrix} \det\begin{vmatrix} a_1 & a_2 \\ b_1 & b_2 \end{vmatrix} \det\begin{vmatrix} a_0 & a_3 \\ b_0 & b_3 \end{vmatrix} \det\begin{vmatrix} a_1 & a_3 \\ b_1 & b_3 \end{vmatrix} \det\begin{vmatrix} a_2 & a_3 \\ b_2 & b_3 \end{vmatrix} \right).$$

Eine Ebene hat vier Koordinaten, die mit den Parametern der Ebenengleichung eng verwandt sind. Sie errechnen sich wie folgt:

$$E := (d_0\ d_1\ d_2\ d_3) = \left(\det\begin{vmatrix} a_0 & a_1 & a_2 \\ b_0 & b_1 & b_2 \\ c_0 & c_1 & c_2 \end{vmatrix} \det\begin{vmatrix} a_0 & a_1 & a_3 \\ b_0 & b_1 & b_3 \\ c_0 & c_1 & c_3 \end{vmatrix} \det\begin{vmatrix} a_0 & a_2 & a_3 \\ b_0 & b_2 & b_3 \\ c_0 & c_2 & c_3 \end{vmatrix} \det\begin{vmatrix} a_1 & a_2 & a_3 \\ b_1 & b_2 & b_3 \\ c_1 & c_2 & c_3 \end{vmatrix} \right).$$

Zwischen den Parametern a,b,c,d der Ebenengleichung und ihren Plücker-Koordinaten $(d_1\ d_2\ d_3\ d_4)$ besteht der folgende Zusammenhang:

$a = -d_3$, $b = d_2$, $c = -d_1$, $d = d_0$.

Der Vorteil der Plücker-Koordinaten besteht darin, daß es möglich ist, Verfahren für den Schnitt und die Vereinigung von Hyperebenen in diesen Koordinaten anzugeben. So ist z.B. der Schnitt zweier Ebenen mit den Plücker-Koordinaten $(d_0\,d_1\,d_2\,d_3)$ und $(e_0\,e_1\,e_2\,e_3)$ eine Gerade, deren Koordinaten $(c_0\,c_1\,c_2\,c_3\,c_4\,c_5)$ durch

$$\left(\det\begin{vmatrix} d_0 & d_1 \\ e_0 & e_1 \end{vmatrix} \det\begin{vmatrix} d_0 & d_2 \\ e_0 & e_2 \end{vmatrix} \det\begin{vmatrix} d_0 & d_3 \\ e_0 & e_3 \end{vmatrix} \det\begin{vmatrix} d_1 & d_2 \\ e_1 & e_2 \end{vmatrix} \det\begin{vmatrix} d_1 & d_3 \\ e_1 & e_3 \end{vmatrix} \det\begin{vmatrix} d_2 & d_3 \\ e_2 & e_3 \end{vmatrix} \right)$$

gegeben sind.

Falls die beiden Ebenen gleich sind, sind alle Koordinaten Null. Falls sie parallel zueinander sind, sind nur die letzten drei Koordinaten Null. Durch die Plücker-Koordinaten ist also eine Berechnung ohne Abfragen (z.B. auf Parallelität der beiden Ebenen zueinander) möglich.

Für die Berechnung des Schnittpunkts zwischen Gerade und Ebene und die Vereinigung zwischen Gerade und Punkt zu einer Ebene wurde von J.Blinn eine Repräsentation der Plücker-Koordinaten der Gerade gewählt, die eine Berechnung der beiden Operationen als Multiplikation der Punkt- und Ebenen-Koordinaten mit einer 4×4-Matrix ermöglicht /Blin77a/. Durch die 4×4-Matrix werden die Plücker-Koordinaten $(c_0\,c_1\,c_2\,c_3\,c_4\,c_5)$ der Gerade wie folgt beschrieben:

$$\mathbf{G} = \begin{bmatrix} 0 & c_5 & -c_4 & c_2 \\ -c_5 & 0 & c_3 & -c_1 \\ c_4 & -c_3 & 0 & c_0 \\ -c_2 & c_1 & -c_0 & 0 \end{bmatrix}.$$

Ein Punkt mit den Koordinaten $[x\,y\,z\,w]$ liegt auf der Gerade $\mathbf{G}$, falls

$[x\,y\,z\,w] \times \mathbf{G} = [0\,0\,0\,0]^{\mathrm{T}}$ (T steht für die Transposition).

Ist das Ergebnis nicht der Nullvektor, so sind die Werte $[a\,b\,c\,d]$ die Parameter der Ebenengleichung einer Ebene, die durch die Gerade und den Punkt aufgespannt wird.

Der Schnittpunkt einer Geraden mit einer Ebene läßt sich mit einer leicht veränderten Repräsentation der Geraden durch die Matrix

$$\tilde{\mathbf{G}} = \begin{bmatrix} 0 & -c_0 & -c_1 & -c_3 \\ c_0 & 0 & -c_2 & -c_4 \\ c_1 & c_2 & 0 & -c_5 \\ c_3 & c_4 & c_5 & 0 \end{bmatrix} \tag{2.2}$$

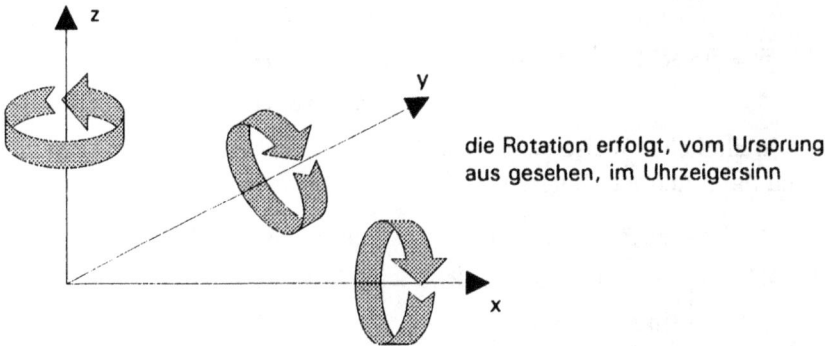

die Rotation erfolgt, vom Ursprung
aus gesehen, im Uhrzeigersinn

Abb. 2.4: Rotationen um eine der drei Koordinatenachsen lassen sich durch eine Multiplikation mit einer 3×3-Matrix repräsentieren.

finden. Die Matrixelemente wurden so gesetzt, daß nicht die Plücker-Koordinaten, sondern die Parameter der Ebenengleichung für die Schnittpunktberechnung benutzt werden können. Die Koordinaten des Schnittpunkts sind:

$$\tilde{G} \times [a\ b\ c\ d]^T = [x\ y\ z\ w]^T.$$

Parallel zur Ebene verlaufende Geraden schneiden sich in einem unendlich fernen Punkt. In diesem Fall ergibt sich eine homogene Koordinate $w=0$. Falls das Ergebnis der Nullvektor ist, liegt die Gerade in der Ebene. Eine eigene Behandlung dieses Falles ist also nicht notwendig.

2.1.2 Transformationen

Translation, Skalierung und Rotation sind lineare Transformationen, durch die eine Positionierung von geometrischen Objekten zur Erzeugung einer computergrafischen Darstellung bewirkt werden kann.

Die Verschiebung eines Punktes $\vec{p}$ um $\vec{d}$ ist gegeben durch   Translation

$$\vec{p}' = \vec{p} + \vec{d} = [x\ y\ z] + [dx\ dy\ dz].$$

Die Skalierung relativ zum Koordinatenursprung um den Faktor s läßt   Skalierung
sich als Skalarmultiplikation realisieren:

$$\vec{p}' = \vec{p} \cdot s = [x \cdot s \quad y \cdot s \quad z \cdot s].$$

Rotationen können als Kombination von Rotationen um die drei Koor-   Rotation
dinatenachsen repräsentiert werden[4] (siehe Abb. 2.4). Eine Rotation mit dem Winkel α um die x-Achse erfolgt durch eine Vektor-/Matrixmultiplikation:

---

[4]In englischen Publikationen findet sich häufig der Begriff *Euler angles*, wenn auf Rotationen um die Koordinatenachsen Bezug genommen wird.

$$\vec{p}' = \vec{p} \times \mathbf{RM}_x = \begin{bmatrix} x & y & z \end{bmatrix} \times \begin{bmatrix} 1 & 0 & 0 \\ 0 & \cos\alpha & \sin\alpha \\ 0 & -\sin\alpha & \cos\alpha \end{bmatrix}.$$

In ähnlicher Weise lassen sich Rotationsmatrizen für Rotationen um die y- und die z-Achse definieren:

$$\mathbf{RM}_y = \begin{bmatrix} \cos\beta & 0 & -\sin\beta \\ 0 & 1 & 0 \\ \sin\beta & 0 & \cos\beta \end{bmatrix} \quad \mathbf{RM}_z = \begin{bmatrix} \cos\gamma & \sin\gamma & 0 \\ -\sin\gamma & \cos\gamma & 0 \\ 0 & 0 & 1 \end{bmatrix}.$$

Da die Matrixmultiplikation nicht kommutativ ist, ist auch die Kombination von Rotationen um unterschiedliche Achsen nicht kommutativ.

Allgemeine Rotationsmatrix
Eine allgemeine Rotationsmatrix von Rotationen um die x-, y- und z-Achse hat das folgende Aussehen:

$$\mathbf{RM} = \begin{bmatrix} r_{11} & r_{12} & r_{13} \\ r_{21} & r_{22} & r_{23} \\ r_{31} & r_{32} & r_{33} \end{bmatrix}.$$

Interpretation der Rotationsmatrix
Rotiert man Einheitsvektoren [1 0 0], [0 1 0] und [0 0 1] entlang der drei Koordinatenachsen mit dieser Rotationsmatrix, so erhält man

$$\begin{bmatrix} 1 & 0 & 0 \end{bmatrix} \times \mathbf{RM} = \begin{bmatrix} r_{11} & r_{12} & r_{13} \end{bmatrix},$$
$$\begin{bmatrix} 0 & 1 & 0 \end{bmatrix} \times \mathbf{RM} = \begin{bmatrix} r_{21} & r_{22} & r_{23} \end{bmatrix},$$
$$\begin{bmatrix} 0 & 0 & 1 \end{bmatrix} \times \mathbf{RM} = \begin{bmatrix} r_{31} & r_{32} & r_{33} \end{bmatrix}.$$

Also entsprechen die drei Zeilen der Rotationsmatrix gerade den drei durch diese Matrix transformierten Koordinatenachsen (siehe Abb. 2.5).

Eigenschaften der Rotationsmatrix
Nicht jede 3×3-Matrix beschreibt eine Rotation. Sie ist indes genau dann eine Rotationsmatrix, wenn sie orthogonal ist und ihre Determinante $\det(\mathbf{RM}) = 1$ ist. Orthogonale Matrizen mit $\det(\mathbf{RM}) = -1$ beinhalten dagegen

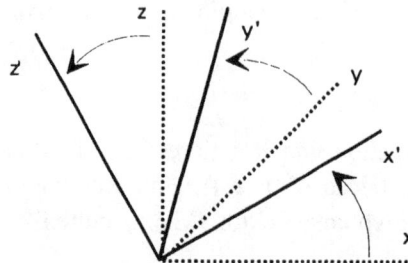

$$\begin{bmatrix} x' & y' & z' \end{bmatrix} = \begin{bmatrix} x & y & z \end{bmatrix} \times \mathbf{RM}$$

Abb. 2.5: Die Besetzung einer Rotationsmatrix läßt sich als Rotation der drei Koordinatenachsen interpretieren.

eine Spiegelung am Koordinatenursprung. Die Rotationsmatrix ist leicht zu invertieren. Da sie orthogonal ist, erhält man die inverse Matrix durch Vertauschung der Zeilen- und Spaltenindizes.

Faßt man Rotation, Translation und Skalierung zusammen, so erhält man den folgenden Ausdruck für die Transformation eines Punktes

$$\vec{p}' = (\vec{p}' \times \mathbf{RM}) \cdot s + \vec{d}.$$

Die Repräsentation in karthesischen Koordinaten hat freilich den Nachteil, daß sie, vor allem bei einer Kombination von mehreren Transformationen, zu einer komplizierten Folge von Matrixmultiplikationen, Additionen und Multiplikationen führt. Die Rotation um ein Zentrum $\vec{z}$ wäre beispielsweise

$$\vec{p}' = \left[(\vec{p} - \vec{z}) \times \mathbf{RM} \right] + \vec{z}.$$

Eine einheitlichere Repräsentation aller drei Transformationsarten kann durch Übergang zu einer Repräsentation in homogenen Koordinaten erreicht werden. Man erhält

Transformation im homogenen Koordinatensystem

$$\vec{p}' = \vec{p} \times \mathbf{RM} = \begin{bmatrix} x & y & z & w \end{bmatrix} \begin{bmatrix} r_{11} & r_{12} & r_{13} & 0 \\ r_{21} & r_{22} & r_{23} & 0 \\ r_{31} & r_{32} & r_{33} & 0 \\ dx & dy & dz & \frac{1}{s} \end{bmatrix}.$$

Diese Form der Repräsentation läßt sich auch auf die Komponenten der Ebenengleichung anwenden:

Transformation einer Ebene

$$\vec{E}' = \mathbf{RM}^{-1} \times \vec{E} = \mathbf{RM}^{-1} \times \begin{bmatrix} a & b & c & d \end{bmatrix}^{\mathrm{T}}.$$

Die zwei Versionen der Geradenmatrix werden wie folgt transformiert:

Transformation einer Gerade

$$\mathbf{G}' = \mathbf{RM}^* \times \mathbf{G} \times \left(\mathbf{RM}^* \right)^{\mathrm{T}} \quad \text{und} \quad \tilde{\mathbf{G}}' = \mathbf{RM}^{\mathrm{T}} \times \tilde{\mathbf{G}} \times \mathbf{RM}.$$

Mit $\mathbf{RM}^*$ wird die adjungierte und mit $\mathbf{RM}^{\mathrm{T}}$ die transponierte Matrix von $\mathbf{RM}$ bezeichnet. Durch eine geeignete Besetzung der 4×4-Transformationsmatrix lassen sich also alle Transformationen ausführen.

Die Rotation kann auch durch Quaternione modelliert werden. Quaternione können als erweiterte komplexe Zahlen mit drei verschiedenen Imaginärteilen aufgefaßt werden. Für sie wurde 1843 durch Sir William R. Hamilton eine assoziative, aber nicht kommutative Algebra definiert, die sich als Modell für die Rotation im dreidimensionalen Raum eignet /Shoe85/, /Horn87/. Eine Quaternion ist eine Zahl

Quaternione

$$\mathbf{q} = r + x \cdot i + y \cdot j + z \cdot k,$$

Addition von Quaternionen

deren erste Komponente der Realteil ist, und deren andere drei Komponenten drei verschiedene Imaginärteile sind. Die Addition zweier Quaternione ist:

$$\mathbf{q}_1 + \mathbf{q}_2 = r_1 + r_2 + (x_1 + x_2) \cdot i + (y_1 + y_2) \cdot j + (z_1 + z_2) \cdot k.$$

Für die Multiplikation gelten die folgenden Regeln:

Multiplikation von Quaternionen

$$i^2 = j^2 = k^2 = -1,$$

$$i \cdot j = k, \quad j \cdot i = -k,$$

$$j \cdot k = i, \quad k \cdot j = -i,$$

$$k \cdot i = j, \quad i \cdot k = -j.$$

Werden diese Regeln auf die Multiplikation zweier Quaternione angewendet, so ergibt sich:

$$
\begin{aligned}
\mathbf{q}_1 \cdot \mathbf{q}_2 = \quad & (r_1 r_2 - x_1 x_2 - y_1 y_2 - z_1 z_2) \\
+ \; & (y_1 z_2 - y_2 z_1 + r_1 x_2 + r_2 x_1) \cdot i \\
+ \; & (z_1 x_2 - z_2 x_1 + r_1 y_2 + r_2 y_1) \cdot j \\
+ \; & (x_1 y_2 - x_2 y_1 + r_1 z_2 + r_2 z_1) \cdot k.
\end{aligned}
$$

Repräsentation der Rotation durch Quaternione

Unter diesen Regeln führte /Horn87/ aus, daß eine Rotation eines Punkts im dreidimensionalen Raum wie folgt durch die Multiplikation von Einheitsquaternionen $\mathbf{q_r}$ (d.h. $\|\mathbf{q_r}\|^2 = r^2 + x^2 + y^2 + z^2 = 1$) modelliert werden kann:

$$\vec{p} \times \mathbf{RM} \Leftrightarrow \mathbf{q_r} \cdot \mathbf{p} \cdot \mathbf{q_r^*}.$$

$\vec{p} = [px \; py \; pz]$ ist die Vektorrepräsentation eines Punktes in karthesischen Koordinaten, $\mathbf{RM}$ eine 3×3-Rotationsmatrix, $\mathbf{q_r} = r + x \cdot i + y \cdot j + z \cdot k$ eine Einheitsquaternion, $\mathbf{q_r^*} = r - x \cdot i - y \cdot j - z \cdot k$ die komplex-konjugierte von $\mathbf{q_r}$ und $\mathbf{p} = [0 \; px \; py \; pz]$ die Repräsentation von $\vec{p}$ als Quaternion.

Eine Rotation mit dem Winkel α um einen normierten Vektor mit den karthesischen Koordinaten $(x \; y \; z)$ wird durch die folgende Quaternion beschrieben (siehe Abb. 2.6):

$$\mathbf{q}_{\text{rot}(a,x,y,z)} = \cos\frac{\alpha}{2} + i \cdot x \cdot \sin\frac{\alpha}{2} + j \cdot y \cdot \sin\frac{\alpha}{2} + k \cdot z \cdot \sin\frac{\alpha}{2}.$$

Interpolation von Rotationen

Da durch eine Quaternion genau dann eine Rotation repräsentiert wird, wenn sie eine Einheitsquaternion ist, beschreibt die Menge der Rotationen eine Einheitskugel im vierdimensionalen Raum. Die Verwendung der Quaternione ermöglicht die Interpolation von Transformationen zwischen zwei gegebenen Orientierungen. Zwischenstadien können durch lineare Interpolation auf der Einheitskugel erzeugt werden (durch die Suche nach einem Großkreis, der durch diejenigen beiden Positionen verläuft, durch die die

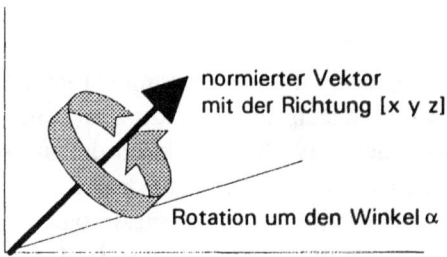

die Rotation kann durch Multiplikation
mit der folgenden Quaternion erfolgen:

normierter Vektor
mit der Richtung [x y z]

$$q = \quad \cos \alpha/2$$
$$+i \quad x \sin \alpha/2$$
$$+j \quad y \sin \alpha/2$$
$$+k \quad z \sin \alpha/2$$

Rotation um den Winkel α

Abb. 2.6: Repräsentation der Rotation durch Quaternionen

beiden Transformationen beschrieben werden, siehe Abb. 2.7). Falls anstatt
von Quaternionen Transformationsmatrizen benutzt werden, gibt es keine so
einfache Möglichkeit Zwischenschritte zu interpolieren. Das ist ein Grund
dafür, daß Quaternione in manchen Bereichen der 3D-Computergrafik - wie
z.B. der Computer-Animation und der Robotik - an Bedeutung gewonnen
haben.

Durch q_r wird die folgende Rotationsmatrix spezifiziert:

Korrespondieren-
de Rotationsmatrix
einer Quaternion

$$RM(q_r) = \begin{bmatrix} r^2 + x^2 - y^2 - z^2 & 2 \cdot (x \cdot y + r \cdot z) & 2 \cdot (x \cdot z - r \cdot y) \\ 2 \cdot (x \cdot y - r \cdot z) & r^2 + y^2 - x^2 - z^2 & 2 \cdot (y \cdot z + r \cdot x) \\ 2 \cdot (x \cdot z + r \cdot y) & 2 \cdot (y \cdot z - r \cdot x) & r^2 + z^2 - x^2 - y^2 \end{bmatrix}.$$

Neben den bereits genannten Vorteilen hat die Repräsentation durch
Quaternione den Nutzen, daß mit weniger Parametern gearbeitet werden
kann (vier anstatt von neun) und daß, im Gegensatz zu orthogonalen Matrizen, die Rotation von einer Punktspiegelung unterschieden werden kann.

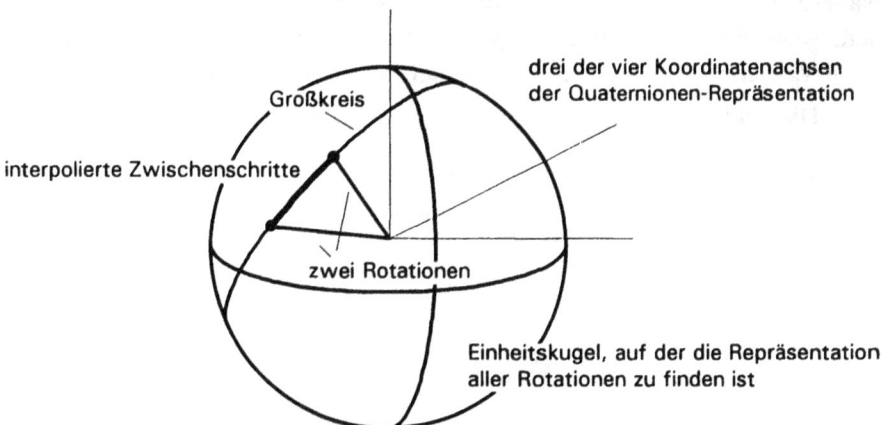

Großkreis

drei der vier Koordinatenachsen
der Quaternionen-Repräsentation

interpolierte Zwischenschritte

zwei Rotationen

Einheitskugel, auf der die Repräsentation
aller Rotationen zu finden ist

Abb. 2.7: Interpolation von Rotationen (dargestellt sind nur drei der vier
Komponenten der Quaternion)

2.1.3 Projektionen

Das Ziel der dreidimensionalen computergrafischen Darstellung ist die Ausgabe dreidimensionaler Objektbeschreibungen auf zweidimensionalen Anzeigeflächen. Ein notwendiger Schritt hierzu ist die Projektion der dreidimensionalen Koordinaten des Objektraums in den zweidimensionalen Bildraum. Viele Projektionen, unterscheidbar in Parallel- und Zentralprojektionen, erfüllen diese Anforderung, jedoch sollen hier nur die in der 3D-Computergrafik gebräuchlichsten angesprochen werden. Für eine vertiefte Behandlung sei der interessierte Leser auf Einführungstexte der Computergrafik verwiesen (z.B. /Fell93/, /Fole92/).

Orthographische Projektion

Die am weitesten verbreitete Projektion ist sicherlich die orthographische Parallelprojektion. Geht man davon aus, daß sich die Anzeigefläche in der xy-Ebene befindet, erfolgt die orthographische Projektion durch eine Multiplikation der karthesischen Koordinaten bzw. homogenen Koordinaten mit den folgenden Matrizen:

$$\mathbf{M}_{op} = \begin{bmatrix} 1 & 0 & 0 \\ 0 & 1 & 0 \\ 0 & 0 & 0 \end{bmatrix} \text{ und } \mathbf{M}_{op} = \begin{bmatrix} 1 & 0 & 0 & 0 \\ 0 & 1 & 0 & 0 \\ 0 & 0 & 0 & 0 \\ 0 & 0 & 0 & 1 \end{bmatrix}.$$

Der erzielte Effekt durch die Multiplikation der Koordinaten mit der Projektionsmatrix ist die Projektion aller Punkte in die Ebene $z=0$. In ähnlicher Form kann eine Projektion in die xz- bzw. yz-Ebene erfolgen.

Die Parallelprojektion geht von einer Betrachterposition aus, die sich auf der z-Achse unendlich weit vom Koordinatenursprung entfernt befindet. Näherungsweise kann auch dann mit einer Parallelprojektion gearbeitet werden, wenn die Ausdehnung der projizierten Objekte in z-Richtung klein ist im Vergleich zum Abstand des Betrachters von der Projektionsebene.

Perspektivische Projektion

Die Nutzung der Parallelprojektion vereinfacht einige Berechnungen

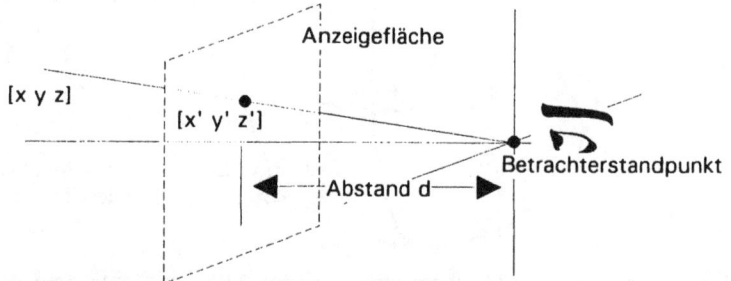

Abb. 2.8: Geometrie der perspektivischen Projektion

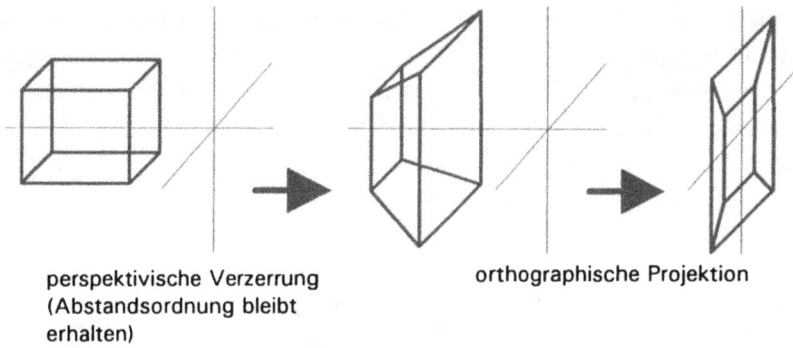

perspektivische Verzerrung
(Abstandsordnung bleibt
erhalten)

orthographische Projektion

Abb. 2.9: Zerlegung der perspektivischen Projektion in eine perspektivische Verzerrung und eine orthographische Parallelprojektion.

zur 3D-Visualisierung, doch um die tatsächliche Situation korrekt wiederzugeben, wird eine perspektivische Projektion (auch Zentralprojektion genannt) verwendet. Durch die perspektivische Projektion wird erreicht, daß parallele Geraden im Objektraum, die senkrecht auf der Anzeigefläche stehen, sich im Bildraum in einer angenommenen Betrachterposition treffen. Falls sich die Betrachterposition im Koordinatenursprung befindet und die Anzeigefläche eine Ebene mit $z = d$ ist, ergibt sich für die projizierten Koordinaten in einem karthesischen Koordinatensystem (siehe Abb. 2.8):

$$\frac{x'}{d} = \frac{x}{z}, \quad \frac{y'}{d} = \frac{y}{z}, \quad \frac{z'}{d} = 1.$$

Eine Repräsentation der Projektion durch eine Matrixmultiplikation ist jedoch nur in homogenen Koordinaten möglich. Dann ist:

$$\begin{bmatrix} x' & y' & z' & w' \end{bmatrix} = \begin{bmatrix} x & y & z & 1 \end{bmatrix} \times \begin{bmatrix} 1 & 0 & 0 & 0 \\ 0 & 1 & 0 & 0 \\ 0 & 0 & 1 & \frac{1}{d} \\ 0 & 0 & 0 & 0 \end{bmatrix}.$$

Für die anschließende Weiterverarbeitung müssen die ersten drei Koordinaten durch die w'-Koordinate dividiert werden.

Wird die Anzeigefläche in den Koordinatenursprung und die Betrachterposition auf der z-Achse an die Position $[0\ 0\ \text{-}d]$ verschoben, so ergibt sich eine leicht veränderte Projektionsmatrix:

$$\mathbf{M}_{pp} = \begin{bmatrix} 1 & 0 & 0 & 0 \\ 0 & 1 & 0 & 0 \\ 0 & 0 & 0 & \frac{1}{d} \\ 0 & 0 & 0 & 1 \end{bmatrix}.$$

Perspektivische
Projektion für die
3D-Visualisierung

Da es Algorithmen für die Berechnung der aus Betrachterposition sichtbaren Flächenanteile erfordern, die Abstandsinformation von Objektoberflächen zur Betrachterposition auszuwerten, wird die perspektivische Transformation oft als Kombination einer die Abstandsverhältnisse erhaltenen perspektivischen Verzerrung $\mathbf{M}_{p1}$ mit einer anschließenden Parallelprojektion repräsentiert (siehe Abb. 2.9):

$$
\mathbf{M}_{pp} = \mathbf{M}_{p1} \times \mathbf{M}_{op} = \begin{bmatrix} 1 & 0 & 0 & 0 \\ 0 & 1 & 0 & 0 \\ 0 & 0 & 1 & \frac{1}{d} \\ 0 & 0 & 0 & 1 \end{bmatrix} \times \begin{bmatrix} 1 & 0 & 0 & 0 \\ 0 & 1 & 0 & 0 \\ 0 & 0 & 0 & 0 \\ 0 & 0 & 0 & 1 \end{bmatrix}. \tag{2.3}
$$

Vor der zweiten Transformation werden alle Algorithmen ausgeführt, die die Abstandsinformation von Punkten untereinander benötigen.

2.1.4 Das Sichtvolumen

Sichtpyramide

Wird eine Projektion auf allen Punkten eines Objekts ausgeführt, dann werden auch sich hinter der Betrachterposition befindende Punkte in die Projektionsebene abgebildet. Das liegt daran, daß der Begriff der "Richtung" in der projektiven Geometrie nicht definiert ist[5]. Durch die Definition eines Sichtvolumens lassen sich indes alle Objektanteile, die nicht sichtbar sein können, vor der Projektion ausschließen. Das Sichtvolumen ist der Stumpf einer Pyramide (auch Sichtpyramide genannt), dessen Spitze die Betrachterposition ist und dessen Grundfläche durch das Sichtfenster definiert wird, die sich jedoch unendlich weit von der Betrachterposition entfernt befindet.

Sichtfenster

Das Sichtfenster, das denjenigen Bereich der Projektionsebene beschreibt, der auf die Anzeigefläche abgebildet wird, bildet die erste Schnittfläche des Pyramidenstumpfes. Die zweite Schnittfläche ist eine Ebene parallel zur Projektionsebene hinter dem darzustellenden Objekt (siehe Abb. 2.10).

Für eine Parallelprojektion ist das Sichtvolumen ein Quader. Der leichter zu verarbeitende Quader kann auch für eine perspektivische Projektion verwendet wird, wenn diese Projektion als Kombination einer perspektivischen Verzerrung mit einer orthografischen Projektion (Gleichung 2.3 in Abschnitt 2.1.3) definiert wird.

---

[5] Es gibt die Definition einer orientierten, projektiven Geometrie, die dieses Problem grundsätzlich löst (siehe z.B. /Stol91/). Für homogene Koordinaten läßt sich aus dieser Definition ein Kennzeichen der Richtung ableiten: Punkte, deren w-Koordinaten bei der Projektion das Vorzeichen wechseln, liegen hinter der Betrachterposition.

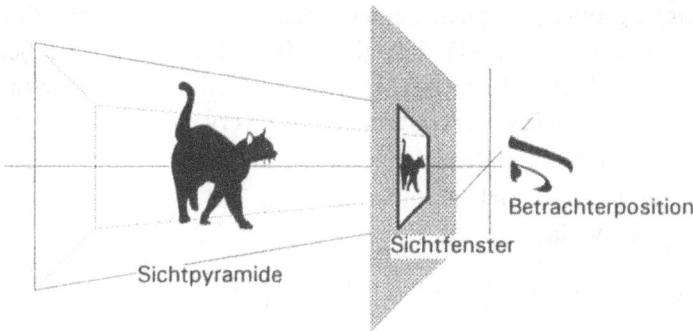

Abb. 2.10: Sichtpyramide und Sichtfenster

Vor der Projektion werden alle Objekte mit den Seitenflächen des Sichtvolumens geschnitten, um die dem Betrachter potentiell sichtbaren Objektanteile festzustellen. Dieser Prozeß wird *clipping* genannt (siehe z.B. /Newm81/, dem auch das Prinzip des hier beschriebenen *clipping*-Verfahrens nach Cohen-Sutherland entnommen ist). Der Schnitt von Linien und Polygonen mit den Seitenflächen des Sichtvolumens ist verhältnismäßig einfach durchzuführen, wenn das Sichtvolumen in geeigneter Weise normiert wird /Blin91/. Dazu wird die Projektion wie folgt zerlegt:

$$M_{pp} = M_{p1} \times M_n \times M_n^{-1} \times M_{op}.$$

Durch M_n erfolgt die Normierung des Sichtvolumens auf den Bereich $x = [0,1]$, $y = [0,1]$ und $z = [0,1]$. Anschließend wird der *clipping*-Prozeß durchgeführt und die Normierung durch M_n^{-1} wieder rückgängig gemacht. Während des *clipping* wird für alle Endpunkte von Linien festgestellt, ob sie vor oder hinter einer der sechs *clipping*-Ebenen $x=0$, $y=0$, $z=0$, $x=1$, $y=1$ oder $z=1$ liegen. Linien, deren beide Endpunkte hinter einer der Ebenen liegen, sind außerhalb des Sichtvolumens. Linien, deren beide Eckpunkte vor

Clipping

beide Endpunkte vor allen *clipping*-Ebenen:
Linie liegt im Sichtvolumen

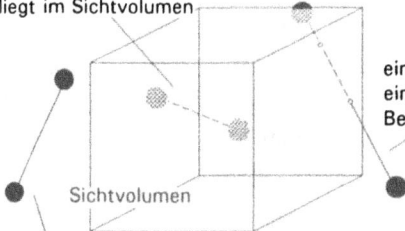

ein Endpunkt liegt vor und
einer hinter einer *clipping*-Ebene:
Berechnung von Schnittpunkten ist erforderlich

Sichtvolumen

beide Endpunkte hinter einer *clipping*-Ebene:
Linie liegt außerhalb des Sichtvolumens

Abb. 2.11: Linien innerhalb und außerhalb des Sichtvolumens

allen *clipping*-Ebenen liegen, befinden sich vollständig innerhalb des Sicht-volumens (siehe Abb. 2.11). Für alle anderen Linien wird der Schnittpunkt mit einer der *clipping*-Ebenen berechnet. Es wird die Geradenrepräsentation $\bar{g}(t) = \bar{p}_1 + t \cdot (\bar{p}_2 - \bar{p}_1)$ nach Gleichung 2.1 verwendet. Die Punkte $\bar{p}_1$ und $\bar{p}_2$ sind die Endpunkte der Linie. Der Schnittpunkt von $\bar{g}(t)$ mit der *clipping*-Ebene $\bar{E}$ ergibt sich durch Nullsetzung des Skalarprodukts der beiden Vektorrepräsentationen:

$$\langle \bar{g}(t), \bar{E} \rangle = 0 \quad \Leftrightarrow \quad \langle \bar{p}_1, \bar{E} \rangle + t \cdot \left[\langle (\bar{p}_2 - \bar{p}_1), \bar{E} \rangle \right] = 0$$

$$\Leftrightarrow \quad t = \frac{-\langle \bar{p}_1, \bar{E} \rangle}{\langle (\bar{p}_2 - \bar{p}_1), \bar{E} \rangle} . \tag{2.4}$$

Für $0 \le t \le 1$ liegt der Schnittpunkt auf der Linie. Wegen der Lage der *clipping*-Ebenen parallel zu je zwei der Koordinatenachsen ergeben sich Ebenengleichungen, die zu einer erheblichen Vereinfachung von Gleichung 2.4 führen.

2.2 Bausteine dreidimensionaler Repräsentationen

Sichtbar ist von Objekten meist nur ihre Oberfläche. Die rechnerinterne Repräsentation von Oberflächen spielt daher eine große Rolle für die computergrafische Darstellung. Oberflächen können eine beliebig komplexe Form haben. Ihre effiziente Beschreibung ist selten durch eine geschlossene Formel möglich. Anstatt einer solchen expliziten Beschreibung bestehen Oberflächenrepräsentationen daher häufig aus einer Menge von aneinandergrenzenden Flächenelementen.

2.2.1 Polygone und Polyeder

Polygone

Einfache Bausteine sind das Polygon und das durch Polygone begrenzte Polyeder. Repräsentationen auf dieser Basis sind leicht zu erzeugen und zu verarbeiten und lassen die Approximation einer großen Menge von Objekten in beliebiger Genauigkeit zu. Ein reguläres, geschlossenes Polygon P ist eine zweidimensionale Struktur, die durch einen geschlossenen, sich nicht schneidenden Kantenzug mit den Kanten $K = \{\bar{k}_1, \bar{k}_2, ..., \bar{k}_n\}$ begrenzt wird (siehe Abb. 2.12). Jede Kante $\bar{k}_i$ besitzt zwei Eckpunkte $(\bar{p}_i, \bar{p}_{i\oplus 1})$ ($\oplus$ steht für die Addition modulo n).

Ist das Polygon planar, so ergibt sich die Ebenengleichung der Ebene $\vec{E}_P = [a_P\ b_P\ c_P\ d_P]$, in der das Polygon liegt, wie folgt aus den Polygoneckpunkten /Newm81/:

Ebenengleichung des Polygons

$$a_P = \sum_{i=1}^{n} (y_i + y_{i\oplus 1}) \cdot (z_i - z_{i\oplus 1}),$$

$$b_P = \sum_{i=1}^{n} (z_i + z_{i\oplus 1}) \cdot (x_i - x_{i\oplus 1}),$$

$$c_P = \sum_{i=1}^{n} (x_i + x_{i\oplus 1}) \cdot (y_i - y_{i\oplus 1}),$$

$$d_P = -\frac{1}{n} \cdot \left(\sum_{i=1}^{n} a_P \cdot x_i + \sum_{i=1}^{n} b_P \cdot y_i + \sum_{i=1}^{n} c_P \cdot z_i \right). \tag{2.5}$$

(x_i, y_i, z_i) sind die karthesischen Koordinaten des Polygoneckpunkts $\vec{p}_i$. Falls das Polygon nicht planar ist, beschreiben die Komponenten eine Ebene mit minimalem mittleren Abstand zu allen Punkten. Der Vektor $[a_P\ b_P\ c_P]$ steht senkrecht auf der Ebene, ist also nach Normierung als Normale verwendbar. Die Länge dieses Vektors ist genau halb so groß wie die durch das Polygon eingeschlossene Fläche. Dies gilt für beliebige, geschlossene und durchdringungsfreie Polygone. Der Abstand des Polygons vom Ursprung ist:

Interpretation der Ebenengleichung

$$Dist(P) = \frac{|d_P|}{\sqrt{a_P^2 + b_P^2 + c_P^2}}.$$

Das Vorzeichen von d_P gibt an, ob der Vektor $[a_P\ b_P\ c_P]$ zum Koordi-

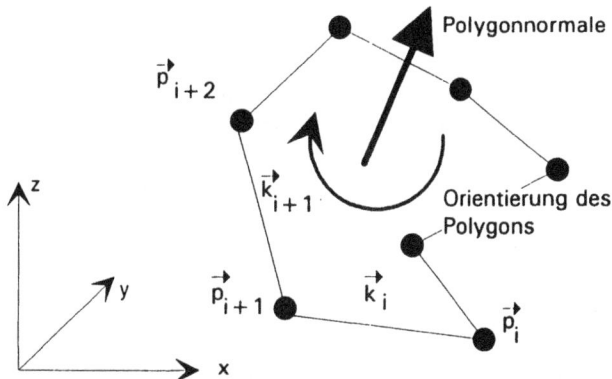

Abb. 2.12: Elemente eines Polygons

natenursprung zeigt ($d_P < 0$) oder von ihm weg ($d_P > 0$).

Schnittpunkt Polygon-Gerade

Eine wichtige Operation auf Polygonen für die 3D-Visualisierung ist die Berechnung von Schnittpunkten zwischen Polygonen und Geraden (z.B. für die Berechnung des Auftreffpunkts von Lichtstrahlen). Der Schnittpunkt $\bar{s}$ einer Ebene $\bar{E}_P = \begin{bmatrix} a_P & b_P & c_P & d_P \end{bmatrix}$ mit einer Geraden $\tilde{G}$ in der Matrixdarstellung nach Gleichung 2.2 ist $\tilde{G} \times \bar{E}_P$. Ist der resultierende Vektor nicht der Nullvektor, so gibt er die homogenen Koordinaten des Schnittpunkts wieder.

Die Berechnung dieses Sachverhalts ist freilich aufwendig, denn das Polygon kann beliebig im dreidimensionalen Raum liegen. Für jeden Schnittpunkt des Strahls mit einer Polygonkante muß daher die Schnittpunktberechnung zwischen Geraden im dreidimensionalen Raum ausgeführt werden. Anschließend muß zudem festgestellt werden, ob sich dieser Schnittpunkt auch innerhalb der Begrenzung der Kante befindet.

Punkt in Polygon

Dieser Schnittpunkt $\bar{s}$ liegt innerhalb des Polygons, wenn ein in ihm beginnender Strahl eine ungeradzahlige Anzahl von Schnittpunkten mit den Polygonseiten hat (tangentiale Berührungen zählen nicht).

Einfacher wird die Berechnung, wenn vorher das Polygon, der zu testende Punkt und der Strahl auf eine durch zwei der drei Koordinatenvektoren gebildeten Ebene projiziert wird (siehe Abb. 2.13). Die Projektion erfolgt durch Nullsetzung einer der drei Koordinaten. Der Strahl kann dann parallel zu einer der beiden Koordinatenachsen gewählt werden. Bei der Projektion muß beachtet werden, daß das Polygon nicht degeneriert wird (also keine Fläche mehr einschließt). Dies ist sichergestellt, falls immer diejenige Koordinate gestrichen wird, für die die entsprechende Komponente der Ebenennormale am größten ist. Beispielsweise hätte die Normale bei einem parallel zur xy-Ebene liegenden Polygon die Koordinaten $(0\ 0\ 1)$. Demgemäß müßte die z-Komponente der Polygoneckpunkte zu Null gesetzt werden.

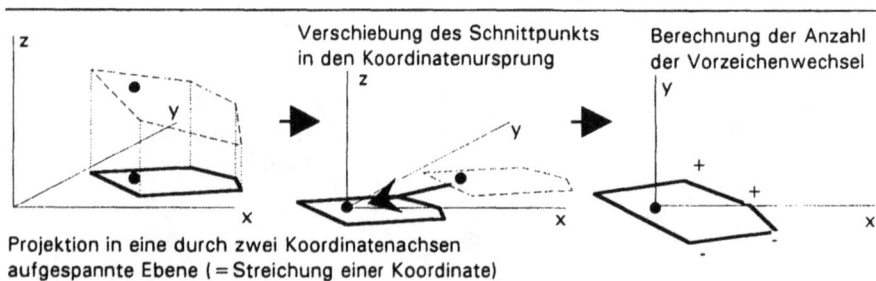

Verschiebung des Schnittpunkts in den Koordinatenursprung

Berechnung der Anzahl der Vorzeichenwechsel

Projektion in eine durch zwei Koordinatenachsen aufgespannte Ebene (= Streichung einer Koordinate)

Abb. 2.13: Vereinfachte Schnittpunktberechnung für Polygone im 3D-Raum durch Projektion auf eine zweidimensionale Fläche.

Polygone selbst sind keine dreidimensionalen Körper. Sie können indes die Begrenzung von Polyedern sein. Ein Polyeder PE kann demgemäß durch die Menge $PE = \{P^1, P^2, \cdots, P^N\}$ seiner Oberflächenpolygone repräsentiert werden. Jedes Polygon ist wiederum durch Kanten begrenzt, welche selbst durch Eckpunkte begrenzt sind. Da eine Kante die Grenze von mehr als einem Polygon sein kann und auch ein Eckpunkt zu mehreren Kanten inzident sein kann, ist es sinnvoll, ein Polyeder als eine hierarchische Struktur zu beschreiben, in der Polygone auf begrenzende Kanten und Kanten auf begrenzende Eckpunkte verweisen. Eine Kante bzw. ein Eckpunkt sollte nur einmal in der Repräsentation vorhanden sein. Dadurch wird sichergestellt, daß es nicht bei der Manipulation des Polyeders zu Inkonsistenzen auf Grund von Rechenungenauigkeiten kommt.

Polyeder

Ein Polyeder besitzt eine geschlossene und orientierbare Oberfläche (also mit einem definierten Innen und Außen), wenn jeder Eckpunkt ein Endpunkt aller ihm inzidenter Kanten ist und wenn jede Kante zu einer geraden Anzahl von Polygonen inzident ist. Die Orientierbarkeit bedeutet auch, daß sich die Reihenfolge der Polygoneckpunkte so ordnen läßt, daß sie von außen gesehen für alle Polygone gleich ist. Berechnet man die Normale nach Gleichung 2.5, dann zeigen die Normalen entweder alle nach innen oder alle nach außen. Diese Kenntnis läßt sich vorteilhaft bei der Feststellung von dem Betrachter zu- und abgewandten Polygonen in der Visualisierung verwenden. Zudem läßt sich auch das Volumen des Polyeders aus den Ebenenkomponenten der begrenzenden Polygone leicht berechnen. Für beliebige Polyeder gilt /Toen87/:

Orientierbarkeit der Polyeder-oberfläche

$$Volumen\,(PE) = \frac{1}{6} \left| \sum_{i=1}^{N} d_P^i \right|.$$

Volumen eines Polyeders

(d_P^i ist die d-Komponente der Ebenengleichung des Polygons P^i).

Für Sichtbarkeitstests bei der computergrafischen Darstellung müssen oft die Schnittpunkte zwischen Polyederoberfläche und einer Gerade von der gedachten Betrachterposition zum Polyeder berechnet werden. Da nur wenige Oberflächenpolygone eines Polyeders einen Schnittpunkt mit der Geraden besitzen werden, geht man bei der Berechnung in einer Weise vor, auf die vorab möglichst viele Polygone von der eigentlichen Schnittpunktberechnung ausgeschlossen werden (siehe Abb. 2.14).

Schnittpunkt zwischen Gerade und Polyeder-oberfläche

Zunächst wird eine beliebige Ebene definiert, in der die Gerade liegt. Anschließend werden die Eckpunkte aller Oberflächenpolygone in die Ebenengleichung eingesetzt. Hat das Ergebnis für alle Eckpunkte eines Polygons das gleiche Vorzeichen, so liegt das Polygon vollständig vor oder hinter der

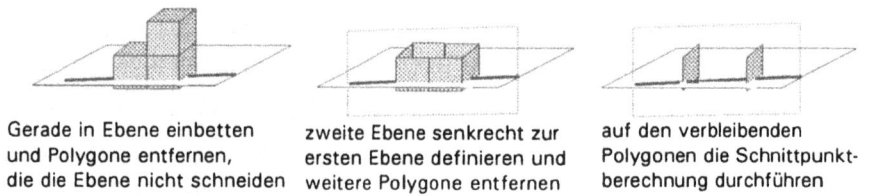

Gerade in Ebene einbetten
und Polygone entfernen,
die die Ebene nicht schneiden

zweite Ebene senkrecht zur
ersten Ebene definieren und
weitere Polygone entfernen

auf den verbleibenden
Polygonen die Schnittpunktberechnung durchführen

Abb. 2.14: Schnittpunktberechnung eines Polyeders mit einer Gerade

Ebene und kann daher von der weiteren Berechnung ausgeschlossen werden. Anschließend definiert man eine zweite Ebene, in der die Gerade gleichfalls liegt und die senkrecht auf der ersten Ebene steht, und wendet den gleichen Test auf die verbleibenden Polygone an. Nur diejenigen Polygone, die auch nach diesem Test Punkte auf beiden Seiten der Ebene besitzen, werden in die Schnittpunktberechnung einbezogen. Damit die Schnittpunkte entlang der Schnittgerade geordnet werden können, sollte mit der Geradenrepräsentation $\bar{g}(t) = \bar{p}_1 + t \cdot (\bar{p}_2 - \bar{p}_1)$ nach Gleichung 2.1 gearbeitet werden.

Punkt in Polyeder

Mit der gleichen Strategie kann auch überprüft werden, ob ein Punkt in einem Polyeder liegt. Wenn $\bar{p}_1$ dieser Punkt ist, dann wird ein Punkt $\bar{p}_2$ so gewählt, daß die durch beide Punkte verlaufende Linie in einer Ebene parallel zu einer der durch zwei Koordinatenvektoren aufgespannten Ebene liegt und parallel zu einem der beiden Vektoren verläuft. Das vereinfacht die Ermittlung derjenigen Polygone, die bezüglich eines Schnitts mit dieser Gerade getestet werden. Ist die Anzahl der Schnittpunkte mit $t > 0$ ungeradzahlig, dann liegt $\bar{p}_1$ innerhalb des Polyeders.

2.2.2 Gekrümmte Flächen

Die grafische Darstellung von gekrümmten Flächen mit Hilfe von Polyedern sieht kantig aus, weil sich die Normale zwischen zwei Polygonen abrupt ändert. Die Krümmung vieler realer Oberflächen ändert sich jedoch kontinuierlich und so ist man interessiert, dem Benutzer eine Kontrolle über die Kontinuität zwischen Oberflächenelementen zu geben.

Kontinuität

Kontinuität wird durch die Differenzierbarkeit entlang der Fläche beschrieben. Ist der Übergang zwischen zwei Flächenelementen kantig, so ist die Fläche an dieser Stelle nicht stetig differenzierbar und es wird von $C^{(0)}$-Kontinuität gesprochen. Falls eine Fläche überall mindestens einmal stetig differenzierbar ist, so handelt es sich um $C^{(1)}$-Kontinuität. Eine überall n-mal stetig differenzierbare Fläche ist schließlich $C^{(n)}$-kontinuierlich.

Gekrümmte
Kurven

Die Verfahren zur Beschreibung von Oberflächen durch gekrümmte Flächenstücke sollen zunächst am Beispiel eindimensionaler Strukturen vorgestellt werden. Das eindimensionale Analogon zu einem Flächenstück ist ein Kurvenstück. Zwei Kurvenstücke sind an ihrem gemeinsamen Punkt $C^{(0)}$-kontinuierlich, falls sie einen gemeinsamen Endpunkt haben. Um diese Bedingung einhalten zu können, werden Funktionen benötigt, welche die Festlegung zweier Bedingungen für den Funktionsverlauf erlauben (die Positionen der beiden Endpunkte des Kurvenstücks). Werden zur Approximation Polynome n-ten Grades der Form

$$f(x) = a_0 + a_1 \cdot x + a_2 \cdot x^2 + \ldots + a_n \cdot x^n = \sum_{i=0}^{n} a_i \cdot x^i$$

verwendet, dann erfüllen bereits Polynome ersten Grades - also Linien - diese Forderung.

Für $C^{(1)}$-kontinuierliche Kurvenstücke müssen vier Bedingungen eingehalten werden (gleiche Position und gleiche erste Ableitung an beiden Endpunkten). Hierzu werden Polynome benötigt, die mindestens den Grad 3 haben (kubische Polynome). Kubische Polynome sind die Basis vieler Methoden zur Approximation oder Interpolation von Kurvenverläufen zwischen n vorgegebenen Stützstellen $\vec{p}_1, \vec{p}_2, \ldots, \vec{p}_n$. Alle Verfahren haben die Eigenschaft, daß die Polynome jeweils nur lokalen Einfluß haben. Das bedeutet, daß die Veränderung eines Polynoms nur die Veränderung der Interpolation oder Approximation von $k < n$ der Stützstellen zur Folge hat (meist ist $k=4$).

> Interpolation durch kubische Polynome

Es gibt zwei verschiedene Ansätze der Repräsentation. Eine Möglichkeit ist die Verwendung von gegeneinander verschränkten Polynomen (beeinflußt das Polynom f_i beispielsweise die Punkte $\vec{p}_i, \vec{p}_{i+1}, \ldots, \vec{p}_{i+k}$, dann würde das Polynom f_{i+1} die Punkte $\vec{p}_{i+1}, \vec{p}_{i+2}, \ldots, \vec{p}_{i+k+1}$ beeinflussen). B-splines und β-splines zählen zu Vertretern dieser Verfahren. Eine Alternative besteht in einer eineindeutigen Zuordnung zwischen Polynomen und Teilmengen von Stützstellen. Verfahren dieser Art sind z.B. die Bezier- und

> Stützstellen

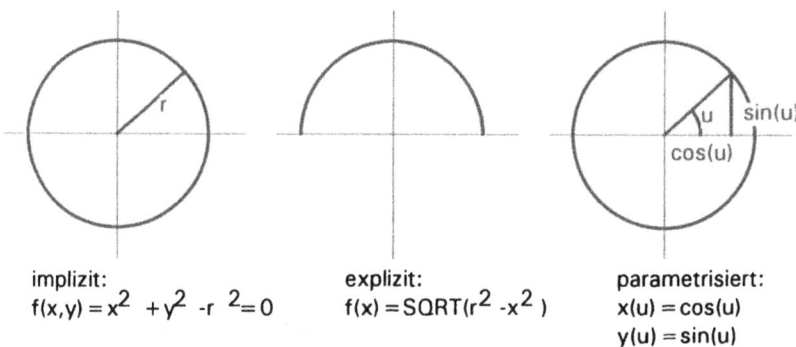

implizit:
$f(x,y) = x^2 + y^2 - r^2 = 0$

explizit:
$f(x) = SQRT(r^2 - x^2)$

parametrisiert:
$x(u) = \cos(u)$
$y(u) = \sin(u)$

Abb. 2.15: Repräsentationen eines Kreises in der Ebene

Hermite-Kurven.

Repräsentation von Kurven und Flächen

Kurven und Flächen können implizit, explizit oder parametrisiert repräsentiert werden (siehe Abb. 2.15). Unter einer *impliziten Repräsentation* ist eine Darstellung als dreidimensionale Funktion $f(x,y,z) = T$ zu verstehen. Alle Punkte, für die diese Gleichung wahr ist, liegen auf der Kurve. Implizite Repräsentation sind der Gegenstand des nächsten Abschnitts. Durch die *explizite Beschreibung* dagegen wird eine der drei Koordinaten als Funktionswert der beiden anderen Koordinaten aufgefaßt (z.B. $z=f(x,y)$). Diese Repräsentation würde sich für die Beschreibung von Flächen durch zweidimensionale, kubische Polynome eignen, doch ließen sich nur solche Flächen beschreiben, die tatsächlich Funktionen zweier der drei Koordinaten des Koordinatensystems wären. Diese Bedingung wäre verletzt, wenn zwei verschiedene Punkte $[x_1\ y_1\ z_1]$ und $[x_1\ y_1\ z_2]$ auf der Kurve lägen (z.B. wenn die Kurve einen Kreis bildet). Um dieses Problem zu umgehen, wird eine *parametrisierte Form* gewählt, bei der sich die x-, y- und z-Werte Funktionen eines Kurvenparameters u sind

$$x(u) = x', \quad y(u) = y', \quad z(u) = z'.$$

Geometrische Kontinuität

Der Parameter u repräsentiert die Position auf der Kurve. Im allgemeinen wird festgelegt, daß ein Kurvenstück bei $u=0$ beginnt und bei $u=1$ endet. Für parametrisierte Flächen reicht jedoch die oben angegebene Kontinuitätsdefinition nicht aus. Es wird daher der Begriff der geometrischen Kontinuität $G^{(n)}$ eingeführt, unter welcher die Kontinuität der Kurventangente verstanden wird. $G^{(1)}$-Kontinuität an einem Kurvenpunkt ist demnach gegeben, falls bei einer Annäherung von beiden Seiten eines Punktes die Tangentenrichtung gleich wäre. Im allgemeinen wird die $G^{(n)}$-Kontinuität immer gleich der $C^{(n)}$-Kontinuität sein, doch wenn die Abstände für wachsende u auf der Kurve gegen Null gehen, kann die $C^{(n)}$-Kontinuität höher als die $G^{(n)}$-Kontinuität sein und nicht die wahrnehmbare Kontinuität widerspiegeln (siehe Abb. 2.16).

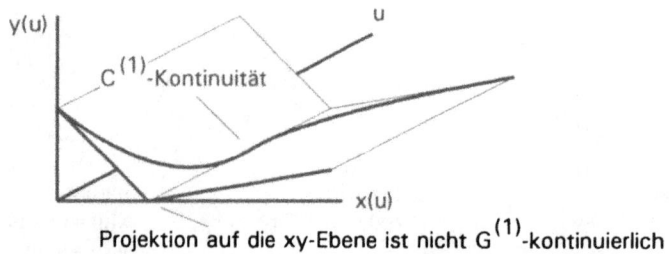

Projektion auf die xy-Ebene ist nicht $G^{(1)}$-kontinuierlich

Abb. 2.16: Unterschied zwischen $G^{(n)}$- und $C^{(n)}$-Kontinuität

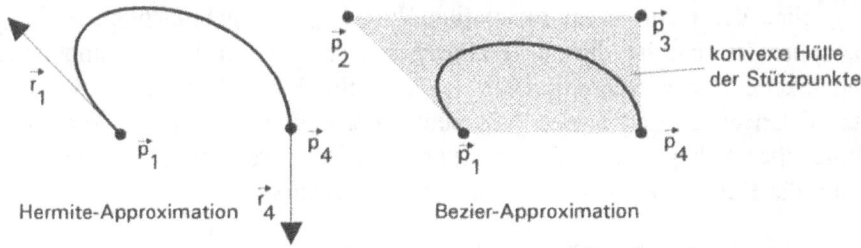

Abb. 2.17: Hermite- und Bezier-Approximation einer Kurve

Die approximierenden oder interpolierenden Polynome sind kubische Funktionen von u, durch die die x-, y- und z-Werte der Stützstellen $\vec{p}_i$ gewichtet werden:

$$\vec{p}(u) = \sum_{i=1}^{n} \vec{p}_i \cdot f_i(u).$$

Die Hermite-Approximation ist ein Beispiel für eine solche Gewichtung (siehe Abb. 2.17). Der Kurvenverlauf ist durch zwei Endpunkte $\vec{p}_1 = [x_1 \; y_1 \; z_1]$, $\vec{p}_4 = [x_4 \; y_4 \; z_4]$ und zwei Tangentenvektoren $\vec{r}_1 = \vec{p}_2 - \vec{p}_1$, $\vec{r}_4 = \vec{p}_3 - \vec{p}_4$ festgelegt. Man erhält:

Hermite-Approximation

$$\vec{p}(u) = \vec{p}_1 \cdot \left(2u^3 - 3u^2 + 1\right)$$

$$+ \vec{r}_1 \cdot \left(u^3 - 2u^2 + u\right)$$

$$+ \vec{p}_4 \cdot \left(-2u^3 + 3u^2\right)$$

$$+ \vec{r}_4 \cdot \left(u^3 - u^2\right)$$

oder in Matrixform für eine der Koordinaten

$$x(u) = \left(u^3 \; u^2 \; u^1 \; 1\right) \begin{pmatrix} 2 & 1 & -2 & 1 \\ -3 & -2 & 3 & -1 \\ 0 & 1 & 0 & 0 \\ 1 & 0 & 0 & 0 \end{pmatrix} \begin{pmatrix} x_1 \\ x_2 - x_1 \\ x_4 \\ x_4 - x_3 \end{pmatrix}$$

oder abgekürzt $\vec{p}(u) = \bar{U} M_h S$. Durch $\bar{U}$ wird der Vektor $\left(u^3 \; u^2 \; u \; 1\right)$, durch M_h die Koeffizientenmatrix der Hermite-Approximation und durch S alle Vektoren mit den Koordinaten der Stützstellen beschrieben. Die Schreibweise der Abkürzung ist nicht ganz korrekt, denn eigentlich bestünde eine solche Rechnung aus dreidimensionalen Tensoren, aber da sie eine kompakte Beschreibung des Sachverhalts bietet, ist sie verbreitet.

Eine der Hermite-Approximation ähnliche, aber gebräuchlichere Kurvenapproximation ist die für rechnergestütztes Design im Automobilbau entwickelte Bezier-Approximation (siehe Abb. 2.17). Die Kurve verläuft durch den ersten und letzten Stützpunkt und liegt innerhalb der konvexen Hülle aller Stützpunkte. Für die Approximation durch kubische Polynome lautet die Kurvengleichung der Bezier-Approximation:

$$\vec{p}(u) = \vec{p}_1(1-u)^3 + 3\vec{p}_2 u(1-u)^2 + 3\vec{p}_3 u^2(1-u) + \vec{p}_4 u^3 \tag{2.6}$$

oder in abgekürzter Matrixform $\vec{p}(u) = \vec{U}\mathbf{M}_b S$:

$$\vec{p}(u) = \begin{pmatrix} u^3 & u^2 & u & 1 \end{pmatrix} \begin{pmatrix} -1 & 3 & -3 & 1 \\ 3 & -6 & 3 & 0 \\ -3 & 3 & 0 & 0 \\ 1 & 0 & 0 & 0 \end{pmatrix} \begin{pmatrix} \vec{p}_1 \\ \vec{p}_2 \\ \vec{p}_3 \\ \vec{p}_4 \end{pmatrix}.$$

Die für Polynome n-ten Grades verallgemeinerte Bezier-Approximation lautet

$$\vec{p}(u) = \sum_{i=0}^{n} \vec{p}_{i+1} \cdot B_{i,n}(u)$$

mit

$$B_{i,n}(u) = \binom{n}{i} u^i (1-u)^{n-i}. \tag{2.7}$$

Wird $n=3$ gesetzt, so ergibt sich die Gleichung 2.6 für die kubische Bezier-Approximation. Da die Polynome in Gleichung 2.7 mit den Bernstein-Polynomen auf dem Intervall [0,1] identisch sind, wird die Bezier-Approximation auch Bernstein-Bezier-Approximation genannt.

Werden zwei Kurvenstücke mit den Stützstellen $\vec{p}_1, \vec{p}_2, \vec{p}_3, \vec{p}_4$ und $\vec{p}_5, \vec{p}_6, \vec{p}_7, \vec{p}_8$ zusammengefügt, so erhält man für die Bezier- und die Hermite-Approximation $C^{(1)}$-Kontinuität, falls $\vec{p}_4 = \vec{p}_5$ und $\vec{p}_4 - \vec{p}_3 = s \cdot (\vec{p}_6 - \vec{p}_5), s \neq 0$ gilt.

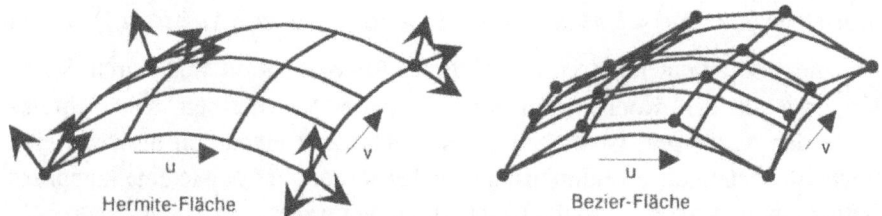

Abb. 2.18: Hermite- und Bezier-Flächen.

Die Beschreibung zweidimensionaler, gekrümmter Flächen erfolgt in einem zweidimensionalen Parameterraum (u,v). Es entstehen zweidimensionale, durch vier Seiten $u=0$, $u=1$, $v=0$ und $v=1$ begrenzte Flächenstücke (siehe Abb. 2.18). Für die Hermite-Approximation erhält man in der Matrixdarstellung für Stützstellen $\bar{p}_{11}, \bar{p}_{12}, \bar{p}_{21}, \bar{p}_{22}$ und ihre Ableitungen in Richtungen der u- und v-Koordinate die folgende Darstellung

Gekrümmte Flächen

Hermite-Flächen

$$\bar{p}(u,v) = \bar{U}\mathbf{M}_h\mathbf{S}\mathbf{M}_h^{\mathrm{T}}\bar{V}^{\mathrm{T}}$$

$$\text{mit } \mathbf{S} = \begin{pmatrix} \bar{p}_{11} & \bar{p}_{12} & \dfrac{\partial\bar{p}_{11}}{\partial u} & \dfrac{\partial\bar{p}_{12}}{\partial u} \\[2mm] \bar{p}_{21} & \bar{p}_{22} & \dfrac{\partial\bar{p}_{21}}{\partial u} & \dfrac{\partial\bar{p}_{22}}{\partial u} \\[2mm] \dfrac{\partial\bar{p}_{11}}{\partial v} & \dfrac{\partial\bar{p}_{12}}{\partial v} & \dfrac{\partial^2\bar{p}_{11}}{\partial u\,\partial v} & \dfrac{\partial^2\bar{p}_{12}}{\partial u\,\partial v} \\[2mm] \dfrac{\partial\bar{p}_{21}}{\partial v} & \dfrac{\partial\bar{p}_{22}}{\partial v} & \dfrac{\partial^2\bar{p}_{21}}{\partial u\,\partial v} & \dfrac{\partial^2\bar{p}_{22}}{\partial u\,\partial v} \end{pmatrix}.$$

Für Bezier-Flächen ergibt sich entsprechend für die sechzehn Stützstellen $\bar{p}_{11}, \bar{p}_{12}, \dots, \bar{p}_{22}, \dots, \bar{p}_{44}$

Bezier-Flächen

$$\bar{p}(u,v) = \bar{U}\mathbf{M}_b\mathbf{S}\mathbf{M}_b^{\mathrm{T}}\bar{V}^{\mathrm{T}}$$

$$\text{mit } \mathbf{S} = \begin{pmatrix} \bar{p}_{11} & \bar{p}_{12} & \bar{p}_{13} & \bar{p}_{14} \\ \bar{p}_{21} & \bar{p}_{22} & \bar{p}_{23} & \bar{p}_{24} \\ \bar{p}_{31} & \bar{p}_{32} & \bar{p}_{33} & \bar{p}_{34} \\ \bar{p}_{41} & \bar{p}_{42} & \bar{p}_{43} & \bar{p}_{44} \end{pmatrix}.$$

Die für Polynome beliebigen Grades gültige Repräsentation der Bezier-Approximation ist

$$\bar{p}(u,v) = \sum_{i=0}^{n}\sum_{j=0}^{m}\bar{p}_{i+1,j+1}\cdot B_{i,n}(u)\cdot B_{j,m}(v),$$

wobei $B_{i,n}(u)$ und $B_{j,m}(v)$ Polynome gemäß der Gleichung 2.7 sind.

Die für die 3D-Darstellung wichtigen Oberflächennormalen an einer Stelle (u,v) erhält man als das Kreuzprodukt der beiden partiellen Ableitungen in u- und v-Richtung.

Normalen-Berechnung

Durch die Hermite- und die Bezier-Approximation wird eine $C^{(1)}$-kontinuierliche Fläche bzw. Kurve erzeugt, die durch die Eckpunkte des Flächenstücks verläuft. Eine $C^{(2)}$-kontinuierliche Variante, die jedoch nicht durch einen der Stützpunkte verläuft, ist die Interpolation durch kubische B-splines (für eine ausführliche Darstellung siehe z.B. /Enca88/).

B-Splines

Die Funktionen $N_{i,k}(u)$ des eindimensionalen B-spline sind Polynome vom Grad k und haben von Null verschiedene Werte im Bereich der Stütz-

Interpolationsfunktion

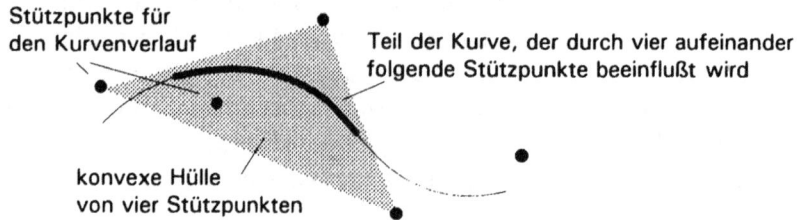

Abb. 2.19: Kurveninterpolation durch B-splines.

stellen $\bar{p}_i, \ldots, \bar{p}_{i+k}$. An jedem Punkt der Kurve überlagern sich also k verschiedene Polynome mit von Null verschiedenen Werten. Die interpolierte Kurve ist definiert durch

$$\bar{p}(u) = \sum_{i=0}^{n} \bar{p}_i N_{i,k}(u).$$

Die Polynome $N_{i,k}(u)$ können rekursiv durch Polynome vom Grad k-1 definiert werden. Es gilt

$$N_{i,1}(u) = 1, \quad \text{für } t_i \leq u < t_{i+1}$$
$$0, \quad \text{sonst}$$

und

$$N_{i,k}(u) = \frac{u - t_i}{t_{i+k-1} - t_i} \cdot N_{i,k-1}(u) + \frac{t_{i+k} - u}{t_{i+k} - t_{i+1}} \cdot N_{i+1,k-1}(u)$$

Die von B-splines definierte Kurve befindet sich innerhalb der konvexen Hülle derjenigen Stützpunkte, deren Gewichtung für den betreffenden Kurventeil von Null verschieden ist (siehe Abb. 2.19).

B-Spline-Flächen

Die zweidimensionale Erweiterung der Interpolation durch B-splines ist

$$\bar{p}(u,v) = \sum_{i=0}^{n} \sum_{j=0}^{m} \bar{p}_{ij} \cdot N_{i,k}(u) \cdot N_{j,l}(v).$$

NURBS

Eine Verallgemeinerung der B-splines sind NURBS (*non-uniform rational b-splines*). Der Begriff der Nicht-Uniformität bezieht sich auf variierende Stützstellenabstände, durch die bestimmte Oberflächen (z.B. Kugeln oder Zylinder) exakt repräsentierbar werden. Der Begriff der Rationalität bezieht sich auf die bei NURBS verwendeten gebrochen rationalen Interpolationsfunktionen, durch welche eine glattere Oberfläche bei nicht-einheitlichen Abständen der Stützstellen erzeugt werden kann. Gleichzeitig hat der Benutzer mit der Gewichtung zwischen Zähler und Nenner der Interpolationsfunktionen einen zusätzlichen Parameter für eine bessere Kontrolle der durch den NURBS repäsentierten Form zur Verfügung.

Eine NURBS-Kurve wird durch Stützstellen $\vec{p}_i^w = \left[x_i w_i \ y_i w_i \ z_i w_i \ w_i \right]$ mit homogenen Koordinaten und eine perspektivische Projektion dieser Koordinaten auf den 3D-Raum definiert:

$$\vec{p}(u) = Persp\left[\sum_{i=0}^{n} \vec{p}_i^w \cdot N_{i,k}(u) \right]$$

$$= \frac{\sum_{i=0}^{n} \vec{p}_i \cdot N_{i,k}(u)}{\sum_{i=0}^{n} w_i \cdot N_{i,k}(u)} = \sum_{i=0}^{n} \vec{p}_i \cdot R_{i,k}(u),$$

mit

$$R_{i,k}(u) = \frac{N_{i,k}(u)}{\sum_{j=0}^{n} N_{j,k}(u)}.$$

Die zweidimensionale Erweiterung erfolgt in gleicher Weise wie bei konventionellen B-splines.

Gekrümmte Flächen, so wie in den vorgestellten Beispielen sind sicherlich geeignet, dem Bedürfnis nach Repräsentation regelmäßig geformter Objekte nachzukommen. Ihre grafische Weiterverarbeitung ist jedoch aufwendiger im Vergleich zu planaren Flächen. Die für grafische Darstellungsalgorithmen wichtige Berechnung von Schnittpunkten einer Geraden mit einer gekrümmten Fläche und demzufolge auch die Feststellung, ob sich ein Punkt innerhalb eines durch gekrümmte Flächen begrenzten Objekts befindet, ist wesentlich aufwendiger als die Ausführung derselben Operation auf Polyedern. Für jedes Flächenelement $p_i(u,v)$ muß ein nicht-lineares Gleichungssystem der Form $\vec{g}(t) = \vec{p}_i(u,v)$ gelöst werden.

Die Lösung des Gleichungssystems ist zwar möglich (z.B. durch iterative Lösungsverfahren), doch der Aufwand übersteigt den zu Berechnung von Schnittpunkten mit planaren Flächenelementen erheblich. Daher bedient man sich häufig einer Approximation. Das Flächenelement wird für äquidistante $u = u_1, u_2, ..., u_N$ und $v = v_1, v_2, ..., v_M$ in eine Reihe von Teilflächen zerlegt, von denen Planarität angenommen wird. Das so durch ein Polyeder approximierte Objekt wird mit den in 2.2.1 vorgestellten Methoden weiterbearbeitet.

Schnittpunkte zwischen Gerade und Fläche

49

2.2.3 Implizite Geometriebeschreibungen

Die geschlossene und kompakte Beschreibung eines Objekts durch eine Funktion $f(x,y,z) = T$ führt zu einer geschlossenen Lösung für viele Operationen. Als Nachteil erweist sich freilich, daß komplexe Objektformen auch komplexe Funktionen zu ihrer Beschreibung erfordern.

Repräsentation einer Kugel

Eine einfache implizite Geometriebeschreibung ist die einer Kugel um den Koordinatenursprung mit dem Radius r:

$$f(x,y,z) = x^2 + y^2 + z^2 \text{ und } T = r^2.$$

Quadriken

Diese Repräsentation ist ein Spezialfall einer Quadrik. Eine Quadrik hat die Form

$$f(x,y,z) = ax^2 + by^2 + cz^2 + 2dxy + 2eyz + 2fxz + 2gx + 2hy + 2jz + k = 0.$$

Für $a=b=c=1$ und $k=-r^2$ und $d=e=f=g=h=j=0$ erhält man die Kugel mit Radius r um den Koordinatenursprung. Eine Quadrik kann als Vektor-Matrix-Produkt

$$\vec{p} \times \mathbf{Q} = 0, \text{ mit } \mathbf{Q} = \begin{pmatrix} a & d & f & g \\ d & b & e & h \\ f & e & c & j \\ g & h & j & k \end{pmatrix} \tag{2.8}$$

geschrieben werden.

Normalen-berechnung

Die Normale einer implizit repräsentierten Oberfläche ist

$$\vec{n} = \frac{\vec{G}}{|\vec{G}|} \text{ mit dem Gradienten } \vec{G} = \begin{pmatrix} \partial f / \partial x \\ \partial f / \partial x \\ \partial f / \partial x \end{pmatrix}.$$

Punkt in Oberfläche

Ein Punkt $(x_1\ y_1\ z_1)$ liegt innerhalb der Oberfläche, falls $f(x_1,y_1,z_1) > T$. Er liegt außerhalb der Oberfläche für $f(x_1,y_1,z_1) < T$ und auf der Oberfläche für $f(x_1,y_1,z_1) = T$.

Transformation

Problematischer sind Transformationen auszuführen. Betrachtet man zunächst die Rotation, realisiert als Multiplikation der Koordinaten mit einer 3×3-Rotationsmatrix $\mathbf{RM}$, dann ergibt sich

$$f(x,y,z) \circ \mathbf{RM} = f(x \times \mathbf{RM}, y \times \mathbf{RM}, z \times \mathbf{RM})$$

$$= [f \circ \mathbf{RM}](x,y,z).$$

Ähnliches erhält man für Translationen und Skalierungen. Die erste Form beinhaltet nur eine Transformation der Koordinaten und ist leicht auszuführen. Dies ist ausreichend, wenn ein Vergleich mit der ursprünglichen, nicht transformierten Funktion nicht notwendig ist und daher das Transformationsresultat in einem anderen Koordinatensystem repräsentiert werden kann wie die ursprüngliche Funktion. Das ist beispielsweise bei Visualisierungstransformationen der Fall.

Die zweite Form dagegen bedeutet, daß sich durch die Transformation die Funktion ändert. Die Art und die Komplexität der Änderung hängt von der Art der Transformation und der Komplexität der impliziten Repräsentation ab und ist möglicherweise nicht leicht zu implementieren.

Für Quadriken existiert freilich eine Lösung. Ist die Quadrik als Vektor-Matrix-Produkt nach Gleichung 2.8 repräsentiert, dann kann sie durch

$$\mathbf{TM}^{-1} \times \mathbf{Q} \times \mathbf{TM}$$

mit einer Transformationsmatrix $\mathbf{TM}$ transformiert werden (eine Verallgemeinerung der Transformation einer Ebene in Abschnitt 2.1.2).

Eine weitere wichtige Operation ist die Berechnung von Schnittpunkten zwischen Geraden und der durch die implizite Beschreibung definierten Oberfläche. Werden die x-, y- und z-Koordinaten aller auf der Gerade liegenden Punkte mit $x(t)$, $y(t)$ und $z(t)$ bezeichnet mit

Schnittpunkt mit Gerade

$$x(t) = x_1 + t \cdot (x_2 - x_1),$$
$$y(t) = y_1 + t \cdot (y_2 - y_1),$$
$$z(t) = z_1 + t \cdot (z_2 - z_1),$$

dann sind die Schnittpunkte diejenigen Punkte, für die gilt

$$f(x(t), y(t), z(t)) - T = 0.$$

Je nach Komplexität von f erfordert das die Lösung einer mehr oder weniger komplizierten Gleichung. Für eine Kugel mit Radius r um den Mittelpunkt $(x_p \; y_p \; z_p)$, deren implizite Beschreibung

Schnittpunkt zwischen Kugel und Gerade

$$(x - x_p)^2 + (y - y_p)^2 + (z - z_p)^2 - r^2 = 0$$

ist, ergibt sich mit

$$\left[x_1 - x_p + t \cdot (x_2 - x_1) \right]^2$$
$$+ \left[y_1 - y_p + t \cdot (y_2 - y_1) \right]^2$$
$$+ \left[z_1 - z_p + t \cdot (z_2 - z_1) \right]^2 - r^2 = 0$$

$$\Rightarrow \quad t^2 \cdot \left[(x_2 - x_1)^2 + (y_2 - y_1)^2 + (z_2 - z_1)^2 \right]$$

$$+ 2t \cdot \left[(x_1 - x_p)(x_2 - x_1) + (y_1 - y_p)(y_2 - y_1) + (z_1 - z_p)(z_2 - z_1) \right]$$

$$+ (x_1 - x_p)^2 + (y_1 - y_p)^2 + (z_1 - z_p)^2 - r^2$$

$$= 0$$

eine relativ einfach für t zu lösende quadratische Gleichung. Sind die beiden Lösungen reell, so bezeichnen sie die beiden Werte für t, für die Punkte auf der Gerade auf der Kugeloberfläche liegen. Gibt es nur eine Lösung, so ist die Gerade eine Tangente zur Kugel deren Kontaktpunkt mit der Kugel durch t spezifiziert wird. Ist die Lösung komplex, so schneidet die Gerade die Kugel nicht.

Da diese Schnittpunktberechnung so einfach ist, werden Kugeln häufig als umhüllende Objekte für andere, aufwendiger repräsentierte Objekte benutzt. Schneidet die Gerade die umhüllende Kugel nicht, so braucht die Berechnung für den Schnitt der Gerade mit dem eigentlichen Objekt nicht durchgeführt zu werden.

Allgemeine Lösung für die Schnittpunktberechnung

Viele impliziten Beschreibungen werden jedoch nicht analytisch zu lösen sein. Hier werden iterative Verfahren zur Nullstellenbestimmung eingesetzt. Ein Beispiel hierfür ist das Verfahren von Kalra und Barr /Kalr89/.

Das Verfahren garantiert, daß alle Nullstellen auf der Gerade gefunden werden. Es wird jedoch eine gewisse Vorkenntnis über die Oberflächenfunktion vorausgesetzt. Die Gerade wird solange in Intervalle $[a,b]$ zerlegt, bis in jedem Intervall entweder genau eine oder keine Nullstelle (d.h. Schnittpunkt) existiert. Anschließend kann die Nullstelle für Intervalle mit genau einer Nullstelle durch ein gängiges Iterationsverfahren ermittelt werden (z.B. durch das Newton-Verfahren, siehe /Atki89/). Die Entscheidung über die Anzahl der Nullstellen in einem Intervall wird durch eine Betrachtung der Objektfunktion entlang der Gerade gefällt. Ist die Funktion auf dem gesamten Intervall monoton steigend oder fallend, dann braucht keine weitere Zerlegung vorgenommen zu werden. In diesem Fall existiert genau eine Nullstelle, falls die Funktionswerte an beiden Enden der Gerade unterschiedliche Vorzeichen haben. Andernfalls existiert keine Nullstelle.

Die Funktion ist auf dem Intervall $[a,b]$ monoton steigend oder fallend, falls für die Ableitung der Funktion in der Mitte des Intervalls $[a,b]$ $\left| f'\left(\frac{a+b}{2} \right) \right| \le \frac{b-a}{2} \cdot f''_{max}$ gilt, wobei f''_{max} das Maximum der zweiten Ableitung der Funktion ist (die Kenntnis einer Abschätzung für f''_{max} wird vorausgesetzt und von den Autoren für einige einfache implizite Funktionen angegeben /Kalr89/).

3 Geometrische Repräsentationen

Durch dreidimensionale Modellierung und Visualisierung soll neue, anders nicht zugängliche Information vermittelt werden. Neu ist die Information, weil durch Implementierung von Regeln der dreidimensionalen, euklidischen Geometrie Wissen über geometrische Attribute repräsentierter Objekte berechnet und vermittelt werden kann. Die rechnerinterne Verarbeitung setzt voraus, daß eine Struktur existiert, in die diese geometrische Information integriert werden kann, und auf der Regeln definiert sind, die eine für die Realität aussagekräftige Manipulation und Simulation von Aktionen ermöglicht. Diese Struktur wird *Modell* genannt. Durch ein Modell werden bestimmte Aspekte der Realität abstrahiert und dem Benutzer durch den Rechner verfügbar gemacht. Ziel ist die Vermittlung von Erkenntnissen am Modell, die auf die Realität übertragen werden können.

3.1 Über Modelle und Repräsentationen

Man unterscheidet zwischen Modellen und Repräsentationen von Modellen. Das Modell ist ein System von Zuständen und Regeln, durch das ein bestimmter Aspekt der Realität beschrieben wird (siehe Abb. 3.1). Das Modell dient zur Simulation dieses Aspekts, so daß aus dem Verhalten des Modells auf die Realität geschlossen werden kann.

Zustände und Regeln

Zustände innerhalb des Modells sind Gegebenheiten, die durch die Untersuchungsmethoden ermittelt werden können, oder Zusammenhänge zwischen Elementen des Modells, die a priori bekannt sind. Regeln beschreiben Reaktionen auf Simulationen von Vorgängen auf die in den Zuständen beschriebenen Sachverhalte. Durch sie können Zustandsänderungen erfolgen.

Für die Gültigkeit der aus dem Modell gewonnenen Erkenntnisse ist es notwendig, daß

Bedingungen für Modelle

- Zustände und Regeln der Realität entsprechen,

53

- die Vorgänge, die simuliert werden, durch das Modellwissen mit hinreichender und abschätzbarer Genauigkeit approximiert werden können.

Repräsentationen

Bei einer Repräsentation handelt es sich um die Beschreibung eines Modells (/Requ80/, siehe Abb. 3.2). Im allgemeinen kann ein Modell auf unterschiedliche Art repräsentiert werden (es gibt z.B. mehrere Repräsentationen einer Ebene im dreidimensionalen Raum, die alle denselben Sachverhalt beschreiben). Für die rechnerinterne Verarbeitung ist es freilich wichtig, daß die Beschreibung durch endlich viele Symbole erfolgen kann und daß die Anzahl der unterschiedlichen Symbole, von denen die Beschreibung eine Teilmenge ist, ebenfalls begrenzt ist. So kann beispielsweise eine Linie im reellen, dreidimensionalen Raum weder durch Angabe aller ihrer - unendlich vielen - Punkte noch durch die exakte Angabe der reellen - und daher nur durch unendlich viele Ziffern beschreibbaren - Koordinaten ihrer beiden Endpunkte rechnerintern repräsentiert werden. Die Einschränkung auf endliche Beschreibbarkeit führt zwangsläufig dazu, daß viele Repräsentationen nur eine Approximation des Modellwissens selbst sind.

Da von der Repräsentation auf das Modell und von diesem auf die Realität geschlossen wird, muß die Approximationsgenauigkeit des Modells durch die Repräsentation hinreichend und abschätzbar sein. Es hilft wenig, wenn eine Anwendung auf einer Repräsentation erprobt wird und Veränderungen durch die Anwendung in der Repräsentation festgestellt werden, diese aber nicht auf die Realität übertragen werden können.

Modellinformation

Zu modellierende Information läßt sich nach unterschiedlichen Kriterien klassifizieren, so zum Beispiel

- nach der Art der Repräsentation (in Klassen, wie 'diskrete 3D Szene', 'CSG-Baum', 'Triangulation', usw.).

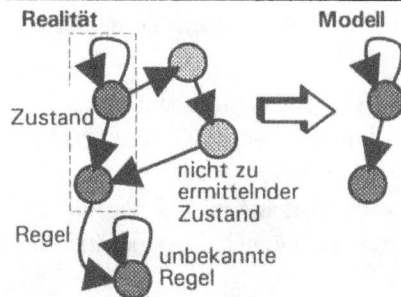

Abb. 3.1: Ein Modell ist ein Ausschnitt der Realität, dessen Zustände und Regeln bekannt und berechenbar sind.

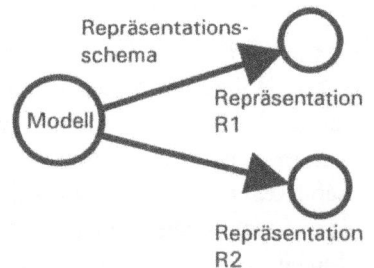

Abb. 3.2: Die Repräsentation eines Modells ist eine auf den Rechner abbildbare Beschreibung des Modells.

- nach der Herkunft der Information (in Klassen, wie 'Werkstück', 'Strömungsdaten', 'Computertomogramm', usw.).
- nach der Verwendung (in Klassen, wie 'Formplanung', 'Strömungsuntersuchung', usw.).

Da es dieselbe Information ist, die unterschiedlich geordnet wird, überdecken sich Klassen und Hierarchien nach den verschiedenen Kriterien. Gemeinsam ist allen Schemata, daß die Klassen unterhalb einer bestimmten Hierarchieebene nur noch nach der Repräsentationsform unterschieden werden. Das liegt daran, daß das Ziel der Klassifikation die Einordnung von Informationen für eine rechnerinterne Repräsentation ist. Auf der Ebene der Repräsentationen läßt sich die folgende Einteilung vornehmen:

Klassifikation von Information

- Approximationen und Interpolationen von Funktionen: verschiedene Formen der Beschreibung von Aspekten der Funktionen durch Basiselemente.
- diskrete Funktionen: n-dimensionale, diskrete Repräsentationen von Funktionen im R^n.
- Implizite Repräsentationen: Beschreibung von Objekten durch eine Formel auf den Koordinaten des dreidimensionalen Raums.
- Prozedurale Repräsentationen: Beschreibung durch rekursive Anwendung von Regeln auf einer Menge von Grundbausteinen.

Erst die zweckgebundene Eingruppierung erfolgt in Abhängigkeit von den Klassifizierungskriterien. Daher ist es möglich, Modelle, Repräsentationen von Modellen, sowie Algorithmen auf diesen Repräsentationen zur Informationsvermittlung unabhängig von Anwendungen und von dem Vorhandensein der Informationen zu strukturieren, zu beschreiben und zu realisieren.

Repräsentationen, von welcher Art auch immer, bedeuten stets eine Einschränkung des Modellwissens. Das begründet die Vielzahl von Repräsentationsformen, die für unterschiedliche Zwecke entwickelt wurden. Die Entscheidung für eine bestimmte Repräsentation sollte daher davon geleitet werden, ob diese Repräsentation für die ins Auge gefaßte Anwendung das geeignete Mittel für die Informationsvermittlung ist.

3.2 Approximationen und Interpolationen

Dreidimensionale Objekte im R^3 lassen sich als kompakte Punktmengen mit endlicher, geschlossener, orientierbarer und durchdringungsfreier Ober-

3D-Objekte

fläche modellieren /Requ80/. Ihre Interpolation oder Approximation erfolgt durch Aufzählung endlich vieler, endlich beschreibbarer Basiselemente, durch die entweder Teile des Objektinneren oder der Objektoberfläche beschrieben werden. Die Qualität solcher Repräsentationen wird an mehreren Attributen gemessen:

- der Menge der approximierbaren oder interpolierbaren Objekte;
- der Fähigkeit zur Beschreibung mit beliebiger Detailgenauigkeit;
- der Anzahl der Elemente, die für eine Beschreibung bei vorgegebener Detailgenauigkeit benötigt werden.
- den Aufwand, mit dem die Elemente der Objektbeschreibung ausgewertet werden können.

Formen der Objektrepräsentation

Drei wichtige Formen der Objektrepräsentation sollen vorgestellt werden:

- Durch die *sweep*-Repräsentation wird ein Objekt durch ein Flächenelement und eine Transformationsvorschrift beschrieben.
- Durch einen CSG-Baum wird das repräsentierte Objekt aus einer Reihe von einfachen Basiselementen zusammengesetzt.
- Durch eine Oberflächenrepräsentation erfolgt die Beschreibung durch eine Menge von Oberflächenelementen.

3.2.1 Sweep-Repräsentationen

Definition einer Sweep-Repräsentation

Eine *sweep*-Repräsentation besteht aus einem endlich großen, zwei- oder dreidimensionalen Geometrieelement (z.B. einem Kreis in der xy-Ebene um den Koordinatenursprung) und einer Transformationsvorschrift. Wäre letztere beispielsweise eine Angabe von Rotationen um die x-Achse um 0-180°, so beschriebe die im obigen Beispiel genannte Repräsentation eine

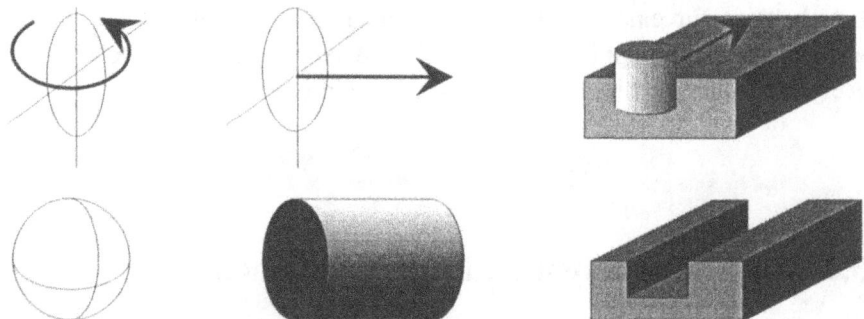

Abb. 3.3: Zwei- und dreidimensionale *sweeps*.

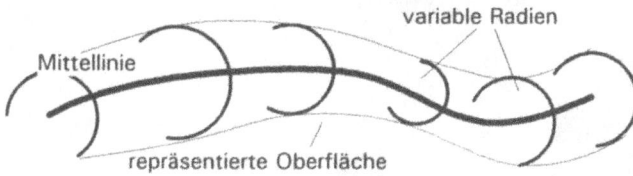

Abb. 3.4: Ein generalisierter Zylinder hat eine variable Mittellinie mit variablem Radius.

Kugel. Wäre sie dagegen die Angabe von Translationen in Richtung der z-Achse um 0-d, so ergäbe sich ein Zylinder der Höhe d (siehe Abb. 3.3).

Anstatt der im obigen Beispiel genannten zweidimensionalen Struktur kann auch eine dreidimensionale Struktur die Basis für eine *sweep*-Repräsentation sein. Das mag überflüssig erscheinen, doch läßt sich durch ein solches Arrangement z.B. das Bearbeiten eines Werkstücks durch ein Werkzeug beschreiben (siehe Abb. 3.3). In diesem Fall ist das Geometrieelement der auf das Werkstück einwirkende Teil des Werkzeugs. Durch die Transformation wird der Weg des Werkzeugs bei der Bearbeitung beschrieben.

Eine spezielle Form der *sweep*-Repräsentation sind Rotationskörper. Ein Rotationskörper entsteht durch Rotation einer eindimensionalen Abstandsfunktion $y = d(x)$ um 360° um die x-Achse. Zur Repräsentation einer größeren Formenvielfalt kann diese Beschreibung verallgemeinert werden, indem anstatt der x-Achse ein beliebiges Kurvenstück als Basis für die Abstandsfunktion zulässig ist. Diese Repräsentation heißt generalisierter Zylinder /Fole92/ (siehe Abb. 3.4). Die Angabe einer Art von Mittelachse mit wechselnden Radien ist zur Formanalyse des repräsentierten Körpers verwendbar. Nachteilig ist freilich, daß nur Körper repräsentiert werden können, deren topologischer Genus 0 ist (der also keine "Henkel" hat).

Rotationskörper und generalisierte Zylinder

Sweep-Repräsentationen und generalisierte Zylinder sind indes nicht leicht zu visualisieren. Für die grafische Darstellung muß entweder eine Projektion auf die Anzeigefläche unter Entfernung verdeckter Oberflächenanteile erfolgen oder es muß die Reflexion fiktiver Lichtstrahlen in Richtung einer Betrachterposition berechnet werden. Besonders für die Projektion ist es einfacher, die hierzu notwendigen geometrischen Operationen auszuführen, wenn eine explizite Beschreibung einer Oberfläche vorliegt. Deshalb wird vor der Visualisierung häufig eine Konversion der Repräsentation in eine Oberflächenrepräsentation durchgeführt.

Probleme der Visualisierung

Generalisierte Zylinder sind bei einer solchen Konversion gegenüber anderen *sweep*-Repräsentationen benachteiligt. Es ist möglich, daß sich zwei an verschiedenen Punkten der Mittelachse gebildete zweidimensionale Strukturen überschneiden. Die Punkte der durch generalisierte Zylinder

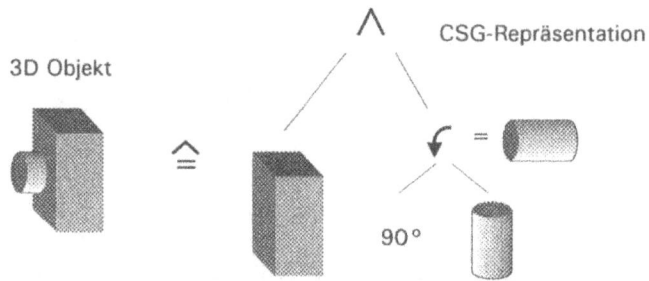

Abb. 3.5: Durch einen CSG-Baum werden mengentheoretische Verknüpfungen und Transformationen von Basiselementen repräsentiert.

gebildeten Oberfläche sind daher nicht eindeutig einem Punkt auf der Mittelachse zuzuordnen. Ein Konvertierungsverfahren muß diesen Sachverhalt erkennen, was einen rechenzeitaufwendigen Vergleich von unterschiedlichen Oberflächenanteilen erfordert.

3.2.2 CSG-Bäume

Definition eines
CSG-Baums

Die Abkürzung CSG steht für *Constructive Solid Geometry*. Ein CSG-Baum dokumentiert die Konstruktion eines Körpers aus einfachen Basiselementen. Basiselemente können sowohl Körper mit endlichem Volumen - wie z.B. Ellipsoide, Quader und Zylinder - als auch solche mit unendlich großem Volumen - wie z.B. Halbräume - sein. Kopien dieser Elemente werden transformiert und mit anderen Kopien verknüpft (siehe Abb. 3.5). Zulässige Transformationen sind Skalierung, Translation und Rotation. Mögliche Verknüpfungen sind die regularisierten Booleschen Operationen Schnitt, Vereinigung und Differenz. Regularisierte Boolesche Operationen unterscheiden sich von den gängigen mengentheoretischen Verknüpfungen darin, daß durch sie nur kompakte Punktmengen mit endlicher Oberfläche entstehen können /Requ80/.

Repräsentation
von CSG-Bäumen

Transformationen und Verknüpfungen von Objekten werden durch einen binären Baum dokumentiert, dessen Wurzel das repräsentierte Objekt beschreibt. Jedes Blatt ist entweder ein Basiselement oder eine Menge von Transformationsparametern. Ein Knoten des Baums zwischen Wurzel und Blatt steht für die Verknüpfung zweier geometrischer Teilstrukturen, falls sein Attribut eine boolesche Verknüpfung ist und beide Unterknoten geometrische Strukturen (Basiselemente oder Verknüpfungen von Basiselementen) sind. Andernfalls bedeutet der Knoten eine Transformation, dessen Art dem Knoten als Attribut beigegeben ist. Einer der beiden Unterknoten repräsentiert eine geometrische Teilstruktur, während der zweite Unterknoten die Transformationsparameter enthält.

Es ist möglich, daß ein Knoten aus Effizienzgründen mehrere Vater-knoten hat. Anstatt eines Baumes entsteht zwar ein Graph, doch da dieser wieder als Baum repräsentiert werden könnte, wird die Bezeichnung CSG-Baum beibehalten.

Auf CSG-Bäume trifft das gleiche zu wie auf *sweep*-Repräsentationen. Auch hier ist aus den dort genannten Gründen die Durchführung von Darstellungsmethoden schwierig, weshalb häufig eine Konversion in eine Oberflächenrepräsentation vor der Visualisierung erfolgt.

Visualisierungsprobleme

3.2.3 Oberflächenrepräsentationen

Von allen genannten Repräsentationsformen ist die Oberflächenrepräsentation (*b-rep* für *boundary representation*) die allgemeinste. Durch sie wird ein Körper durch seine Oberfläche beschrieben. Die Oberfläche selbst wird durch Flächenelemente approximiert (siehe Farbtafeln 1 und 2). Da es keine Beschränkungen der Art und Anzahl der Flächenelemente gibt, ist die Approximation beliebiger Formen mit beliebiger Genauigkeit möglich.

Oberflächen

Flächenelemente können planare (siehe Abschnitt 2.2.1) oder gekrümmte Flächen (siehe Abschnitt 2.2.2) sein. Sie sind durch Kanten oder Kurven begrenzt, die selbst durch Endpunkte begrenzt sind. Für eine schnelle 3D-Darstellung eignen sich planare Flächen am besten, da sich notwendige geometrische Operationen (die Berechnung von Schnittpunkten mit einem Sichtstrahl, der Test, ob ein Punkt innerhalb des Körpers liegt etc.) auf einer solchen Repräsentation leichter durchführen lassen.

Flächenelemente

Wichtige Eigenschaften einer Oberfläche sind ihre Geschlossenheit, Endlichkeit, Orientierbarkeit und Durchdringungsfreiheit /Requ80/. Geschlossenheit und Orientierbarkeit einer Oberfläche können durch lokale Bedingungen für die Flächenelemente sichergestellt werden (siehe Abb. 3.6).

Reguläre Oberflächen

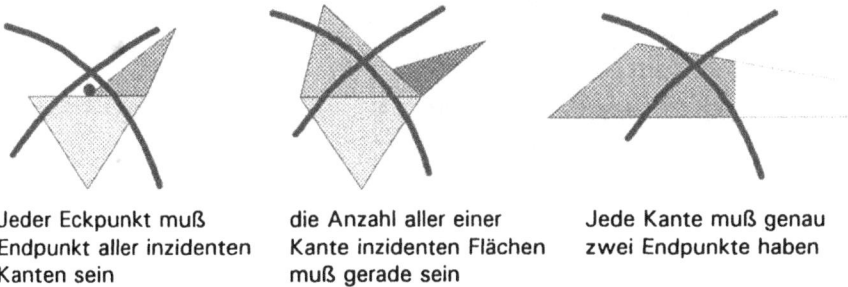

Jeder Eckpunkt muß Endpunkt aller inzidenten Kanten sein

die Anzahl aller einer Kante inzidenten Flächen muß gerade sein

Jede Kante muß genau zwei Endpunkte haben

Abb. 3.6: Geschlossenheit und Orientierbarkeit der Oberfläche können durch lokale Bedingungen für die Flächenelemente sichergestellt werden.

Es genügt, daß

- jede Seite eines Flächenelements von genau zwei Eckpunkten begrenzt ist;
- zu jeder Seite eine gerade Anzahl von Flächenelementen inzident ist;
- jeder Eckpunkt auf einer Seite eines Flächenelements eine Begrenzung für alle ihm inzidenten Seiten ist.

Die Oberfläche hat einen endlichen Flächeninhalt, falls sie aus einer endlichen Anzahl endlich großer Flächenelemente besteht. Allein die Durchdringungsfreiheit ist nicht auf Grund von lokal auswertbaren Eigenschaften zu garantieren. Hierzu müssen alle Flächenelemente auf gegenseitige Durchdringung untersucht werden. Der Aufwand zur Berechnung dieser Eigenschaft wächst quadratisch mit der Anzahl der Flächenelemente an.

Winged-Edge-Repräsentation

Wichtig für eine effiziente Verarbeitung einer Oberflächenrepräsentation ist der schnelle Zugriff auf die einzelnen Komponenten, so wie es durch die *winged edge*-Repräsentation ermöglicht wird /Baum75/ (siehe Abb. 3.7). Die Basis dieser Repräsentation sind Polygonkanten. Durch jede Kante werden die beiden zu ihr inzidenten Polygone, die beiden sie begrenzenden Polygoneckpunkte sowie die vier Vorgänger- und Nachfolgekanten, die gleichfalls zu einem der beiden Polygone inzident sind, referenziert. Alle inzidenten Eckpunkte, Polygone und Kanten referenzieren umgekehrt die betreffende Kante. Bei der Festlegung von Vorgänger- und Nachfolgekanten wird eine Orientierung der Polygone im Uhrzeigersinn zugrundegelegt (von außen gesehen). Löcher werden entgegen dem Uhrzeigersinn orientiert.

Problematisch bei der Verwendung von Polygonen ist, daß Planarität nicht leicht garantiert werden kann. Selbst ursprünglich planare Polygone können nach Ausführung einer Transformation auf ihren Eckpunkten wegen

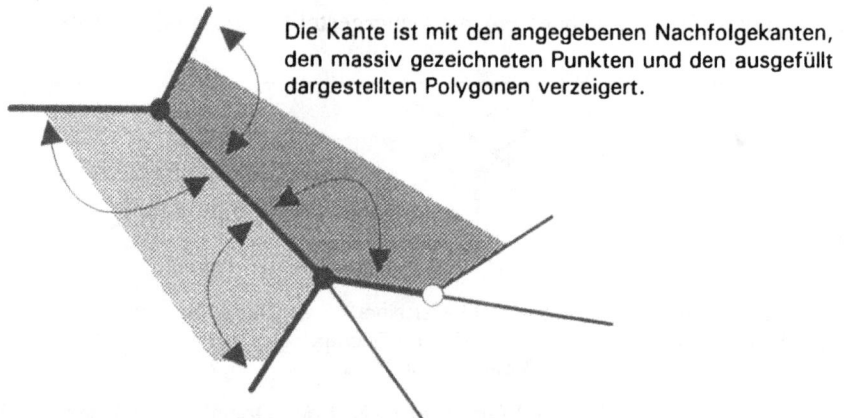

Die Kante ist mit den angegebenen Nachfolgekanten, den massiv gezeichneten Punkten und den ausgefüllt dargestellten Polygonen verzeigert.

Abb. 3.7: Die *winged edge*-Repräsentation

Rechenungenauigkeiten die Eigenschaft der Planarität verlieren. Eine Korrektur durch Positionsänderung der Eckpunkte ist schwierig, da jeder Eckpunkt zu mehreren Polygonen inzident ist. Planarität ist jedoch immer gegeben, wenn die Oberfläche aus Dreiecken besteht. Da die garantierte Konvexität von Dreiecken eine weitere Vereinfachung von Darstellungsprozessen bedeutet, ist eine aus Dreiecken bestehende Oberflächenrepräsentation besonders bei hardware-gestützten 3D-Visualisierungslösungen verbreitet.

Die ungeordnete Aufzählung von Oberflächenelementen kompliziert nachfolgende, geometrische Berechnungen. Kohärenzeigenschaften könnten genutzt werden, doch ist unter Umständen das Auffinden von Flächenelementen, die eine gemeinsame geometrische Eigenschaft teilen, aufwendiger als der Gewinn durch die Verwendung dieser Information. BSP-Bäume (BSP steht für *binary space partitioning*) sind eine Möglichkeit, durch die ein Teil der Strukturinformation in eine solche Repräsentation integriert werden kann. Der BSP-Baum ist ein binärer Baum, durch den ein Objekt als eine Hierarchie von Teilräumen beschrieben wird, die aus einer fortgesetzten Zerlegung des Raums entstanden sind.

BSP-Baum

Jeder Knoten des Baums repräsentiert eine Teilungsebene, durch die der verbliebene Teilraum in zwei neue Teilräume zerlegt wird (Abb. 3.8 zeigt ein Beispiel für einen zweidimensionalen BSP-Baum). Befindet sich der durch einen Knoten repräsentierte Teilraum vollständig innerhalb oder außerhalb des Objekts, so wird er entsprechend bezeichnet und nicht weiter expandiert. Andernfalls erfolgt eine Zerlegung des Teilraums in zwei neue Teilräume. Der assoziierte Knoten wird expandiert und zwei neue Unterknoten entstehen.

Von den zwei bei einer Expansion entstehenden Knoten repräsentiert

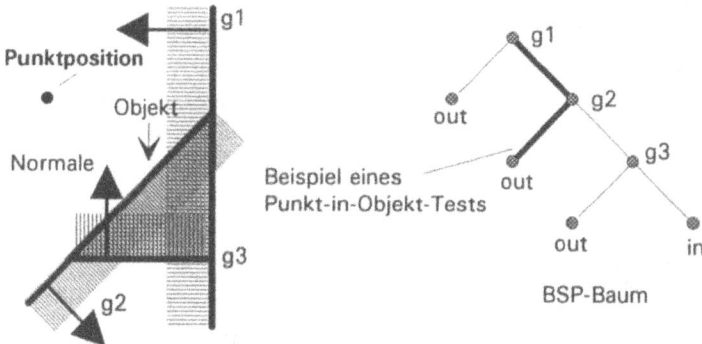

Abb. 3.8: Ein zweidimensionaler BSP-Baum. Falls getestet werden soll, ob sich der oben links eingezeichnete Punkt innerhalb des Objekts befindet, würde der im BSP-Baum fett eingezeichnete Pfad verfolgt werden.

der linke Knoten denjenigen Teilraum, der sich entgegengesetzt von der Ebenennormale befindet, und der rechte Knoten denjenigen Teilraum, der auf der Seite der Normalen liegt.

Konvertierung einer Oberflächen-repräsentation in einen BSP-Baum

Ein BSP-Baum kann aus einer Oberflächenrepräsentation erzeugt werden, indem Teilräume durch Ebenen begrenzt werden, die durch die Oberflächenpolygone definiert werden /Thib87/. Aus einer Liste aller Oberflächenpolygone wird ein Polygon entfernt, das die erste Schnittebene definiert. Alle anderen Polygone werden in zwei neue, dem linken und dem rechten Unterknoten zugeordnete Listen kopiert und in der alten Liste gelöscht. Polygone, die von der Schnittebene geteilt werden, werden in einen linken und einen rechten Teil zerlegt und entsprechend den beiden Listen zugeordnet. Wenn einem Unterknoten kein Polygon zugeordnet wurde, dann liegt der von ihm repräsentierte Teilraum vollständig innerhalb oder außerhalb des Objekts. Welche der beiden Alternativen zutrifft, wird anhand der Normalenrichtung entschieden (zeigt die Normale alle Oberflächenpolygone nach außen, dann gehören linke Knoten zum Objekt und rechte Knoten zum Hintergrund). Die Expansion des Baums wird fortgesetzt, bis keine Unterknoten mehr existieren, denen Polygone zugeordnet sind.

In einem BSP-Baum kann sehr effizient entschieden werden, ob ein Punkt innerhalb oder außerhalb des repräsentierten Objekts liegt. Hierfür braucht nur ein Pfad von der Wurzel zu einem Blatt verfolgt werden. An jedem Knoten muß durch Skalarmultiplikation der Ebenennormale mit den Punktkoordinaten entschieden werden, ob sich der Punkt vor oder hinter der entsprechenden Teilungsebene befindet und der Pfad in dieser Richtung weiter verfolgt wird. Falls der Baum optimal aufgebaut ist, ist seine Tiefe bei N Flächenelementen etwa $\log_2 N$ (das würde bei 1.000.000 Flächenelementen eine Tiefe von 20 bedeuten), so daß die Berechnung in einem BSP-Baum erheblich effizienter sein kann als die in der ursprünglichen Oberflächenrepräsentation. In ähnlicher Weise lassen sich auch mengentheoretische Verknüpfungen, welche in der Oberflächenrepräsentation einen sehr hohen Aufwand bedeuten, durch die Verwendung eines BSP-Baums beschleunigen (siehe /Thib87/).

3.3 Die Diskretisierung des Raumes

Scientific Visualisation

Nicht immer ist der Gegenstand eines 3D-Darstellungsverfahrens eine explizite Objektbeschreibung. Oft ist es Ziel der Visualisierung, den Eindruck einer dreidimensionalen - ggf. mehrkanaligen - Funktion zu vermitteln. Diese Verfahren werden unter dem Begriff *scientific visualisation* zusammengefaßt und haben in jüngster Zeit in den unterschiedlichen Anwendungsgebieten (z.B. in der Strömungsmechanik, für geologische Untersuchungen, in der angewandten Mathematik, in der Medizin oder der Physik) erheblich an Bedeutung gewonnen.

Oft ist die Bildfunktion f_{Bild} jedoch analytisch nicht beschreibbar, so daß sich die meisten Repräsentationsformen als eine Synthese einzelner, analytisch zu beschreibender Approximationsfunktionen ergeben. Im einfachsten Fall handelt es sich um eine einzige Approximationsfunktion mit diskretem und beschränktem Definitions- und Wertebereich. Man geht davon aus, daß es sich bei den Funktionswerten der Approximationsfunktion um eine Auswahl von Funktionswerten von f_{Bild} handelt.

Repräsentieren läßt sich eine solche diskrete Funktion durch eine *Zellaufzählungsrepräsentation* oder *Zellrepräsentation* (*cell enumeration* oder *CE-Repräsentation*), durch die die einzelnen Funktionswerte einfach aufgezählt werden. Dies ist möglich, da sowohl die Anzahl der Funktionswerte als auch die Anzahl der Werte des Wertebereichs endlich ist. Neben der CE-Repräsentation existieren Erweiterungen zur Repräsentation von Mehrkanalfunktionen und Spezialisierungen für die effiziente Repräsentation von diskreten Funktionen mit binärem Wertebereich.

Zellaufzählungsrepräsentation

3.3.1 Voxelrepräsentationen

Zellrepräsentationen wurden ursprünglich benutzt, um Objektfunktionen zu repräsentieren. Objektfunktionen sind binäre Funktionen, deren Wert angibt, ob ein bestimmter Punkt des dreidimensionalen Raums innerhalb oder außerhalb eines Objekts liegt /Requ80/. Der Name 'Zellrepräsentation' ist eng mit dem Begriff des dreidimensionalen zellulären Komplexes verwandt /Kova89/. Ein solcher Komplex besteht aus 0-, 1-, 2- und 3-Zellen. Eine *n*-Zelle wird durch (*n*-1)-Zellen begrenzt und begrenzt selbst diese Zellen. 3-Zellen können als Inneres von Kuben aufgefaßt werden, die einen dreidimensionalen Raum vollständig ausfüllen. Die Seitenflächen dieser Kuben entsprechen den 2-Zellen, die die Seitenflächen begrenzenden Kanten den 1-Zellen und die diese begrenzenden Eckpunkte schließlich den 0-Zellen.

Zelluläre Komplexe

Eine Zellrepräsentation kann man als Aufzählung der 3-Zellen begreifen, zusammen mit einem Attribut, das angibt, ob durch die Zelle ein Teil eines Objekts repräsentiert wird ('1') oder nicht ('0'). Für die 3D-Darstellung wird oft die folgende Verallgemeinerung zugelassen: 3-Zellen dürfen eine unterschiedliche Größe und eine unterschiedlich Anzahl von begrenzenden 2-Zellen haben, solange die 3-Zellen den Raum vollständig und über-

Definition einer Voxelrepräsentation

deckungsfrei ausfüllen. Da dies nicht mehr mit der Definition des zellulären Komplexes zu vereinbaren ist, sollen diese Repräsentationen künftig Voxelrepräsentationen (Voxel steht für *volume element* = Volumenelement) genannt werden. Die Elemente der Repräsentation sollen Voxel heißen.

Voxelfunktion

Eine Voxelrepräsentation ist ein Funktionspaar $\{f_{VX}, f_{OBJ}\}$. Die Voxelfunktion f_{VX} ist eine Abbildung

$$f_{VX}: E^3 \to Z$$

Objektfunktion

des euklidischen Vektorraums E^3 in die Menge der ganzen Zahlen. Jede Zahl aus Z repräsentiert ein Voxel der Zellrepräsentation. Die Objektfunktion f_{OBJ} ist eine Abbildung der Voxel in eine Menge der Objektzugehörigkeiten O:

$$f_{OBJ}: Z \to O, \text{mit } O = \{0,1\}.$$

Ein Voxel wird durch die Objektfunktion auf den Wert '1' abgebildet, wenn es das Objekt (d.h. innere Punkte) repräsentiert, und es wird auf den Wert '0' abgebildet, wenn es den Hintergrund (d.h. äußere Punkte) repräsentiert. Im ersten Fall heißt es 1-Voxel, sonst wird es 0-Voxel genannt.

Voxelform

Voxel können eine beliebige Form haben. Anwendungen, bei denen Funktionswerte auf einem unregelmäßigen Gitter erzeugt werden, bedienen sich beispielsweise Tetraeder als Voxel. Diese können unterschiedliche Größen und Orientierungen haben, so daß Räume nahezu beliebig in Voxel zerlegt werden können. Erhebliche Vorteile bei der grafischen Weiterverarbeitung ergeben sich jedoch, wenn Kuben des E^3 nach Voxeln abgebildet werden. Damit wird die Voxelfunktion durch drei Voxelkoordinatenfunktionen auf den Koordinaten des E^3 ersetzt (siehe Abb. 3.9):

$$f_{VX,x}(x) = i,$$
$$f_{VX,y}(y) = j,$$
$$f_{VX,z}(z) = k \quad \text{mit} \quad x,y,z \in R \quad \text{und} \quad i,j,k \in Z.$$

Falls jedem Element (i,j,k) der Voxelrepräsentation ein Wertepaar $b_i(i,j,k)$ und $b_a(i,j,k)$ zugeordnet wird, welches die Volumina der zu diesem Element in Relation stehenden inneren bzw. äußeren Punkte des Modellraums angibt, so läßt sich hierauf eine objektbeschreibende Funktion f_{OBJ} definieren:

$$f_{OBJ}(i,j,k,b_i,b_a) = \begin{cases} 1, & \text{für } b_i(i,j,k) > b_a(i,j,k) \\ 0, & \text{sonst.} \end{cases}$$

Innere Punkte sind diejenigen Punkte, für die ein Radius $\varepsilon > 0$ existiert, in dem nur zum Objekt gehörige Punkte liegen. Für jeden äußeren Punkt

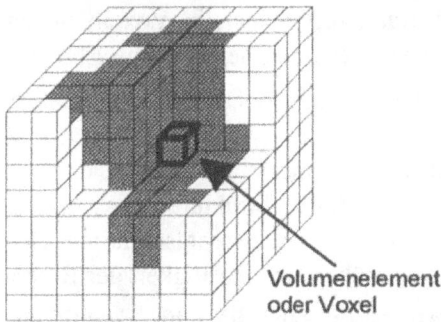

Volumenelement
oder Voxel

Abb. 3.9: Die Voxel von gängigen Voxelrepräsentationen repräsentieren kubische Volumenelemente.

existiert dagegen ein solcher Radius, innerhalb dessen nur nicht zum Objekt gehörige Punkte liegen. Punkte, für die innerhalb jeden Radius sowohl innere als auch äußere Punkt liegen, heißen Randpunkte.

Da durch den Wert der Objektfunktion an der Position (i,j,k) nur ausgesagt wird, welche Art von Punkten (innere oder äußere) *mehrheitlich* in die betreffende Zelle abgebildet werden, ist die der Funktion f_{OBJ} zugrunde-liegende Funktion f_{VX} nicht invertierbar. Zur Regularisierung kann indes angenommen werden, daß alle in ein Voxel abgebildeten Punkte ausschließlich zur Menge der inneren oder zur Menge der äußeren Punkte gehören. Reicht die hierdurch erzielte Genauigkeit nicht aus, so kann durch aufwendigere Verfahren zusätzliche Information aus der Untersuchung der Umgebung eines Voxels in die inverse Abbildung einbezogen werden.

Der Approximationsfehler bei einer inversen Abbildung der Voxel der Voxelrepräsentation in den euklidischen Vektorraum unter der Annahme, daß jedes 1-Voxel nur innere Punkte und jedes 0-Voxel nur äußere Punkte repräsentiert, ist höchstens so groß wie das Volumen derjenigen 0- oder 1-Voxel, in die Randpunkte des Objekts abgebildet werden. Das rührt daher, daß, falls in ein Voxel keine Randpunkte abgebildet werden, in sie ausschließlich innere oder äußere Punkte abgebildet werden können. Die Approximationsgenauigkeit ist also eine Funktion der Oberflächengröße und der Größe des Raums, den ein Voxel repräsentiert.

Die Größe des durch ein Voxel repräsentierten Raums ist normalerweise bekannt. Für die Abschätzung der Approximationsgenauigkeit ist also nur die Kenntnis von Größe und Form der Oberfläche notwendig. Leider kann nicht von der Anzahl der Oberflächenvoxel (benachbarte 0- und 1-Voxel) auf die tatsächliche Objektform geschlossen werden, denn innerhalb eines Voxels ist der wahre Verlauf der Oberfläche nicht bekannt. Daher kann

Approximations-genauigkeit

65

es vorkommen, daß Randpunkte auch in Voxeln liegen, die nicht an der Oberfläche der Voxelrepräsentation liegen (siehe Abb. 3.10).

Wenn jedoch Objekte oder in Objekte eingeschlossene äußere Punkte dann nicht berücksichtigt werden, wenn ihr Volumen im E^3 kleiner ist als der von einem Voxel im E^3 repräsentierte Kubus, dann ist sichergestellt, daß Randpunkte von berücksichtigten Strukturen ausschließlich in Oberflächenvoxel liegen. Auf dieser Basis der repräsentierten Geometrie lassen sich näherungsweise Aussagen über die Genauigkeit der Repräsentation machen.

Erweiterung des Wertebereichs

Die Voxelrepräsentation kann auch für Funktionen mit nicht-binärem Wertebereich verwendet werden. Die Anzahl der Elemente des Wertebereichs, auf den die reellwertige Funktion f abgebildet wird, beeinflußt die Genauigkeit der Approximation. Man spricht von der Kontrastauflösung, um diesen Zusammenhang zu beschreiben.

Platzbedarf

Der Platzbedarf für ein Voxel nimmt mit steigender Kontrastauflösung zu. Anstatt eines Bits, welches je Voxel zur Repräsentation der binären Objektfunktion benötigt wurde, werden zwischen einem und zwei Byte je Voxel (für 256 bzw. 65.536 verschiedene Funktionswerte) gebraucht. Damit steigt auch der Platzbedarf für die Gesamtrepräsentation. Kommt man für die Repräsentation eines Kubus' von $256 \times 256 \times 256$ Voxeln einer Repräsentation der binären Objektfunktion noch mit 2 Megabyte aus, so werden bei einer Repräsentation durch einem Byte je Voxel bereits 16 Megabyte benötigt. Dieser erheblich größere Speicherplatzbedarf erklärt auch, warum dreidimensionale Voxelrepräsentationen von nicht-binären Funktionen bis vor kurzem kaum eine Rolle gespielt haben. Mit wachsenden Speicherkapazitäten und durch die Entwicklung spezieller Hardware wächst jedoch die Zahl der

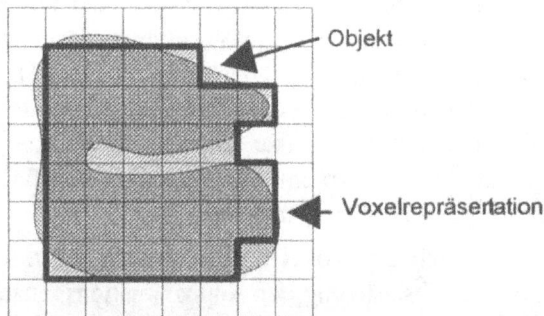

Abb. 3.10: Der Approximationsfehler einer Voxelrepräsentation ist nicht größer als die Anzahl der Voxel, in die Randpunkte abgebildet werden. Konkavitäten, deren Größe die Auflösung der Voxelrepräsentation unterschreitet, können nicht repräsentiert werden und können zu beliebig großen Fehlern führen.

Anwendungen der Voxelrepräsentation für nicht-binäre Funktionen (siehe /Jack86/, /Tied90/).

Anstatt einer einzigen Funktion können durch ein Voxel auch mehrere Funktionen repräsentiert werden. Ein solcher Ansatz wurde im Zusammenhang mit der Entwicklung eines 3D-Speichers verfolgt /Jack86/. Dies war zunächst eine hardware-technische Realisierung zur Speicherung und Visualisierung von Voxelrepräsentationen, doch wurde das Konzept bald zu einer Repräsentation mehrerer Funktionen erweitert /Stie87/. Dieses Konzept wurde erweiterte Zellrepräsentation oder XCE-Repräsentation (für *extended cell enumeration*) genannt und stellt eine potentiell anwendungsunabhängige Alternative zur Voxelrepräsentation dar. Da jedoch das Konzept von Stiehl, Jackèl /Stie87/ keinen Mechanismus zur Verwaltung und zum Zugriff auf anwendungsunabhängig definierte Dateninhalte vorsah, erfolgte eine erste Realisierung anwendungsabhängig /Tron89/. Die Anzahl der verwendeten Funktionen und die Art ihrer Speicherung lag vorher fest. Die Interpretation der in den Voxeln repräsentierten Werte war Bestandteil der auf der Repräsentation realisierten Darstellungs- und Manipulationsalgorithmen.

XCE-Repräsentation

Für eine anwendungsunabhängige Repräsentation muß die Struktur der in einem Voxel gespeicherten Informationen, d.h. Angaben über die Anzahl der gespeicherten Funktionen, ihren Wertebereich oder die Position, an der sie in dem Voxel gespeichert ist, von der Voxelrepräsentation und den auf ihr implementierten Algorithmen getrennt werden. Dann kann der durch die Voxelrepräsentation zur Verfügung gestellte Speicherplatz variabel aufgeteilt werden. Für die Interpretation der Voxeldaten wurde daher ein *Beschreibungsgraph* entworfen, dessen Knoten die Funktionsbeschreibung enthalten /Toen90/ (Abb 3.11 zeigt die Struktur der erweiterten Voxelrepräsentation).

Anwendungsunabhängigkeit der XCE-Repräsentation

Diese Art der Repräsentation hat zwei Vorteile: Zum einen läßt sich die Menge der zu repräsentierenden Funktionen effizient in der Repräsentation unterbringen und zum anderen können Kanten auch für die Repräsentation

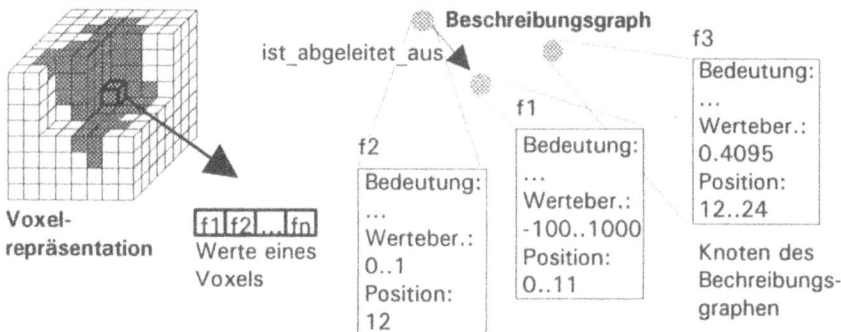

Abb. 3.11: Die erweiterte Voxelrepräsentation.

von Relationen zwischen Funktionsnamen benutzt werden.

Die Möglichkeit, Funktionen an unterschiedlicher Stelle eines Voxels in beliebiger Auflösung zu repräsentieren, erlaubt die variable und effiziente Ausnutzung des zur Verfügung stehenden Speicherplatzes. Es ergibt sich jedoch der Nachteil, daß jeder Zugriff auf Informationen in der Voxelrepräsentation über den Beschreibungsgraphen erfolgen muß, falls Manipulationsalgorithmen von der jeweiligen Applikation unabhängig sein sollen (sind die Algorithmen anwendungsspezifisch, dann tritt das Problem nicht auf, da die Aufteilung des für ein Voxel zur Verfügung stehenden Speicherplatzes für eine Anwendungsrepräsentation unveränderlich ist).

3.3.2 Effiziente Repräsentationen für binäre Daten

Für binäre Funktionen im R^3 sind die vorgenannten Repräsentationen oft zu allgemein. Die einfache Aufzählung von 0- und 1-Voxeln führt zu einer sehr großen Datenmenge mit einem hohen Anteil redundanter Information. Das läßt sich leicht an dem hohen Kompressionsfaktor von einfachen, reversiblen Kompressionsverfahren feststellen, die für solche Repräsentationen erreichbar sind. Kompressionsverfahren sind jedoch nicht der geeignete Weg zur effizienten Repräsentation, denn häufig werden geometrische Attribute, die für Visualisierungs- und Manipulationsalgorithmen wichtig sind, in einer für den Rechner schwer zu interpretierenden Weise verschlüsselt. Es gibt jedoch Ansätze zur Minderung der Redundanz, die einen einfacheren Zugriff auf geometrische Informationen erlauben.

Oct-Tree

In seiner ursprünglichen Beschreibung /Jack80/, /Meag82/ ist der *octtree* (auch *octree* genannt) die hierarchische Strukturierung einer binären Funktion in einem diskreten, beschränkten, kubischen Raum (= Datenkubus), dessen Komplexität von der Komplexität der zu repräsentierenden

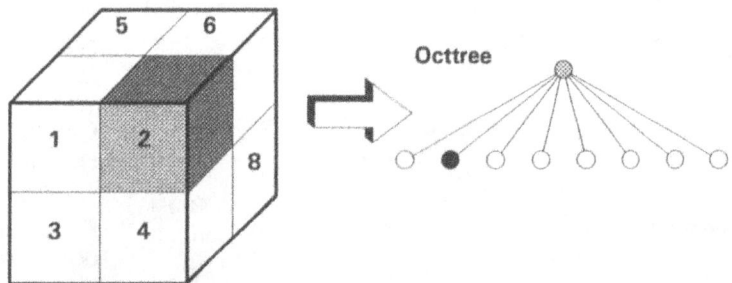

Abb. 3.12: Der *oct-tree* ist ein Baum, dessen Knoten eine feste Aufteilung des repräsentierten Raums beschreiben.

Funktion relativ zum Raum abhängt.

Hiernach ist ein *oct-tree* ein 8-ärer Baum, dessen Knoten für kubisch geformte Teilräume des Kubus' stehen (siehe Abb. 3.12). Jeder Knoten trägt die Information darüber, ob der durch ihn repräsentierte Unterkubus vollständig ('v'), teilweise ('t') oder gar nicht ('n') vom segmentierten Objekt belegt ist. Knoten mit dem Prädikat 't' haben je acht Kindknoten. Alle anderen Knoten sind Blätter des *oct-trees*. Die Kindknoten repräsentieren eine Zerlegung des durch den Knoten repräsentierten Kubus' in acht gleich große, sich nicht überlappende Unterkuben mit halber Seitenlänge des durch den Vaterknoten repräsentierten Kubus.

Definition des Oct-Tree

Der *oct-tree* wird rekursiv erzeugt. Man beginnt mit einem Baum, der nur aus einer Wurzel besteht. Die Wurzel repräsentiert den gesamten Datenraum und wird mit dem Prädikat 'v', 't' oder 'n' belegt. Die Wurzel ist gleichzeitig das einzige Blatt des aktuellen *oct-trees*. Anschließend werden für jedes Blatt des aktuellen *oct-trees* mit dem Prädikat 't' acht Kindknoten erzeugt, die eine Zerlegung des betreffenden Kubus in acht Unterkuben repräsentieren. Die Reihenfolge der Kindknoten ist genau festgelegt, so daß aus der Positionierung innerhalb des Baums auf die Lage des assoziierten Unterknotens relativ zu anderen Unterkuben desselben Vaterknotens geschlossen werden kann. Über eine Auswertung der Positionierung unterschiedlicher Vaterknoten zueinander kann darüber hinaus eine relative Positionsbestimmung zwischen Unterkuben voneinander verschiedener Vaterknoten erfolgen.

Generierung eines Oct-Tree

Der Generierungsprozeß wird solange fortgesetzt, bis keine Blätter mit dem Prädikat 't' mehr existieren. Für eine diskrete Repräsentation terminiert die Generierung immer, da spätestens auf der Ebene der einzelnen Voxel keine weitere Unterteilung erfolgen kann. Für eine nicht diskrete Ursprungsrepräsentation muß zusätzlich eine Mindestgröße der Unterkuben festgelegt werden.

Ein *oct-tree* kann entweder als Baumstruktur abgelegt werden, wobei auf die Repräsentation von Knoten mit dem Prädikat 'n' verzichtet werden kann, oder als Liste mit den Symbolen '1' (für das Prädikat 'v'), '0' (für das Prädikat 'n'), '(', und ')'. Der rechte *oct-tree* in Abb. 3.13 wäre

Repräsentation eines Oct-Tree

$$(01010101)(01010101)000000,$$

wobei die Klammerungen für Expansionen von Knoten in je acht Kindknoten stehen. Eine Alternative, die die geometrische Verarbeitung vereinfacht, ist die Repräsentation durch einen BSP-Baum (siehe Abschnitt 3.2.3). Als Teilungsebenen werden nacheinander die drei Ebenen benutzt, die zur Zerlegung eines Teilraums gedient haben. Es entsteht ein gut balancierter BSP-Baum, dessen Ebenengleichungen einfach auszuwerten sind.

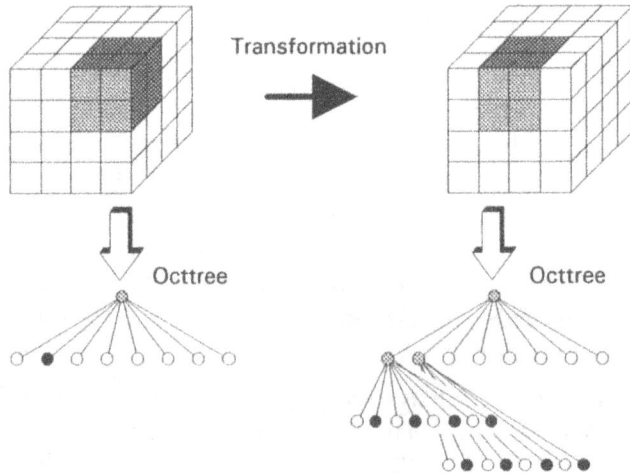

Abb. 3.13: Eine einfache Translation führt zu einer völligen Veränderung des *oct-tree*.

Der Vorteil der Repräsentation durch *oct-trees* liegt darin, daß große, homogene Bereiche durch einen einzigen Knoten repräsentiert werden, so daß im Vergleich zur Voxelrepräsentation Speicherplatz gespart wird. Auch läßt sich der *oct-tree* vorteilhaft für manche Visualisierungsalgorithmen nutzen, da sich große, homogene Räume, die durch ein einziges Element repräsentiert werden, schnell verarbeiten lassen (siehe Abschnitt 5.2.5 und 5.4.2). Außerdem läßt die Lage von Knoten im *oct-tree* Rückschlüsse auf die Lage des durch diesen Knoten repräsentierten Raums zu.

Oct-Trees für reellwertige Funktionen

Der *oct-tree* läßt sich zur Repräsentation einer reellwertigen Funktion erweitern. Dann wird die Teilungsbedingung für einen Knoten zu einer Homogenitätsbedingung. Ein Kubus wird dann nicht weiter zerlegt, wenn die Variation der durch diesen Knoten repräsentierten Funktionswerte ein gewisses Minimum unterschreitet. Natürlich führt das - abhängig von der zugelassenen Variationsbreite - zu einer immer größer werdenden Anzahl von Knoten. Von einem bestimmten Punkt an ist daher die Repräsentation durch einen *oct-tree* der Voxelrepräsentation bezüglich des Speicherbedarfs unterlegen.

Transformation von Oct-Trees

Nachteilig ist die Abhängigkeit der Struktur eines *oct-trees* von der Lage des zu repräsentierenden Objekts im Raum. Wird ein Objekt transformiert, so führt das zu teilweise nicht mehr nachvollziehbaren Änderungen des *oct-trees* (siehe Abb. 3.13). Daher läßt sich der *oct-tree* eher für statische Repräsentationen, wie es beispielsweise für die Visualisierung notwendig ist, sinnvoll verwenden.

Der *oct-tree* ist eine Repräsentation, durch die potentiell jeder Ort im Raum mit gleicher Genauigkeit beschrieben werden kann. Objekte in einer diskreten, dreidimensionalen Szene werden jedoch über die Unterscheidung in Objekt- und Hintergrundvoxel hinaus nicht weiter differenziert. Die Repräsentation von weiterer Information ist redundant und führt nur zu höheren Verarbeitungszeiten. Die Beschreibung eines solchen Objekts ist aber bereits eindeutig, wenn nur seine Oberfläche vollständig bekannt ist.

Diskrete Oberflächen-repräsentationen

Eine diskrete Oberfläche kann direkt aus den kubischen Voxeln abgeleitet werden. Oberflächenelemente sind die Seitenflächen zwischen Objekt- und Hintergrundvoxeln. Die Oberflächenelemente haben alle die gleiche Form und Größe. Sie können nur parallel zu den *xy*-, *xz*- und *yz*-Ebenen liegen und dem Koordinatenursprung entweder zu- oder abgewandt sein. Somit existieren nur sechs verschiedene Orientierungen der Oberflächenelemente.

Die Repräsentation eines segmentierten Objekts durch seine Oberflächenelemente heißt *cuberille*-Repräsentation /Liu77/, /Herm79/. Eine *cuberille*-Repräsentation besteht aus der Menge aller Voxelseitenflächen, die ein segmentiertes Objekt einschließen (siehe Abb. 3.14 und Farbtafel 1). Sie kann aus bereits segmentierten Binärdaten oder aus Grauwertdaten zusammen mit einem Segmentierungsprädikat erzeugt werden.

Cuberille-Repräsentation

Um alle Oberflächenelemente zu finden, beginnt man mit einer beliebigen Seitenfläche, die ein Objektvoxel von einem Hintergrundvoxel trennt. Dieses Element ist der erste Eintrag in die Liste der Oberflächenelemente. An seinen vier Seitenlinien ist es zu je einem Oberflächenelement benachbart (siehe Abb. 3.15). Von diesen vier Oberflächenelementen wählt man eines aus, welches nicht bereits in der Liste der Oberflächenelemente enthalten ist.

Generierung

Die Seitenfläche eines Voxels ist ein Oberflächenelement, falls ein Segmentierungsprädikat für die beiden an der Fläche angrenzenden Voxel je einmal wahr und einmal falsch ist (das Segmentierungsprädikat entscheidet darüber, ob das Voxel dem Objekt angehört). Die beiden angrenzenden Voxel müssen zu einer der Seitenlinien des aktuellen Oberflächenelements

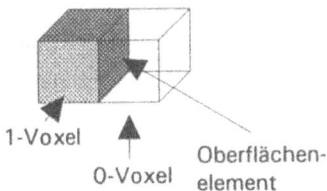

Abb. 3.14: In der *cuberille*-Repräsentation wird ein Objekt durch seine Oberflächenelemente repräsentiert.

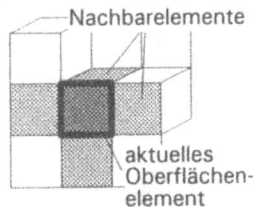

Abb. 3.15: Nachbarelemente eines aktuellen Oberflächenelements.

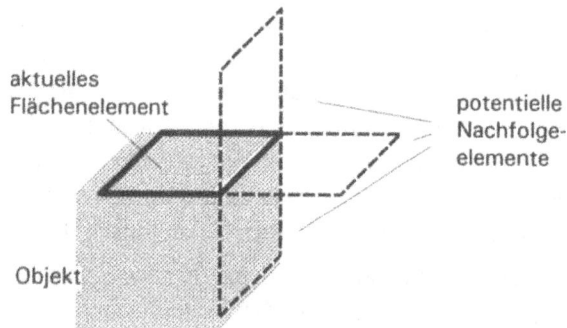

Abb. 3.16: An jeder Seitenlinie eines Oberflächenelements gibt es drei potentielle Nachfolgeflächen.

benachbart sein. Da vier Voxel zu jeder Seitenlinie benachbart sind, gibt es für jede Seitenlinie neben dem aktuellen Oberflächenelement noch drei weitere, potentielle Oberflächenelemente. Insgesamt müssen damit maximal zwölf potentielle Oberflächenelemente ausgewertet werden, um das nächste Oberflächenelement zu finden (siehe Abb. 3.16). Wurde ein Oberflächenelement gefunden, so wird es in die Liste der Oberflächenelemente eingetragen.

Das zuletzt gefundene Oberflächenelement wird zum neuen Startelement, und es wird erneut das nächste Oberflächenelement gesucht. Der Prozeß wird solange fortgesetzt, bis man auf ein Oberflächenelement stößt, von welchem kein neues benachbartes Oberflächenelement mehr gefunden wird. Anschließend werden neue Sequenzen von benachbarten Oberflächenelementen gesucht. Dazu wird ein benachbartes Oberflächenelement eines bereits eingeordneten Oberflächenelements in einer anderen als der schon verwerteten Suchrichtung benutzt. Zur Unterscheidung von vollständig untersuchten Oberflächenelementen werden diejenigen Oberflächenelemente als *aktiv* bezeichnet, von denen aus nicht bereits in alle vier Richtungen nach benachbarten Oberflächenelementen gesucht wurde. Die verbleibenden Suchrichtungen aktiver Oberflächenelemente werden gespeichert. Alle anderen Oberflächenelemente bekommen den Vermerk *inaktiv*. Der Suchprozeß wird solange fortgesetzt, bis keine aktiven Oberflächenelemente mehr existieren. Das Ergebnis ist eine Menge von Oberflächenelementen, die zusammen eine geschlossene Oberfläche bilden.

Ein Oberflächenelement wird durch die Koordinaten seines Mittelpunkts und die Orientierung charakterisiert. Durch Verfahren zur Oberflächengenerierung können entweder gezielt einzelne Oberflächen rekonstruiert werden oder alle in einer *Szene* vorhandenen Oberflächen detektiert werden.

Wenn es nicht erforderlich ist, einzelne geschlossene Oberflächen voneinander zu unterscheiden, so können durch einen undifferenzierten, aber schnelleren Ansatz alle in einer Szene vorhandenen Oberflächenelemente ermittelt werden. Dazu werden die Werte jedes Voxels mit denen seiner drei Nachbarn in positiver x-, y- und z-Richtung verglichen. Zwischen je zwei Voxeln liegt ein Oberflächenelement, wenn für beide das Segmentierungsprädikat unterschiedliche Werte annimmt.

Schnelle Berechnung einer Cuberille-Repräsentation

Oberflächenrepräsentationen dieser Art sind wesentlich speicherplatzeffizienter als Volumenrepräsentationen (die Anzahl der Oberflächenelemente einer komplexen Szene liegt in der Regel um den Faktor 10 bis 20 niedriger als die Anzahl der Volumenelemente). Ihr Anwendungsgebiet liegt dort, wo schnelle Manipulations- und Visualisierungsalgorithmen auf segmentierten Daten erforderlich sind (siehe z.B. /Udup91/ für Anwendungen in der Planung von Eingriffen in der plastischen Chirurgie). Es ist jedoch zu bedenken, daß eine Differenzierung des Objektinneren nicht mehr möglich ist. Damit wird auch die lokale Integration von segmentierten Daten und mit der ursprünglichen Information der diskreten Funktion schwierig.

Durch die bisher vorgestellte Oberflächenrepräsentation lassen sich nur binäre Daten repräsentieren und darstellen. Jedem Voxel muß vor oder während der Generierung eindeutig das Prädikat 'Objekt' oder 'Hintergrund' zugeordnet werden können. Das der Repräsentation zugrundeliegende Bildmaterial ist aber verschiedenen Formen der Degradierung ausgesetzt, die gerade an der Grenzfläche zwischen Objekt und Hintergrund dazu führt, daß ein Voxel nur zum Teil vom Objekt eingenommen wird. Gleichzeitig repräsentiert es zu einem gewissen Teil den Hintergrund. Bei im Vergleich zur Ortsauflösung schmalen Objekten kann dieser Effekt dazu führen, daß Löcher in den Objekten an denjenigen Stellen entstehen, an denen das Objekt schmaler als eine Voxelbreite ist.

Fuzzy Surfaces

Dieser unerwünschte Effekt bei der Darstellung von Oberflächenrepräsentation hat dazu geführt, daß in den letzten Jahren vermehrt Darstellungsalgorithmen entwickelt wurden, durch die Voxelrepräsentationen visualisiert werden können, deren Voxel die Wahrscheinlichkeit einer Zugehörigkeit zu einem bestimmten Objekt beinhalten (die in Unterkapitel 5.4 behandelten *volume rendering*-Verfahren). Die Voxelrepräsentation ist jedoch ineffektiv für die Repräsentation von segmentierten Daten, da sie sehr viele redundante Information enthält. Daher wurde eine Repräsentationsform vorgestellt, die die Oberflächenrepräsentation eines durch Objektzugehörigkeitswahrscheinlichkeiten charakterisierten Objekts erlaubt. Diese Repräsentation heißt *shell*-Repräsentation /Udup93/.

Shell-Repräsentation

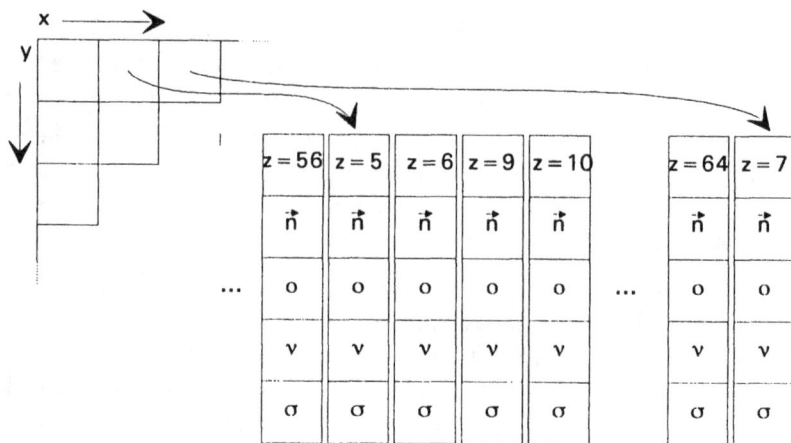

Abb. 3.17: Speicherung einer *shell*-Struktur.

Eine *shell* ist eine Menge von Quintupeln $\langle \vec{b}, \vec{n}, o, v, \sigma \rangle$, die Voxel mit einer von Null verschiedenen Oberflächenwahrscheinlichkeit repräsentiert. Im einzelnen stehen die Elemente eines Quintupels für

- den Koordinatenvektor $\vec{b}$ des Voxels;
- die Normale $\vec{n}$ des Voxels, berechnet aus der Grauwertverteilung (siehe Abschnitt 4.4.3);
- die Opazität o, durch die jedem Voxel eine bestimmte Opakheit zugeordnet wird;
- einen Nachbarschaftskode v, der für jeden Nachbarn des Voxels ein Bit reserviert und es mit '1' belegt, falls der Nachbar eine Opazität hat, die diesen Nachbarn dem Objektinnern zuordnet;
- eine Oberflächenzugehörigkeitswahrscheinlichkeit σ.

Die Quintupel einer *shell*, mit Ausnahme der x- und y-Koordinaten der Voxel, werden in einem gemeinsamen Datenfeld nach ihren x- und y- und z-Werten geordnet gespeichert (siehe Abb. 3.17). Die x- und y-Koordinaten bilden die Adressen eines zweidimensionalen Feldes, in dem in jedem Feldelement die Adresse des ersten Voxels steht, welches die entsprechenden x- und y-Koordinaten und die kleinste z-Koordinate hat. So erreicht man eine effiziente Speicherung, die gleichzeitig räumliche Relationen zwischen einzelnen Oberflächenvoxeln repräsentiert.

3.4 Implizite Repräsentationen

Alle bisher behandelten Repräsentationen lassen sich als Beschreibungen durch Aufzählung von Basiselementen charakterisieren. Implizite Repräsentationen dagegen sind Funktionen des dreidimensionalen Raums (nicht unbedingt des Ortsbereichs), deren Werte Eigenschaften der repräsentierten (Objekt-)Information sind.

3.4.1 Repräsentationen im Ortsbereich

Die in Kapitel 2 behandelten Quadriken können als Basis für eine implizite Repräsentation im Ortsbereich dienen. Sie selbst sind bereits eine implizite Beschreibung, haben jedoch den Nachteil, das sich nur symmetrische Objekte beschreiben lassen. *Blobby models* und Hyperquadriken sind zwei Methoden, mit denen durch eine Summe von symmetrischen Funktionen auch beliebig geformte Strukturen beschrieben werden können.

Ihren Namen erhielten *blobby models* (auch *meta balls* genannt) daher, daß sich diese Approximationen häufig aus kugelförmigen Gebilden zusammensetzen (obwohl auch andere Basiselemente möglich sind). Das Verfahren wurde ursprünglich von Blinn /Blin82a/ für die Repräsentation von Makromolekülen vorgestellt.

Blobby Models

Eine Oberfläche ist definiert als eine Menge von Punkten, an denen eine Summe von Basisfunktionen V_i einen bestimmten Wert annimmt. Eine Basisfunktion hat die folgende Form:

Oberflächen von Blobby Models

$$V_i(x,y,z) = b_i \cdot \exp\left[-a_i \cdot f_i(x,y,z)\right].$$

Durch b_i wird der größte Wert der Funktion bestimmt und durch a_i wird die Steilheit des Absinkens der Funktionswerte gesteuert (siehe Abb. 3.18).

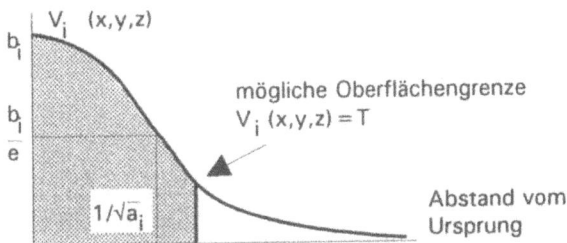

Abb. 3.18: Die Veränderung der Funktionswerte von $V_i(x,y,z)$ mit zunehmendem Abstand zum Mittelpunkt (x_i,y_i,z_i) der Funktion.

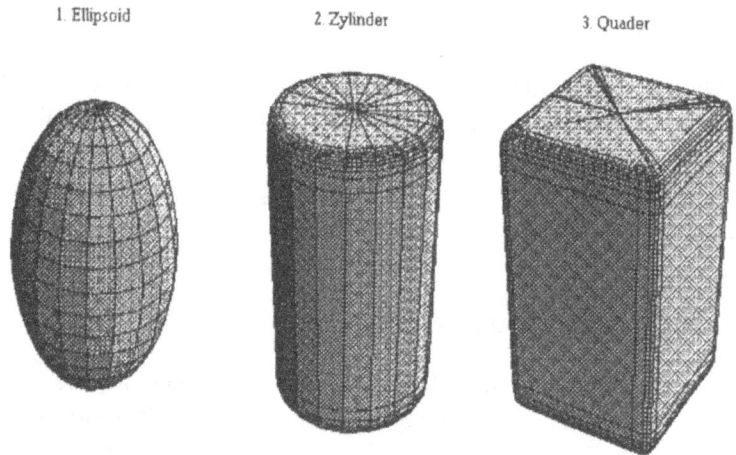

Abb. 3.19: Durch Variation der Parameter ν und μ nimmt die Superquadrik unterschiedliche Formen an. (Verwendete Parametrisierung: $a_1 = a_2 = 1, a_3 = 2$ für alle Körper; Ellipsoid: $\nu = \mu = 1.0$; Zylinder: $\nu = 0.1, \mu = 1.0$; Quader: $\nu = \mu = 0.1$.)

Basisfunktionen

Durch unterschiedliche Funktionen $f_i(x,y,z)$ lassen sich verschiedene Formen der Basiselemente erzeugen. Unter Form wird diejenige Form verstanden, die entsteht, wenn die Oberflächenbeschreibung aus einer einzigen Funktion $V_i(x,y,z) = T$ besteht. Mögliche Funktionen sind zum Beispiel Kugeln um Mittelpunkte (x_i, y_i, z_i)

$$f_i(x,y,z) = (x - x_i)^2 + (y - y_i)^2 + (z - z_i)^2 , \tag{3.1}$$

Superquadrik

oder Superquadriken /Barr81/ um die gleichen Mittelpunkte. Superquadriken sind eine parametrisierbare Familie von symmetrischen, dreidimensionalen Objekten. Durch eine unterschiedliche Parameterisierung können Formen zwischen einem Ellipsoid und einem Quader erzeugt werden. Die analytische Repräsentation der Superquadrik ist:

$$f(x,y,z) = \left[\left(\frac{1}{a_1}(x - x_m) \right)^{2/\nu} + \left(\frac{1}{a_2}(y - y_m) \right)^{2/\nu} \right]^{\nu/\mu} + \left(\frac{1}{a_3}(z - z_m) \right)^{2/\mu} .$$

(x_m, y_m, z_m) ist der Mittelpunkt der Superquadrik. Durch die Parameter a_1, a_2, a_3 wird die Ausdehnung der Superquadrik in x-, y- und z-Richtung beeinflußt, und durch ν und μ wird die Ähnlichkeit der Superquadrik zu einem Ellipsoid bzw. einem Quader erzeugt. Für $\nu = \mu = 1$ erhält man ein Ellipsoid. Bei Annäherung dieser Parameter an Null wird eine dem Quader immer ähnlichere Struktur erzeugt (siehe Abb. 3.19).

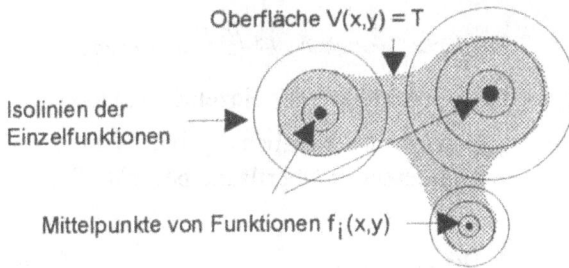

Oberfläche V(x,y) = T

Isolinien der
Einzelfunktionen

Mittelpunkte von Funktionen $f_i(x,y)$

Abb. 3.20: Durch eine Summe von Funktionen, die regelmäßige Oberflächen repräsentieren, lassen sich unregelmäßige Formen beschreiben.

Nicht symmetrische oder topologisch komplexere Objekte werden durch die Kombination von mehreren der Basisfunktionen approximiert. Man erhält als Repräsentation:

Kombination von Basisfunktionen

$$V(x,y,z) = \sum_{i=1}^{N} V_i(x,y,z) = \sum_{i=1}^{N} b_i \cdot \exp[-a_i \cdot f_i(x,y,z)].$$

So lassen sich beliebige Formen von Objektoberflächen durch die implizite Darstellung $V(x,y,z) = T$ beschreiben (siehe Abb. 3.20).

Superquadriken allein sind für die Repräsentation beliebiger Objektformen nicht geeignet, da sie immer gewisse Symmetrien aufweisen. Erst die Kombination mehrerer Funktionen ermöglicht die Beschreibung unregelmäßig geformter Oberflächen. Anstatt von *blobby models* können hierfür auch Hyperquadriken der Form

Hyperquadriken

$$\sum_{i=1}^{N} |A_i x + B_i y + C_i z + D_i|^\gamma = 1$$

benutzt werden /Hans88/.

Jeder Summand einer Hyperquadrik ist eine Superquadrik. Durch die Wahl einer geeigneten Superquadrik wird die Art der Approximation festgelegt. Durch die Anzahl der verwendeten Superquadriken wird die Genauigkeit der Approximation beeinflußt.

Blobby models und Hyperquadriken sind nicht leicht für die Konstruktion von 3D-Objekten zu verwenden, denn die Entstehung von Strukturen durch Kombination der Basisfunktionen ist nicht intuitiv nachvollziehbar. Ihre Hauptanwendung liegt daher in der Approximation von Oberflächen, für die eine gegebene Anzahl von Oberflächenpunkten (x_i, y_i, z_i) bereits vorliegt. Hierfür schlug Muraki /Mura91/ ein Verfahren vor, durch das die folgende Energiefunktion minimiert werden soll:

Approximation durch implizite Repräsentationen

$$E = \frac{1}{M} \cdot \left(\alpha \cdot E_{Oberfläche} + E_{Richtung} \right) + \beta \cdot E_{Ausdehnung} .$$

Durch α und β wird die Gewichtung der einzelnen Faktoren gesteuert.

Energiefunktionen

Durch $E_{Oberfläche}$ wird eine möglichst große Nähe zwischen Oberflächenpunkten und approximierender Oberfläche bewirkt. Dieser Term ist

$$E_{Oberfläche} = \sum_{j=1}^{M} \left[V(x_j, y_j, z_j) - T \right]^2 .$$

Die Ähnlichkeit zwischen der Richtung der approximierten Oberfläche und der der Oberflächenpunkte ergibt sich als Abstand des normierten Grauwertgradienten $\bar{n}_j$ an dem Oberflächenpunkt j und dem normierten Gradienten $\bar{N}(x_j, y_j, z_j)$ der approximierten Oberfläche:

$$E_{Richtung} = \sum_{j=1}^{M} \left\| \bar{N}(x_j, y_j, z_j) - \bar{n}_j \right\|^2 .$$

Die Minimierung der Ausdehnung der einzelnen Basiselemente wird durch die Minimierung der Volumenintegrale der Basisfunktionen bewirkt:

$$E_{Ausdehnung} = \left[\sum_{i=1}^{N} a_i^{2/3} \cdot |b_i| \right]^2$$

(falls die Basisfunktionen kugelförmig nach Gleichung 3.1 sind).

Teilung von Basisfunktionen

Die Optimierung dieser Funktion ist wegen ihrer Komplexität nicht ohne großen Aufwand möglich, denn für jede Funktion V_i müssen fünf Parameter $(x_i, y_i, z_i, a_i, b_i)$ optimiert werden. Daher verfolgt man einen iterativen, heuristischen Ansatz. Man beginnt mit einer einzigen Funktion V_0 und optimiert diese Funktion bezüglich E. Im Iterationsschritt wird dann von allen Funktionen V_i diejenige ausgewählt, bei deren Teilung in zwei unabhängig voneinander zu optimierende Funktionen die Verbesserung des Optimierungsergebnisses am größten ist. Diese Funktion wird durch das Ergebnis der Optimierung nach der Teilung ersetzt. Die Teilung erfolgt dadurch, daß eine Funktion V_i mit Parametern $(x_i, y_i, z_i, a_i, b_i)$ durch zwei Funktionen V_i' und V_i'' mit Parametern $(x_i, y_i, z_i, a_i, b_i/2)$ ersetzt wird (die Summe beider Funktionen ergibt wieder die ursprüngliche Funktion, wie man sich leicht aus der Definition der Basisfunktionen klarmachen kann). Beide Funktionen werden gleichzeitig optimiert. Anschließend wird V_i durch sie ersetzt. Die Optimierung erfolgt durch iterative Verfahren. Der Teilungsprozeß endet, wenn eine vorgegebene Mindestoptimalität erreicht wird.

Das genannte Verfahren läßt sich zur Approximation beliebig komplexer Strukturen anwenden, jedoch führt der hohe Rechenaufwand bei der Optimierung der Basisfunktionen zu langen Rechenzeiten.

3.4.2 Repräsentation im Frequenzbereich

Das Ziel einer Approximation durch *blobby models* ist die Beschreibung beliebig komplexer Strukturen in einer nach dem Grad der Detailliertheit abgestuften Hierarchie. Dies würde es ermöglichen, bestimmte Prozesse - auch im Rahmen von Visualisierungsmethoden - zunächst oder ausschließlich auf weniger detaillierten Objektbeschreibungen auszuführen. Der Nachteil einer Approximation durch *blobby models* besteht jedoch darin, daß selbst mit hohem Rechenaufwand keine eindeutige Objektbeschreibung erreicht werden kann. Es ist also möglich, daß durch unterschiedlich gewählte Optimierungsparameter aus den gleichen Daten unterschiedliche *blobby models* erzeugt werden. Auch könnten kleine Unterschiede in den Daten zu nicht leicht vorhersagbaren, großen Änderungen der Repräsentation durch *blobby models* führen. Damit würde beispielsweise die Visualisierung von zwei geringfügig unterschiedlichen Objekten als grob approximierte *blobby models* in wesentlich voneinander differierenden Darstellungen resultieren. Ein Sachverhalt, der nicht immer akzeptabel ist.

Eine alternative Form der Repräsentation, die diesen Mangel nicht aufweist, basiert auf der Fouriertransformation. Die Repräsentation einer Funktion im Frequenzbereich erfolgt durch eine eineindeutige und damit invertierbare Transformation, durch die eine n-dimensionale kontinuierliche oder diskrete Funktion in ein Integral bzw. eine Summe von Kosinuswellen unterschiedlicher Frequenz und Phase zerlegt wird. Diese Art der Repräsentation hat darüber hinaus den Vorteil, daß durch höherfrequente Wellen die feineren Details einer Funktion repräsentiert werden. Durch die Ordnung nach Frequenzen entsteht die gewünschte hierarchische, nach dem Detaillie-

Fouriertransformation

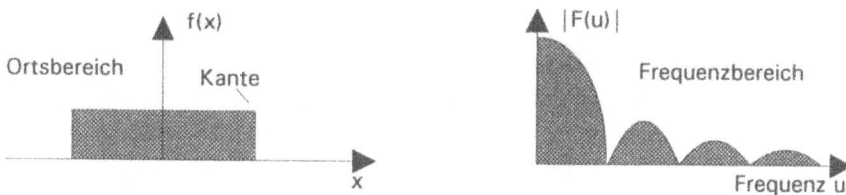

Abb. 3.21: Durch die Fouriertransformation wird eine vom Detaillierungsgrad abhängige Repräsentation erzeugt. Im Beispiel sind es die hohen Frequenzanteile, die der Kante die Schärfe geben.

rungsgrad geordnete Repräsentation (siehe Abb. 3.21).

Eindimensionale Fourier-transformation

Die Koeffizienten c_n der eindimensionalen Fouriertransformation für periodische Funktionen $f(x)$ und ihrer Rücktransformation ist gegeben durch $(i = \sqrt{-1})$:

$$c_n = \frac{1}{T_0} \cdot \int_0^{T_0} f(x) \cdot e^{-i \cdot n \cdot \omega_0 \cdot x} dx \quad \text{und} \quad f(x) = \sum_{n=-\infty}^{\infty} c_n \cdot e^{i \cdot n \cdot \omega_0 \cdot x}.$$

Um den Fourier-Koeffizienten c_n für eine bestimmte Frequenz $n \cdot \omega_0$ zu finden, genügt es also, die Funktion $f(x)$ mit einer Cosinuswelle dieser Frequenz und umgekehrtem Vorzeichen zu gewichten. Anschließend wird der Mittelwert der gewichteten Funktion berechnet.

Für nicht periodische Funktionen $f(x)$ lautet das Transformationspaar

$$F(u) = \int_{-\infty}^{\infty} f(x) \cdot e^{-i \cdot 2\pi u \cdot x} dx \quad \text{und} \quad f(x) = \int_{-\infty}^{\infty} F(u) \cdot e^{i \cdot 2\pi u \cdot x} du.$$

Für diskrete, periodische Funktionen werden aus den Integralen Summen über alle Funktionswerte einer Periode. Das zweidimensionale Transformationspaar ist

Zweidimensionale Fourier-transformation

$$F(u,v) = \int_{-\infty}^{\infty} \int_{-\infty}^{\infty} f(x,y) \cdot e^{-i \cdot \omega(ux+vy)} dx dy,$$

$$f(x,y) = \int_{-\infty}^{\infty} \int_{-\infty}^{\infty} F(u,v) \cdot e^{i \cdot \omega(ux+vy)} du dv.$$

Auch hierfür existiert eine Variante für diskrete Funktionen (für eine ausführliche Darstellung der Fouriertransformation und ihrer Eigenschaften siehe z.B. /Oppe83/). Die Fouriertransformation kann auch auf höherdimensionale Funktionen erweitert werden und eignet sich so auch für die Repräsentation dreidimensionaler Strukturen.

Doch es ist leicht zu erkennen, daß die Ortsinformation im Frequenzbereich vollständig verloren geht. Der Wert an einem Punkt im Ortsbereich beeinflußt *alle* Werte der Funktion im Frequenzbereich. Damit ist insbesondere keine gute Repräsentation von bestimmten Objekten im Raum möglich, da bereits eine einfache Transformation zu einer völlig veränderten Repräsentation im Frequenzbereich führt. Für die Repräsentation dreidimensionaler Meßdaten für Anwendungen in der *scientific visualisation* ist die Repräsentation im Frequenzbereich durchaus eine Alternative und wird beispielsweise dort für die 3D-Visualisierung auch genutzt /Tots93/.

80

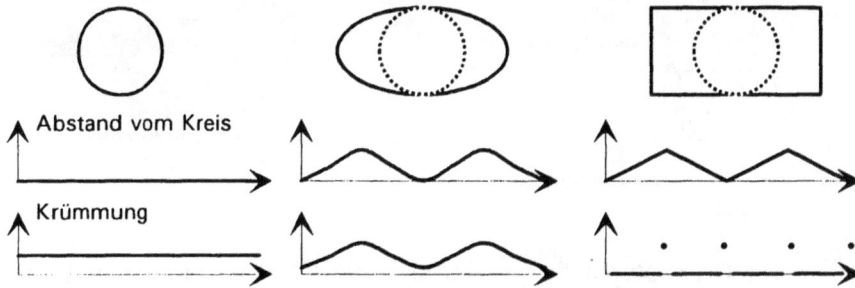

Abb. 3.22: Fourier-Deskriptoren für zweidimensionale Strukturen können durch Fouriertransformation des Abstands vom Kreis oder der Krümmung gewonnen werden und sind ein Maß für die Kreisähnlichkeit.

In diesem Fall wird das Projektionstheorem dazu genutzt, eine schnelle Berechnung der Projektion der Lichtstrahlen aus einer gegebenen Betrachterrichtung zu ermöglichen. Das Projektionstheorem sagt aus, daß sich die Koeffizienten der zweidimensionalen Fouriertransformierten der Parallelprojektion eines dreidimensionalen Datensatzes sich auf einer Fläche innerhalb der dreidimensionalen Frequenzrepräsentation dieses Datensatzes wiederfinden. Diese Fläche verläuft durch den Ursprung des Frequenzraums und ist in gleicher Weise rotiert wie die Projektionsebene im Ortsbereich. Die Berechnung einer Projektion der Daten reduziert sich somit auf die Rücktransformation der Fourier-Koeffizienten eines zweidimensionalen Unterraums der transformierten, dreidimensionalen Szene. Die Modifikation, die die projizierten Lichtstrahlen erfahren (Streuung, Absorption, Reflexion), beschränkt sich bei diesem Ansatz jedoch auf solche Veränderungen, die sich durch ein lineares Filter realisieren lassen.

Für die Beschreibung von Objekten wird dagegen eine andere Form der Repräsentation im Frequenzbereich benutzt. Stellt man sich die Oberfläche eines zweidimensionalen Objekts als eine einfache, geschlossene und parametrisierte Kurve $k(t)$ mit $0 < t < 2\pi$ vor, so kann man die Ableitung der Kurve nach t, d.h. also die relative Richtungsänderung, als eine Funktion von t mit der Periode 2π auffassen.

Fourier-Deskriptoren

Die Fouriertransformation einer periodischen Funktion ergibt eine abzählbar unendliche Anzahl von Fourier-Koeffizienten, durch die diese Kurve charakterisiert wird (siehe Abb. 3.22). Für einen Kreis, dessen Ableitung entlang von t konstant wäre, wäre nur der erste Fourier-Koeffizient von Null verschieden. Eine Ellipse dagegen hätte weitere von Null verschiedene Fourier-Koeffizienten. Je komplexer der Kurvenverlauf ist, desto größer wird der Einfluß von höherfrequenten Fourier-Koeffizienten. Die Fourier-Koeffizienten für diese Art der Repräsentation werden Fourier-Deskriptoren

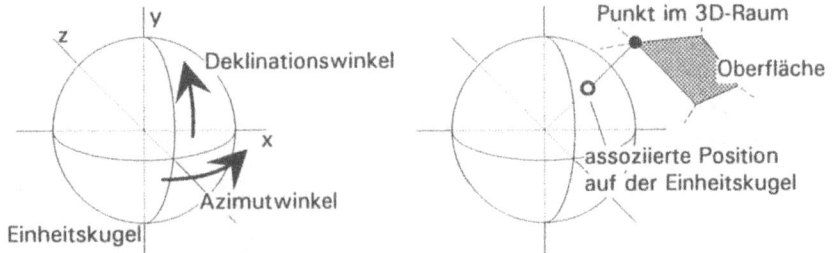

Abb. 3.23: Deskriptoren für dreidimensionale Objekte können durch eine Repräsentation der Objektoberfläche durch Deklinations- und Azimutwinkel auf einer Einheitskugel gewonnen werden.

der Kurve genannt. Genau wie bei der Repräsentation dreidimensionaler Funktionen werden durch niederfrequente Deskriptoren gröbere und durch höherfrequente Deskriptoren feinere Details der Kurve repräsentiert.

Der Vorteil der Fourier-Deskriptoren gegenüber der Fouriertransformation liegt darin, daß sie tatsächlich das - allerdings zweidimensionale - Objekt beschreiben. Sie haben freilich den Nachteil, daß das Objekt durch eine einfache, geschlossene Kurve repräsentierbar sein muß. Löcher müßten als eigene Objekte beschrieben werden.

Dies gilt auch für eine dreidimensionale Erweiterung dieser Form der Beschreibung. Ist die Oberfläche eines Objekts einer Kugel homöomorph, so läßt sie sich als Funktion zweier Winkel parametrisieren (siehe Abb. 3.23). Die beiden partiellen Ableitungen in Richtung der Winkel können als Real- und Imaginärteil einer Funktion aufgefaßt und fouriertransformiert werden. Das Ergebnis ist eine zweidimensionale Funktion deren höherfrequente Anteile Details der Oberfläche repräsentieren.

3.4.3 Die Wavelet Transformation

Frequenzraum-Beschreibungen haben den Nachteil, daß durch sie die Ortsinformation nur schlecht repräsentiert wird. Andererseits ist es im Ortsbereich schwierig, eine globale Beschreibung des Grads an Detailliertheit einer Szene zu finden. Zwischen diese beiden Methoden fällt die Repräsentation durch Wavelets (im Artikel von Mallat /Mall89/ findet sich eine anschauliche und detaillierte Beschreibung von Wavelets).

Wavelets (engl. "kleine Wellen") sind Wellen deren Amplitude ortsabhängig ist und sehr schnell gegen Null abfällt. Sie sind gekennzeichnet durch ihre Frequenz, ihre maximale Amplitude und deren Ort (siehe Abb. 3.24). Die Zerlegung einer Funktion in Wavelets böte die gewünschte orts- und frequenzabhängige Funktionsanalyse. Verwendbar sind Wavelets jedoch nur,

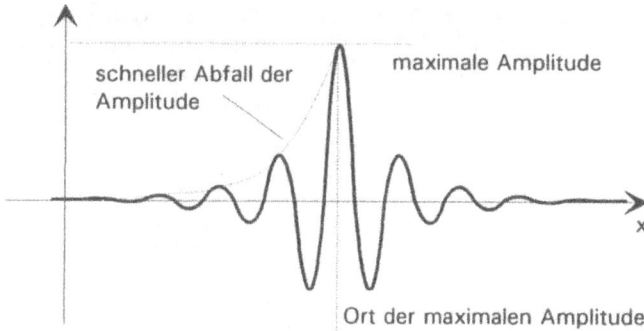

schneller Abfall der Amplitude

maximale Amplitude

x

Ort der maximalen Amplitude

Abb. 3.24: Ein Wavelet ist eine Welle mit veränderlicher Amplidude, welche schnell gegen Null abfällt.

wenn die Zerlegung eineindeutig ist, d.h., wenn es für jede Funktion genau eine Zerlegung gibt und diese Zerlegung invertierbar ist (das ist z.B. bei der Fouriertransformation der Fall und gilt nicht für *blobby models*).

Die Theorie der Wavelet-Transformation ist zwar recht neu, doch Anwendungen von Wavelets - die freilich nicht in diesem Kontext gesehen wurden - gibt es schon seit längerer Zeit. Dies ist z.B. bei der Pyramidenanalyse von Bildern der Fall. Ausgehend von der These, daß sich unterschiedliche Bildmerkmale auf unterschiedlichen Auflösungsstufen zeigen, wird eine Reduktionsfunktion definiert, durch die ein Bild der Größe $2^n \times 2^n$ auf die Größe $2^{n-1} \times 2^{n-1}$ reduziert wird. Dies kann beispielsweise durch eine Mittelwertfilterung mit anschließender Übernahme jedes zweiten Bildfunktionswertes geschehen. Wird ein Bild solange reduziert, bis es aus nur noch einem Bildpunkt besteht, dann ist eine Pyramide von Bildern entstanden, bei der auf jeder Stufe alle Frequenzen unterhalb der jeweiligen Auflösungsstufe ortsabhängig repräsentiert werden (Abb. 3.25 zeigt das Beispiel der Zerlegung einer eindimensionalen Funktion).

Die Repräsentation ist jedoch nicht eindeutig, denn jede Stufe der Pyramide enthält alle Informationen der nachfolgenden Stufen. Diese Redun-

Haar-Wavelets

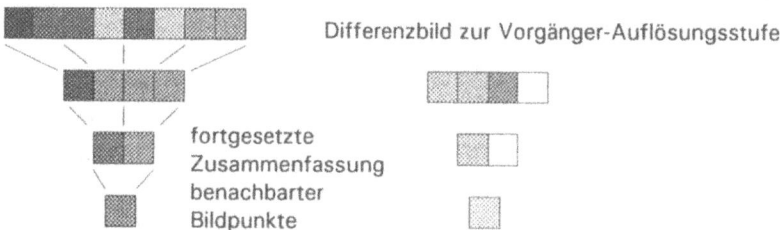

Differenzbild zur Vorgänger-Auflösungsstufe

fortgesetzte Zusammenfassung benachbarter Bildpunkte

Abb. 3.25: Pyramidenanalyse einer eindimensionalen Funktion.

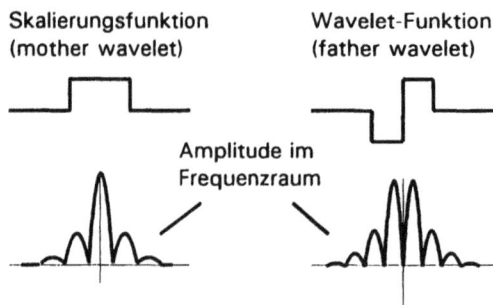

Abb. 3.26: Skalierungsfunktion und Wavelet-Funktion für die Haar-Transformation

danz wird vermieden, wenn anstatt der reduzierten Funktionen die Unterschiede zwischen zwei aufeinanderfolgenden Auflösungsstufen festgehalten werden. Falls für die Reduktion ein Mittelwertfilter verwendet wurde, würde hierfür ein Differenzfilter benötigt. Das eindimensionale Differenzfilter ist ein Beispiel für eine eindimensionale Wavelet-Funktion (das sogenannte Haar-Wavelet, siehe Abb. 3.26). Es wirkt wie ein Bandpaßfilter, durch das Frequenzen in einem der jeweiligen Pyramidenstufe entsprechenden Frequenzband durchgelassen werden.

Das Ergebnis der Wavelet-Transformation ist eine Folge von Funktionen, die durch Filterung mit der Wavelet-Funktion und anschließende Unterabtastung entstanden sind. Für die Filterung kann immer dasselbe Wavelet verwendet werden. Unterschiedliche Frequenzbänder (also die Dilatation des Wavelet) ergeben sich durch die jeweils geringere Auflösungsstufe, auf der die Filterung durchgeführt wird. Dies ergibt für ein Berechnungsschema das für die Wavelet-Transformation typische Diagramm (siehe Abb. 3.27).

Die Frage bleibt, ob die Wavelet-Transformation tatsächlich eineindeutig ist. Es läßt sich beweisen, daß aus der Wavelet-Funktion eine orthonormale Basis abgeleitet werden kann und daß die Erzeugung einer neuen

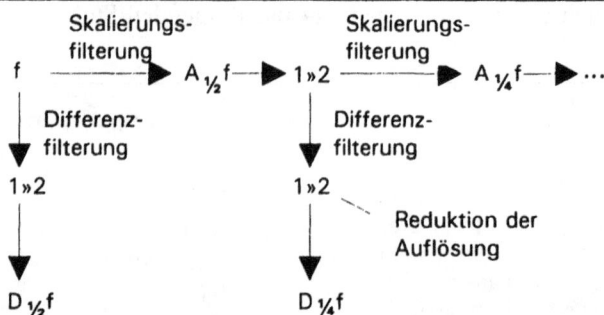

Abb. 3.27: Berechnungsschema für die Wavelet-Transformation

Auflösungsstufe der Projektion der Funktion auf einen Unterraum dieser Basis entspricht. Daher wird das Wavelet, welches die Basis der Bandpaßfilterung ist, auch orthogonales Wavelet (oder *father wavelet*) genannt. Nicht alle Wavelet-Funktionen haben freilich diese Eigenschaft. Das Mittelwertfilter der Reduktionsfunktion ist beispielsweise ein Wavelet (*mother wavelet* oder Skalierungsfunktion genannt), bei dem zwar die Berechnung innerhalb einer Auflösungsstufe der Projektion auf eine orthonormale Basis entspricht, wo dies jedoch nicht über mehrere Auflösungsstufen gilt.

Der Begriff der Orthonormalität rührt aus der Vektoralgebra. Zwei Vektoren sind orthogonal zueinander, wenn ihr Skalarprodukt Null ist. In einem n-dimensionalen Vektorraum spannen n Vektoren eine orthonormale Basis auf, wenn sie sämtlich zueinander orthogonal sind und alle die Länge eins haben. Jeder andere Vektor in diesem Raum kann als Linearkombination der Basisvektoren repräsentiert werden.

Orthonormale Funktionen

Eine diskrete Funktion f mit endlichem Definitionsbereich $D = \{1, 2, \ldots, n\}$ kann als Vektor von Funktionswerten aufgefaßt werden:

$$f(i) := [f(1)\ f(2)\ \ldots\ f(n)].$$

Das Skalarprodukt zweier Funktionen mit dem gleichen Definitionsbereich ist

$$\langle f, g \rangle := \sum_{i=1}^{n} f(i) \cdot g(i).$$

Zwei Funktionen sind orthogonal zueinander, falls ihr Skalarprodukt Null ist. Die quadrierte "Länge" von f (die L_2-Norm von f) ist

$$\|f\|^2 = \langle f, f \rangle = \sum_{i=1}^{n} f(i)^2.$$

Dies läßt sich auf Funktionen mit beliebig großem Definitionsbereich übertragen. Falls der Definitionsbereich darüber hinaus kontinuierlich ist, werden aus den Summen Integrale und man erhält

$$\langle f, g \rangle = \int_{-\infty}^{\infty} f(u) \cdot g(u)\, du \quad \text{und} \quad \|f\|^2 = \int_{-\infty}^{\infty} |f(u)|^2\, du.$$

Auch hier wird vorausgesetzt, daß $\|f\|^2 < \infty$ ist. Für periodische Funktionen wird für die Definition des Skalarprodukts der Definitionsbereich auf eine Periode beschränkt.

Die Reduktion einer Funktion f mit kontinuierlichem Wertebereich auf eine diskrete Funktion $A_{2^j} f$, deren Werte den Abstand 2^{-j} haben, entspricht einer Projektion der Funktion auf einen Unterraum von abzählbar hoher Dimension. Damit ist gleichzeitig sichergestellt, daß $\left\| f - A_{2^j} f \right\|^2$ minimal ist. Wird für diesen Unterraum eine orthonormale Basis

$$B = \left\{ b_{1,2^j}(x), b_{2,2^j}(x), \ldots, b_{2^j,2^j}(x) \right\}$$

gefunden, dann läßt sich $A_{2^j} f$ als Linearkombination der Basisfunktionen darstellen. Die Skalierungsfaktoren $\left\{ a_1, a_2, \ldots, a_{2^j} \right\}$ der Projektion

$$A_{2^j} f = a_1 \cdot b_{1,2^j} + a_2 \cdot b_{2,2^j} + \ldots + a_{2^j} \cdot b_{2^j,2^j}$$

sind eine Diskretisierung der Funktion mit Auflösung 2^{-j}.

Es läßt sich zeigen, daß für jede Reduktion eine solche charakterisierende Skalierungsfunktion $\phi(x)$ existiert /Mall89/. Die Dilatation um 2^{-j} ist gegeben durch $\phi_{2^j}(x) = 2^j \cdot \phi(2^j \cdot x)$. Hieraus läßt sich eine orthonormale Basis mit den folgenden Basisfunktionen berechnen

$$b_{n,2^j}(x) = \sqrt{2^{-j}} \cdot \phi_{2^j}\!\left(x - 2^{-j} \cdot n\right).$$

Die Repräsentation der reduzierten Funktion als Linearkombination von Basisfunktionen läßt sich durch Skalarmultiplikation generieren

$$A_{2^j} f(x) = \sum_{n=-\infty}^{\infty} \left\langle f(u), b_{n,2^j}(u) \right\rangle \cdot b_{n,2^j}(x)$$

$$= 2^{-j} \cdot \sum_{n=-\infty}^{\infty} \left\langle f(u), \phi_{2^j}(u - 2^{-j} \cdot n) \right\rangle \cdot \phi_{2^j}(x - 2^{-j} \cdot n).$$

Die "Koordinaten", also die Skalarprodukte zwischen zu reduzierender Funktion f und Basisfunktionen, sind die Diskretisierung von f. Jedes einzelne Skalarprodukt kann als Konvolution von f mit der gespiegelten Funktion $\overline{\phi}_{2^j}(x) = \phi_{2^j}(-x)$ an der Stelle 2^{-j} aufgefaßt werden:

$$\left\langle f(u), \phi_{2^j}\!\left(u - 2^{-j} \cdot n\right) \right\rangle = \int_{-\infty}^{\infty} f(u) \cdot \phi_{2^j}\!\left(u - 2^{-j} \cdot n\right) du$$

$$= \left[f * \overline{\phi}_{2^j} \right]\!\left(2^{-j} \cdot n\right).$$

Die kontinuierliche Funktion f ist im allgemeinen jedoch nicht bekannt. Es steht vielmehr eine bereits diskretisierte Funktion auf einer gegebenen Reduktionsstufe 2^1 zur Verfügung. Es läßt sich zeigen, daß, gegeben eine Skalierungsfunktion, sich alle weiteren Reduktionen aus dieser Funktion berechnen lassen. Es kann ein Filter h konstruiert werden mit

$$h(n) = \left\langle \phi_{2^1}(u), \phi(u-n) \right\rangle,$$

dessen gespiegeltes Filter $\bar{h}(n) = h(-n)$ mit der diskreten Funktion konvolviert und um den Faktor 2 unterabgetastet werden muß, um die diskrete Funktion der nächsthöheren Reduktionsstufe zu erhalten. Dies entspricht der fortgesetzten Reduktion der Auflösung bei der Pyramidenanalyse.

Die Unterschiede zwischen den Funktionen zweier Reduktionsstufen erhält man, wenn die Funktion auf das orthogonale Komplement der Basisfunktionen projiziert wird. Das orthogonale Komplement der Reduktion von der Auflösung 2^{j+1} auf die Auflösung 2^j sind orthonormale Basisfunktionen, die zu denen der ersten Basis orthogonal sind.

Die Basisfunktionen des orthogonalen Komplements können in ähnlicher Weise wie die Basis der Reduktion aus einer Funktion abgeleitet werden. Diese Funktion $\psi(x)$ ist mit der Skalierungsfunktion und den Filter $h(n)$ durch den folgenden Zusammenhang verbunden:

$$\hat{\psi}(u) = e^{-i \cdot u} \overline{\hat{h}(u + \pi)} \cdot \hat{\phi}(u)_.$$

Dabei steht $\char94$ für die Fouriertransformation. Für die Funktion $\psi(x)$ sei

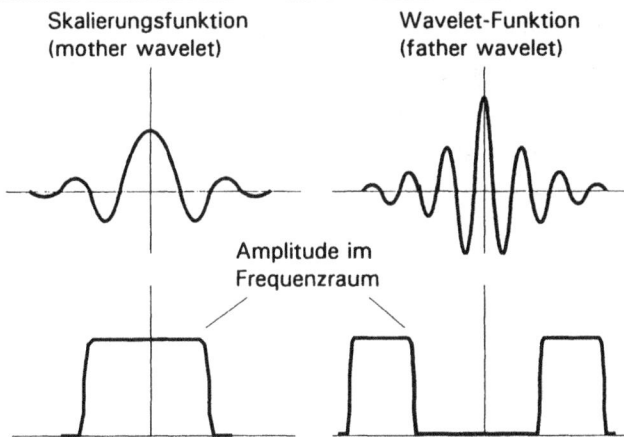

Abb. 3.28: Repräsentation der Skalierungsfunktion eines Battle-Lemarié-Wavelets /Mall89/ in Orts- und Frequenzbereich.

die Dilatation durch $\psi_{2^j}(x) = 2^j \, \psi\left(2^j \cdot x\right)$ gegeben. Dann ist

$$b_{n,2^j}(x) = \sqrt{2^{-j}} \cdot \psi_{2^j}\left(x - 2^{-j} \cdot n\right)$$

eine orthonormale Basis für das orthogonale Komplement. Diese Funktion $\psi(x)$ ist das orthogonale Wavelet.

Die Haar-Basis ist ein einfaches Beispiel für ein solches Wavelet, dessen Repräsentation im Frequenzbereich jedoch zeigt, daß keine genaue Trennung des Frequenzbandes erreicht wird. Es ist Teil einer Familie von Wavelets und Skalierungsfunktionen, die alle einen kompakten Träger haben (die also außerhalb eines endlichen, zusammenhängenden Definitionsbereichs Null sind). Diese Gruppe von Wavelets heißt Daubechies-Wavelets /Daub88/. Von ihnen ist das Haar-Wavelet jedoch das einzige, welches nicht asymmetrisch ist. Abb. 3.28 zeigt dagegen die Orts- und Frequenzraumrepräsentation der symmetrischen Battle-Lemarié-Wavelets. Diese Wavelets haben zwar keinen kompakten Träger, fallen aber exponentiell gegen Null ab und zeigen eine gute Trennung der in jeder Aufösungsstufe herausgefilterten Frequenzen.

Wavelet-Transformation für 2D-Funktionen

Die Wavelet-Transformation läßt sich für zweidimensionale Funktionen erweitern. Anstatt einer eindimensionalen wird eine zweidimensionale Skalierungsfunktion benutzt. Ist sie separabel, d.h. gilt $\Phi(x,y) = \phi(x) \cdot \phi(y)$, so ergeben sich die Skalarprodukte der Funktion mit der orthogonalen Basis wie folgt:

$$A_{2^j} f(n,m) = \left\langle f(x,y), \left(\phi\left(x - 2^{-j} \cdot n\right) \cdot \phi\left(y - 2^{-j} \cdot m\right)\right) \right\rangle.$$

Das orthogonale Komplement hat jetzt jedoch eine höhere Dimension. Durch die Reduktion der Dimension von $2^{j+1} \cdot 2^{j+1}$ auf $2^j \cdot 2^j$ hat sich die Dimension der Funktion um $2^{j+1} \cdot 2^{j+1} - 2^j \cdot 2^j = 3 \cdot 2^j \cdot 2^j$ vermindert. Die Dimension des orthogonalen Komplements ist also um den Faktor 3 größer als die der Skalierung. Zur Berechnung der Projektion auf die Basis werden die folgenden, aus eindimensionaler Skalierungsfunktion und Wavelet-Funktion abgeleiteten Funktionen benutzt:

$$\Psi^1(x,y) = \phi(x) \cdot \psi(y)$$

$$\Psi^2(x,y) = \psi(x) \cdot \phi(y)$$

$$\Psi^3(x,y) = \psi(x) \cdot \psi(y)$$

Hieraus lassen sich die Basisfunktionen berechnen

$$b_{k,n,m,2^j}(x,y) = 2^{-j} \Psi_{2^j}^k \left(x - 2^{-j} \cdot n, y - 2^{-j} \cdot m \right)$$

Die Projektion der Funktion auf die drei unterschiedlichen Gruppen von Basisfunktionen ergibt die für die zweidimensionale Wavelet-Transformation charakteristische Dreiteilung der Darstellung des Resultats. Auch hier besteht die Möglichkeit, die Wavelet-Koeffizienten einer Reduktionsstufe durch Filterung mit einem aus $\phi(x)$ berechneten Filter aus der Vorgänger-reduktion abzuleiten /Mall89/.

Die Transformation läßt sich auf Funktionen beliebiger Dimension erweitern und, sofern separierbare Skalierungs- und Wavelet-Funktionen verwendet werden, in ähnlicher Weise auf eindimensionale Wavelets redu-zieren. Ein Beispiel einer Anwendung von dreidimensionalen Wavelets wurde von Muraki /Mura93/ vorgestellt. Hier wurden Wavelets benutzt, um dreidimensionale Magnet-Resonanz-Tomogramme zu repräsentieren.

Anwendung in der 3D-Grafik dürften Wavelets vor allem zur Approximation mehrdimensionaler Funktionen (z.B. in der *scientific visualisation*) finden. Es ist beispielsweise denkbar, daß diese hierarchisch nach dem Detaillierungsgrad unter Erhaltung der Ortsinformation geordnete Repräsentation zur Beschleunigung komplexer Visualisierungsmethoden (ein Beispiel ist das von Gortler et al. präsentierte *radiosity*-Verfahren /Gort93/) benutzt wird, indem eine vom Detaillierungsgrad abhängige Berechnung durchgeführt wird.

3.5 Prozedurale Repräsentationen

Die Beschreibung von Objekten unserer Umwelt (z.B. die eines Baums) durch die meisten bisher genannten Methoden wäre sehr aufwendig, da die Repräsentation aus einer Aufzählung geometrischer Einzelelemente bestünde (z.B. der Beschreibung jedes einzelnen Blattes des Baums). Diese Objekte sind jedoch durch fortwährende Veränderung aus einfachen Objekten ent-standen. Anstatt nun einen beliebigen Punkt dieses Prozesses durch Aufzäh-lung und Spezifikation aller bis dahin entstandenen Komponenten zu beschreiben, erweist es sich häufig als einfacher, den Veränderungsprozeß selbst zu modellieren. Die dann generierbaren Formen wirken oft realisti-scher als die willkürliche 'Konstruktion' der Struktur durch einen Designer.

Veränderung kann als rekursiver Prozeß definiert werden, bei dem neue Elemente durch wiederholte Anwendung von Regeln (Prozeduren) aus existierenden Elementen erzeugt werden. Bei der Bestimmung der Regeln kann man entweder auf Erkenntnisse über den realen Entstehungsvorgang zurückgreifen, so wie das bei den Lindenmayer-Systemen für die Beschreibung von Pflanzen /Lind68/, /Prus89/ und Voxel-Automaten für die Untersuchung der Ausbreitung von Pflanzen /Gree89/ der Fall ist, oder die Regeln heuristisch definieren, wie das bei der Beschreibung von Pflanzen und Landschaftsformen durch Fraktale der Fall ist /Four82/, /Mill86/, /Oppe86/.

3.5.1 Lindenmayer-Systeme

Grammatiken   Manche Eigenschaften, wie z.B. räumliche Relationen zwischen Segmenten oder wachstumsbedingte, zeitliche Ableitungen, lassen sich schwer durch eine statische Repräsentation beschreiben. Statt dessen wird ein dynamisches Modell entwickelt, welches die Merkmale aller einer Objektklasse angehörenden Objekte beschreibt. Das Modell kann eine Grammatik sein, durch die alle einer Objektklasse angehörenden Objekte erzeugt werden können.

Eine Grammatik ist eine Menge von Regeln r auf Symbolen V und terminalen Symbolen t. Ein einfaches Beispiel für eine Grammatik ist

$$V = \{S, A\} \quad t = \{a\}$$
$$r: \quad (1) \quad S \to A$$
$$(2) \quad A \to a$$
$$(3) \quad A \to A + A$$
$$(4) \quad A \to (A)$$

Hieraus ließe sich die folgende Zeichenkette erzeugen:

Regel 1:	$S \to A$	Zeichenkette: A
Regel 3:	$A \to A + A$	Zeichenkette: $A + A$
Regel 4:	$A \to (A)$	Zeichenkette: $A + (A)$
Regel 4:	$A \to A + A$	Zeichenkette: $A + (A + A)$
Regel 2 (mehrfach):	$A \to a$	Zeichenkette: $a + (a + a)$

Eine Zeichenkette ist ein Wort der durch die Grammatik erzeugbaren Sprache, wenn sie nur aus terminalen Symbolen besteht und durch Anwendung der Regeln aus der Grammatik erzeugt werden kann. Wenn jedem terminalen Symbol eine geometrische Bedeutung zugeordnet wird - z.B. als Transformation oder als geometrisches Objekt -, dann lassen sich geometrische Strukturen durch Grammatiken beschreiben.

Ein wichtiger Unterschied besteht zwischen kontext-freien und kontext-sensitiven Grammatiken. Das obige Beispiel ist eine kontext-freie Grammatik. Die Ausführung einer Regel auf einem Symbol hängt nicht vom Kontext des Symbols ab. Eine kontext-sensitive Grammatik läge dagegen vor, falls z.B. eine Regel $Aa \rightarrow aAaa$ existierte. Die Regel könnte nur dann auf das Symbol A angewendet werden, wenn diesem Symbol in der Zeichenkette ein Symbol a folgt. Eine kontext-sensitive Grammatik kann dazu verwendet werden, Informationen aus der Umgebung in die Veränderungsregeln einfließen zu lassen.

Lindenmayer-Systeme (L-Systeme /Lind68/, auch *graftals* genannt /Smit84/) sind ein Sonderfall der eben angesprochenen Grammatiken. Genau wie Grammatiken bestehen L-Systeme aus einer Menge von Symbolen und einer Menge von Regeln, die auf die Symbole angewendet werden. Unterschiedlich ist jedoch die Art der Anwendung der Regeln. Durch L-Systeme werden bei jedem Schritt *alle* Symbole nach den vorgegebenen Regeln durch neue Symbole ersetzt. Damit kann beispielsweise ein überall gleichzeitig erfolgendes Wachstum beschrieben werden.

L-Systeme

Da das Wachstum nicht notwendigerweise ein definiertes Ende hat, entfällt die Unterscheidung in terminale und nicht terminale Symbole. Jede durch ein L-System gebildete Zeichenkette spiegelt einen bestimmten Status des Wachstums wider und ist eine gültige Struktur des L-Systems.

Das Ergebnis der fortgesetzten Anwendung der Regeln des L-Systems ist eine eindimensionale Folge von Symbolen. Um dreidimensionale Strukturen zu modellieren, wird allen Symbolen eine geometrische Bedeutung zugeordnet. Ein Symbol steht entweder für ein Segment (z.B. eine Linie) oder für eine Transformation (z.B. eine Rotation). Die Transformation bezieht sich

Verzweigungen

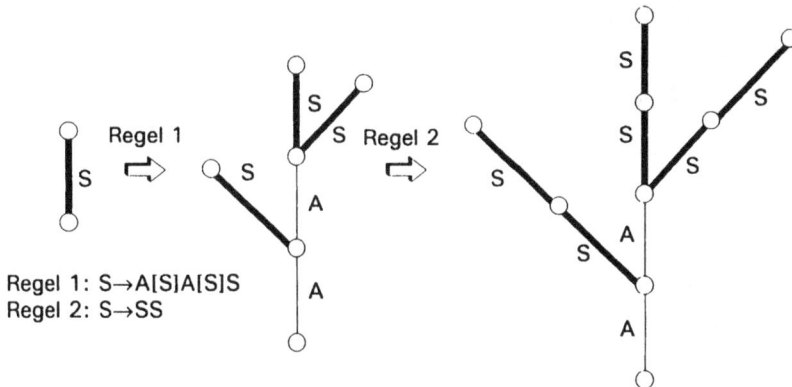

Regel 1: S→A[S]A[S]S
Regel 2: S→SS

Abb. 3.29: Durch Verzweigungs- und Wachstumsregeln können Baumstrukturen generiert werden (nach /Prus89/).

91

immer auf das nachfolgende Symbol der Symbolkette und erfolgt relativ zur Position des vorhergehenden Symbols. Folgt einem Transformationssymbol ein weiteres Transformationssymbol, so werden beide Transformationen miteinander verkettet. So ließe sich eine im dreidimensionalen Raum verlaufende Linie generieren. Verzweigungen, eines der Hauptmerkmale vieler Pflanzen, können nicht erzeugt werden. Durch eckige Klammern wird daher ein Symbol definiert, das eine Verzweigung der in Klammern gesetzten Teilstränge vom Hauptstrang kennzeichnet.

Ein einfaches L-System sähe wie folgt aus (nach /Prus88/):

$V = \{S, A\}$,

Regel 1: $S \rightarrow A[S]A[S]S$,

Regel 2: $S \rightarrow SS$.

Modellierung des Informationsflusses

Die erste Regel bewirkt die Erzeugung von zwei Verzweigungen während durch die zweite Regel Wachstum modelliert wird (siehe Abb. 3.29). Wachstum und Verzweigung kann also durch ein kontext-freies L-System beschrieben werden.

Neben Wachstum wird das Aussehen von Pflanzen auch durch den Informationsfluß zwischen ihren Zellen beeinflußt (die Entstehung von Knospen wird z.B. durch einen solchen Informationsfluß bewirkt). Dieser Aspekt kann durch ein kontext-sensitives L-System modelliert werden. Segmente der Pflanze, die einen unterschiedlichen Informationsgehalt haben, werden durch unterschiedliche Symbole gekennzeichnet. Durch die Einführung zweier neuer Symbole < und > wird das zu ersetzende Symbol von seinem linken bzw. rechten Kontext getrennt. Ein Beispiel wäre die folgende Grammatik (siehe Abb. 3.30):

$S: = J[I]I[I]I$,

Regel 1: $J < I \rightarrow J$.

Durch dieses L-System wird die Information 'I' von links nach rechts durch die Information 'J' ersetzt.

Geometrische Aspekte

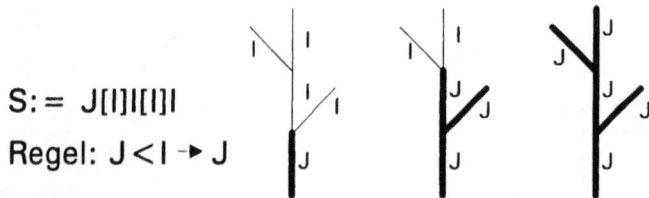

$S: = J[I]I[I]I$

Regel: $J < I \rightarrow J$

Abb. 3.30: Informationsfluß läßt sich durch fortgesetzte Anwendung einer kontext-sensitiven Regel modellieren.

Bisher nicht modelliert sind die geometrischen Aspekte der Pflanze (z.B. Durchmesser der Segmente, Länge und Richtung der verzweigenden Segmente, genaues Aussehen der Segmente). Diese Information kann durch Einführung zusätzlicher Symbole in das L-System integriert werden. Durch sie wird genau angegeben, wie die geometrischen Eigenschaften der Pflanze für jedes Symbol des L-Systems aussehen. Je komplexer jedoch die berücksichtigten Einflüsse auf das Wachstum der Pflanze sind (und gerade die Komplexität der Einflüsse führt zu der in der Realität beobachteten "Unordentlichkeit" der Pflanze), desto umfangreicher wird die Symbolmenge und die anzuwendenden Regeln des L-Systems.

Anstatt der exakten Repräsentation jedes Details des Pflanzenwachstums kann auch eine globalere Beschreibung dieses Sachverhalts erfolgen. Die Grundstruktur einer Pflanze - beispielsweise die Form und Position ihrer Blätter und Blüten - ist für einen bestimmten Typ konstant. Diese Grundstruktur, und nicht die Beschreibung jedes einzelnen Details, dient zur Charakterisierung der Pflanzenart. Wenn es nicht darum geht, eine spezifische, sondern nur eine für die betreffende Art repräsentative Pflanze zu generieren, kann statt des deterministischen Verfahren ein stochastischer Ansatz gewählt werden /Reff88/. Die Pflanze wird durch wenige Merkmale (Stiehl, Blätter, Knospen) und Regeln (zur Verzweigung, zur Erzeugung von Knospen) beschrieben. Die Entscheidung über die Anwendung erfolgt stochastisch. Die der Auswahl von Regeln zugrundeliegende Wahrscheinlichkeitsverteilung hängt von den Umgebungsbedingungen ab, die das Wachstum der Pflanze beeinflussen (durch die Verzweigungsrate, das Lebensalter der Pflanze, usw.). So können durch ein vergleichsweise simples Regelsystem bemerkenswert realistisch aussehende Ergebnisse erzeugt werden.

3.5.2 Voxelautomaten

Die Reduktion pflanzlichen Wachstums auf eine eindimensionale Grammatik hat den Nachteil, daß räumliche Relationen zwischen unterschiedlichen Objekten nur schwer auswertbar sind. Wachstum wird jedoch auch durch den verfügbaren Raum beeinflußt. Voxelautomaten /Pres84/ sind die Basis für eine Methode, solche Einflüsse in das Modell zu integrieren.

Im Gegensatz zu L-Systemen generieren Voxelautomaten kein hierarchisches Wachstum, das von einem einzigen Startelement ausgeht. In einer in /Gree89/ beschriebenen Anwendung wurden sie zur Modellierung der Ausbreitung von Pflanzen benutzt, deren Wachstum durch eine Menge von Basiselementen beschrieben wurde, die sich, beeinflußt durch innere und äußere Bedingungen, veränderten (siehe Abb. 3.31).

Voxelautomaten

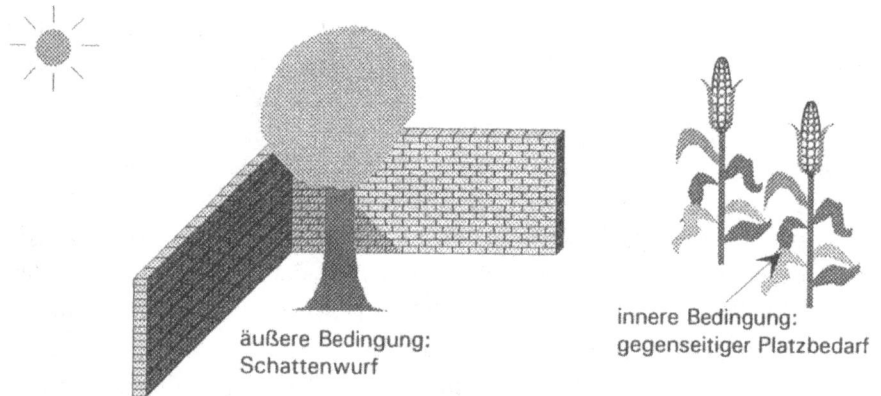

äußere Bedingung:
Schattenwurf

innere Bedingung:
gegenseitiger Platzbedarf

Abb. 3.31: Innere und äußere Bedingungen für einen Voxelautomaten

Innere Bedingungen repräsentieren den Einfluß des Objekts auf sich selbst, während mit äußeren Bedingungen der Einfluß durch andere Objekte oder Sachverhalte modelliert wird. Innere Bedingungen verändern sich ständig im Verlauf des simulierten Prozesses. Die Art der Veränderung hängt von der durch sie beeinflußten Zustandsänderung ab und ist nicht immer vorhersagbar. Im Gegensatz dazu sind äußere Bedingungen entweder konstant oder variieren in deterministischer Weise.

Voxelautomaten für die Simulation natürlicher Prozesse

In der von /Gree89/ realisierten Simulation der Ausbreitung einer Pflanze sind die äußeren Bedingungen die Menge des an einem Punkt einfallenden Lichts und die Existenz von Hindernissen (d.h. Räumen, die nicht von den Pflanzen ausgefüllt werden können). Innere Bedingungen sind die Beeinträchtigungen der Beleuchtung von Blättern durch andere Blätter der modellierten Pflanze. Durch andere Bedingungen können natürlich auch ganz andere Prozesse beschrieben werden. In einem ähnlichen Ansatz wurde z.B. das Verhalten eines Vogelschwarms beschrieben /Reyn87/. Dort umfaßten äußere Bedingungen unter anderem die Wirkung der Schwerkraft, während durch die inneren Bedingungen das Verhalten der einzelnen Vögel untereinander erfaßt wurde. In einem medizinischen Kontext - etwa der Simulation von Organwachstum - könnten äußere Bedingungen beispielsweise andere Organe sein, die nur mit vorgegebenem Aufwand von dem simulierten Organ verdrängt werden können. Innere Bedingungen legen fest, ob Wachstum nur an bestimmten Stellen, wie etwa der Organoberfläche, stattfindet, und steuern gegenseitige Beeinflussungen der Zellen des Organs.

Anwendung von Voxelautomaten

Neue Zustände ergeben sich als Resultat der Anwendung von einfachen Verhaltensregeln auf jedes Basiselement. Welche der Regeln angewendet wird und wie sich die Anwendung auswirkt, hängt von der Wirkung der zum Zeitpunkt der Zustandsänderung herrschenden inneren und äußeren Bedingungen ab. Die Entscheidung für die Anwendung einer Regel muß nicht deterministisch erfolgen, sondern kann wahrscheinlichkeitsgesteuert vollzogen werden.

Zwei Hauptprobleme gilt es für eine erfolgreiche Simulation durch Voxelautomaten zu lösen. Genau wie bei den Grammatiken sind auch hier aussagekräftige Regeln, Bedingungen und Basiselemente zu wählen. Wenn jedoch nur wenige Informationen über den zu modellierenden Prozeß bekannt sind, fußt die Auswahl der Regeln ausschließlich auf allgemeinem Wissen, so daß es sich um eine grobe Approximation des simulierten Vorgangs handelt. Das zweite Problem besteht in der Auswertung der inneren Bedingungen. Hierzu müßte vor jeder Zustandsänderung die Nachbarschaft zwischen allen Basiselementen untersucht werden. Dies würde zu einem quadratisch mit der Anzahl dieser Elemente anwachsenden Aufwand führen. Das Resultat ist eine bereits für eine geringe Anzahl von Basiselementen unakzeptabel hohe Rechenzeit. Für Voxelautomaten wird das Problem dadurch gelöst, daß eine zugrundeliegende Voxelrepräsentation ein festes Bezugssystem mit bekannten Nachbarschaften bildet. Basiselemente können nur ganze Voxel ausfüllen. Daher können Nachbarschaftsbeziehungen mit linear mit der Anzahl der Basiselemente ansteigendem Aufwand untersucht werden.

3.5.3 Fraktale

Betrachtet man Objekte unserer Umwelt, so fallen zwei Dinge ins Auge: Bei einer Annäherung an das Objekt erscheint die Anzahl von erkennbaren Einzelheiten unerschöpflich und für eine beliebige, gegebene Entfernung bleibt die erkennbare Anzahl der Details etwa gleich. Ein Baum, der aus der Entfernung betrachtet nur ein Detail eines Waldes zu sein scheint, offenbart beim Näherkommen die Komplexität seines Geästs, Feinheiten kleinster Verästelungen und schließlich die detailliert gerippte Struktur seiner Blätter. Ein Berg, der aus der Entfernung betrachtet wie der eher kleine, konturlose Teil eines Gebirges wirkt, besteht, von nahem betrachtet, aus vielen kleinen Erhebungen, deren Flanken selbst bei noch näherer Betrachtung feinste Konturen zeigen.

Ein bekanntes Beispiel für diesen Effekt ist die Frage nach der Länge der Küste Großbritanniens. Je kleiner der Meßstab ist, mit der diese Länge gemessen wird, desto mehr Details werden bei der Längenbestimmung berücksichtigt. Da jedoch jedes Detail der Küste bei näherer Betrachtung (also der Benutzung eines kleineren Meßstabs) neue, kleinere Details zeigt, kann man vermuten, daß die Küste unendlich lang ist, obwohl sie eine zweifellos endlich große Insel umschließt (siehe Abb. 3.32).

fortgesetzte Vergrößerung läßt immer neue Details
der Küste von England sichtbar werden

Generierung der Kochkurve

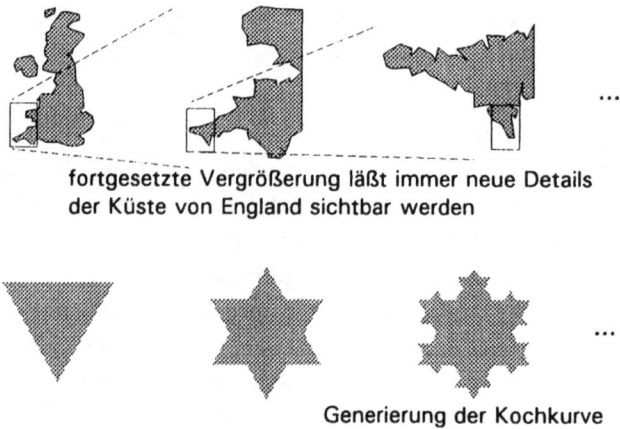

Abb. 3.32: Fraktale Kurven

Eine exakte Beschreibung einer solchen Struktur durch eine Menge von Komponenten wäre aussichtslos. Die Komponenten entsprächen etwa dem oben genannten Meßstab und können eine potentiell unendlich ausgedehnte Struktur approximieren. Die Suche nach einer immer genaueren Approximation würde in einer unendlichen Folge von Näherungen resultieren.

Es gibt indes eine Konstante in der Struktur der obigen Beispiele, die durch diese Art der Repräsentation nicht erfaßt wird. Es ist dies die exakte oder statistische Selbstähnlichkeit der Objekte auf allen Skalierungsebenen. Darunter ist zu verstehen, daß die Beschreibung auf jeder Skalierungsebene exakt oder statistisch gleich ist. Im Fall der Küste von Großbritannien bedeutet das, daß Erwartungswert und Varianz der durchschnittlichen Krümmung der Küstenlinie für jede Länge des Meßstabs gleich ist. Strukturen, die diese Eigenschaft der Selbstähnlichkeit besitzen, heißen Fraktale /Mand82/.

Monsterkurven

Das Gebiet der Fraktale ist das Ergebnis von mathematischen Forschungsarbeiten im vorigen Jahrhundert über die Differenzierbarkeit von Funktionen. Man untersuchte die Vermutung, daß alle überall stetigen Funktionen auch differenzierbar wären. Bei der Suche nach Gegenbeispielen konstruierte man sogenannte Monsterkurven, die zwar überall stetig, aber nirgendwo differenzierbar sind. Diese Kurven sind erste Beispiele von Fraktalen /Liu92/.

Kochkurve

Eine solche Monsterkurve ist die Kochkurve (siehe Abb. 3.32). Sie wird aus gleichseitigen Dreiecken konstruiert. An das erste Dreieck werden auf der Mitte aller Seiten je ein neues, um den Faktor 3 kleineres Dreieck angefügt. Anschließend werden an alle Seiten des nun entstandenen sechszackigen Sterns neue, erneut um den Faktor 3 verkleinerte Dreiecke angefügt. Führte man diesen Prozeß unendlich lange fort, so erhielte man eine unendlich lange Kurve, die ein endlich großes Gebiet einschließt. Als Funktion in einem Kreiskoordinatensystem wäre die Kurve überall stetig und nirgendwo differenzierbar.

Die Kochkurve, die zwar unendlich lang ist, die aber weder eine Fläche ausfüllt noch ein unendlich großes Gebiet einschließt, ist offensichtlich verschieden von einer üblichen Kurve in der zweidimensionalen Ebene. Diese Verschiedenheit zu charakterisieren ist das Ziel der Zuweisung einer Dimension, die über der einer Linie und unter der einer Fläche liegt. Diese, nicht ganzzahlige, also fraktale Dimension ist der Grund für die Bezeichnung der Kurve als fraktale Kurve.

Die Berechnung der auch Hausdorff-Dimension genannten fraktalen Dimension basiert auf der Idee der Messung von Strukturen auf unterschiedlichen Skalierungsebenen. Dies soll zunächst am Beispiel einer konventionellen Linie erfolgen. Angenommen die Linie hätte die Länge L und würde mit einem Meßstab der Länge l gemessen. Die Länge, gemessen in Einheiten l, wäre

Fraktale Dimension

$$G(l) = \frac{L}{l}.$$

Benützte man einen kürzeren Meßstab der Länge $\frac{1}{N}$, so wäre das Ergebnis

$$G\left(\frac{1}{N}\right) = \frac{L}{\frac{1}{N}} = N^1 \cdot G(l).$$

Würde anstatt der Linie ein Quadrat der Größe $L \cdot L$ durch ein Meßelement der Größe $l \cdot l$ gemessen, so erhielte man

$$G(l) = \frac{L^2}{l^2}.$$

Bei einem um N verkleinerten Meßelement ergibt sich

$$G\left(\frac{1}{N}\right) = \frac{L^2}{\frac{l^2}{N^2}} = N^2 \cdot G(l).$$

Durch G werden die bei einer gegebenen Skalierung unterscheidbaren Details gemessen. Sie wächst bei der eindimensionalen Linie linear und beim zweidimensionalen Quadrat quadratisch an. Die von der Skalierung abhängige Detailanzahl kann für eine fraktale Dimensionsbestimmung für beliebige Strukturen verallgemeinert werden:

Berechnung der fraktalen Dimension

$$Dim(G) = \frac{\log\left[G\left(\frac{1}{N}\right) / G(l)\right]}{\log N}.$$

Hiermit kann auch die Dimension der Kochkurve bestimmt werden. Für sie ergäbe sich bei der Messung mit einem Meßelement der Länge l das gleiche Ergebnis wie bei der Berechnung der Linienlänge:

$$G(l) = \frac{L}{l}.$$

Wird die Länge des Meßelements jedoch gedrittelt, vervierfachte sich die Anzahl der meßbaren Details. Das liegt daran, daß nun die um ein Drittel kleineren Dreiecke gemessen werden könnten. Das Resultat ist also

$$G\left(\frac{1}{3}\right) = \frac{4L}{l}.$$

Das ergibt für die Kochkurve die folgende, nicht ganzzahlige Hausdorff-Dimension:

$$Dim(G) = \frac{\log 4}{\log 3} \approx 1,26.$$

Da die Dimension der Kurve nur deshalb zwischen 1 und 2 liegt, weil der Detailreichtum auf jeder Skalierungsstufe gleich bleibt, bedeutet das umgekehrt auch, daß Kurven mit fraktaler Dimension die Eigenschaft der exakten oder statistischen Selbstähnlichkeit besitzen. Gleiches gilt für Flächen mit einer fraktalen Dimension zwischen 2 und 3. Damit wird durch fraktale Kurven und Flächen gerade das anfangs genannte Phänomen des von der Entfernung unabhängig wahrgenommenen Detailreichtums von natürlichen Objekten charakterisiert. Bei realen Objekten kann freilich davon ausgegangen werden, daß dieses Phänomen nicht für alle Skalierungsstufen gilt. Dennoch sind Fraktale eine gute Approximation dieses Merkmals. Fraktale werden benutzt, um Pflanzen, Wolken, Bäume und Landschaften zu modellieren /Mand82/, /Four82/, /Peit88/, /Musg89/.

Fraktales Gebirge Die Konstruktion einer Gebirgslandschaft als eine fraktale Fläche erfolgt in ähnlicher Weise wie die der Kochkurve. In einem von Fournier et al. /Four82/ vorgestellten Verfahren ist die Basisstruktur ein gleichseitiges

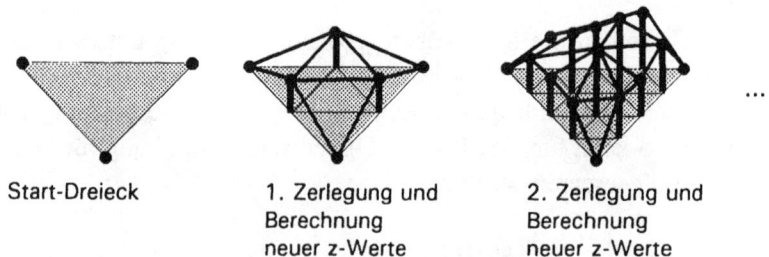

Start-Dreieck   1. Zerlegung und   2. Zerlegung und
                     Berechnung   Berechnung
                     neuer z-Werte   neuer z-Werte

Abb. 3.33: Erzeugung eines fraktalen Gebirges.

Dreieck, das fortwährend weiter zerlegt wird (siehe Abb. 3.33). In jeder Skalierungsstufe werden aus jedem Dreieck vier neue Dreiecke erzeugt. Die Eckpunkte der neuen Dreiecke bestehen aus denen der Ursprungsdreiecke und aus neuen Punkten, die auf der Mitte der Dreiecksseiten erzeugt werden.

Die Eckpunkte der Dreiecke bilden die Grundfläche eines fraktalen Gebirges. Für jeden der Punkte muß ein Höhenwert bestimmt werden. Für das Startdreieck liegen die Eckpunkte in der xy-Ebene. Der z-Wert (d.h. die Höhe) eines neuen Punkts $\vec{p}_{neu}$, der zwischen zwei Punkten $\vec{p}_1$ und $\vec{p}_2$ liegt, ist

$$z_{neu} = \tfrac{1}{2} \cdot (z_1 + z_2) + D(\|\vec{p}_1 - \vec{p}_2\|) \cdot Z(\|\vec{p}_{neu}\|), \qquad (3.2)$$

wobei D eine vom Abstand zwischen $\vec{p}_1$ und $\vec{p}_2$ abhängige Skalierungsfunktion (im einfachsten Fall ist $D(\|\vec{p}\|) = \|\vec{p}\|$) und Z ein Zufallszahlengenerator mit dem Wertebereich $0 \le Z \le 1$ ist.

Durch fortgesetzte Zerlegung entsteht ein immer mehr zerklüftetes, fraktales 'Gebirge'. Der Erwartungswert der Höhenunterschiede zwischen unterschiedlichen Punkten hängt vom Abstand der Punkte ab. Es liegt statistische Selbstähnlichkeit vor.

Für Z wird eine Gaußverteilung verwendet, deren Varianz die fraktale Dimension beeinflußt. Je höher die Varianz ist, desto höher ist die fraktale Dimension und desto rauher ist die modellierte Gebirgslandschaft.

Durch mangelnde Kontinuität des der Modellierung unterliegenden Interpolanten entstehen jedoch ausgeprägte Grate und Richtungen. Der Interpolant läßt sich ermitteln, wenn man die Varianz von Z gleich Null setzt. Das Ergebnis ist ein Tetraeder, an dessen Kanten die genannten Grate der fraktalen Landschaft entstehen. Daher wurde eine Alternative vorgeschlagen, durch die $C^{(1)}$-Kontinuität an jedem Punkt des Interpolanten garantiert werden kann /Mill86/. Vier aneinandergrenzende Quadrate dienen als Grundlage (siehe Abb. 3.34). Bei jeder Zerlegung wird in jedem Quadrat ein Quadrat halber Größe gebildet. Die Höhen der Eckpunkte werden, gewichtet im Ver-

Diskontinuität des Interpolanten

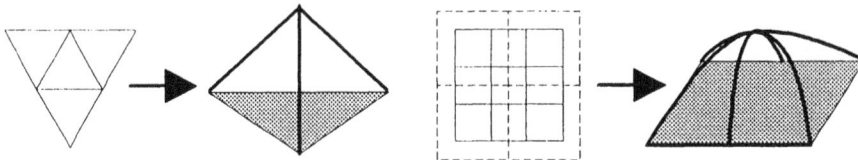

Abb. 3.34: Die Dreiecks- und die Viereckszerlegung haben unterschiedliche Interpolanten (Strukturen, die ohne die stochastische Komponente bei der Höhenbestimmung entstehen).

hältnis 9:3:3:1, aus den Höhen der Eckpunkte des umgebenden Quadrats gebildet. Die vier neuen Quadrate werden untereinander verbunden, so daß aus den ursprünglich vier Quadraten insgesamt neun neue Quadrate entstehen. Würde dieser Zerlegungsprozeß unendlich lange fortgesetzt werden, so entstünde ein Interpolant mit einer $C^{(1)}$-kontinuierlichen Fläche. Die Höhen aller Punkte können wie in Gleichung 3.2 skaliert und durch eine Zufallsfunktion verändert werden. Das Resultat ist eine realistisch erscheinende Oberfläche ohne die angesprochenen Grate.

Berücksichtigung von Bodenerosion

Die Modellierung eines Gebirges durch eine fraktale Fläche geht von einer isotropen Verteilung der Höhenunterschiede aus. In der Realität existiert jedoch durch die von Wind und Wasser verursachte Erosion eine deterministische Komponente der Landschaftsbildung, die unter anderem dazu führt, daß das Maß an Zerklüftetheit von Bergspitzen und Talsohlen sich erheblich voneinander unterscheidet. Die Simulation der Bodenerosion auf einer fraktalen Gebirgslandschaft ist möglich (siehe /Musg89/) und führt - auf Kosten einer erheblichen Steigerung des Berechnungsaufwandes - zu einer wesentlich realistisch wirkenden Modellierung.

Fraktale Pflanzen

Neben Gebirgslandschaften wurden Pflanzen und Bäume durch Fraktale modelliert /Mand82/, /Oppe86/. Das klassische Beispiel einer selbstähnlichen Pflanze ist wohl der Farn, der über mehrere Skalierungsebenen nahezu exakt selbstähnlich ist. Er kann durch eine entsprechend einfache Ersetzungsvorschrift modelliert werden. Auf jeder Stufe wird ein Farnelement durch die maßstäblich verkleinerte Farngrundstruktur ersetzt.

Andere Pflanzen, wie z.B. Bäume, besitzen keine exakte Selbstähnlichkeit. Es kann aber eine statistische Selbstähnlichkeit zur Grundlage einer Modellierung gemacht werden. Die Ersetzungsvorschrift wird durch einen Zufallszahlengenerator moduliert, um unterschiedliche Verzweigungsrichtungen, Verzweigungsanzahlen und Größe der erzeugten neuen Elemente beschreiben zu können. Ähnlich der im vorigen Abschnitt vorgestellten stochastischen Regelauswahl für L-Systeme konte auch bei der stochastischen Generierung einer fraktalen Struktur eine bemerkenswert realistisch wirkende Repräsentation von Pflanzen modelliert werden /Oppe86/.

4 Visualisierung durch lokale Beleuchtungsmodelle

Die Repräsentation von Wissen ohne die Möglichkeit seiner Vermittlung ist wenig sinnvoll. So ist es das Hauptanliegen der 3D-Computergrafik, die Information der repräsentierten Geometriemodelle an den Benutzer weiterzugeben. Ein großes Problem besteht jedoch darin, daß die zur Informationsvermittlung zur Verfügung stehenden Ausgabegeräte meist nur eine zweidimensionale Ausgabe ermöglichen. Daher wird dreidimensionale Form über den Umweg der Erzeugung zweidimensionaler Projektionen vermittelt.

Die Generierung der zweidimensionalen Ansicht eines dreidimensionalen Objekts bedeutet zu allererst, festzustellen, wie Licht, das auf das Objekt fällt, in die Richtung eines fiktiven Betrachters reflektiert wird. Andernfalls läßt sich nur eine sogenannte Drahtgitterdarstellung (*wire frame*-Darstellung) erzeugen, bei der die Kanten von Oberflächenelementen als Vektoren projiziert und ausgegeben werden (Farbtafel 3 zeigt ein Beispiel).

Das Reflexionsverhalten von Licht an Oberflächen zu beschreiben, ist die Aufgabe von *Beleuchtungsmodellen* (auch - noch umfassender - Lichtmodelle genannt). Ein Beleuchtungsmodell aufzustellen, gleicht ein wenig dem Versuch, das Verhalten eines Wassertropfens beim Auftreffen auf eine Fläche zu beschreiben (wobei der Wassertropfen seine Energie freilich noch wesentlich schneller verliert). Genausowenig wie es gelingen wird, den Ort jedes einzelnen Wassermoleküls zu einem gegebenen Zeitpunkt nach dem Auftreffen zu bestimmen - denn dieser hängt von einem sehr komplexen Zusammenspiel zwischen den Eigenschaften des Wassers und denen der Oberfläche ab -, wird es möglich sein, das genaue Verhalten von Licht in einer gegebenen Szene zu beschreiben.

Modellierung der Lichtreflexion

Lokale und globale Beleuchtungsmodelle sind daher Approximationen der Eigenschaften des Lichts und dessen Interaktion mit Materie, durch die eine mehr oder weniger genaue Näherung der Realität gelingt. Durch ein lokales Beleuchtungsmodell wird nur die direkt von Oberflächen zum Betrachter reflektierte Strahlung berücksichtigt, während durch ein globales Modell auch Reflexionen zwischen Oberflächen in die Beschreibung einfließen.

Lokale und globale Beleuchtungsmodelle

Da die beiden Modelltypen die Information durch die Geometrierepräsentation in unterschiedlicher Weise verwenden, sind auch die 3D-Visualisierungsverfahren verschieden. Im vorliegenden Kapitel werden daher zunächst Visualisierungsmethoden auf Grund eines lokalen Beleuchtungsmodells beschrieben, während durch die beiden anschließenden Kapitel zwei Ansätze zur Visualisierung unter Berücksichtigung von Mehrfachreflexionen behandelt werden.

Die der Visualisierung durch ein lokales Beleuchtungsmodell zugrundeliegende Repräsentation ist meist eine Beschreibung durch planare Flächenelemente. Selbst dann, wenn andere Repräsentationen (z.B. gekrümmte Flächen oder eine CSG-Repräsentation) dargestellt werden sollen, erfolgt oft eine zuvorige Konversion in eine Oberflächenrepräsentation. Daher wird in den folgenden Ausführungen, sofern nicht anders angemerkt, von einer planaren Oberflächenrepräsentation als Basis der Objektdarstellung ausgegangen.

4.1 Die Visualisierungskette

Ist ausschließlich die direkte Reflexion von der Oberfläche zum Betrachter Gegenstand des Beleuchtungsmodells, dann kann die Ermittlung desjenigen Teils der Oberfläche, der für die Darstellung relevant ist, von der eigentlichen Anwendung des Beleuchtungsmodells getrennt werden. Man erhält eine Folge von Verfahren, die nacheinander auf die Geometrierepräsentation angewendet werden und deren Endresultat das zu visualisierende zweidimensionale Abbild des repräsentierten Objekts ist. Diese Sequenz von Methoden heißt Visualisierungskette. Die Visualisierungskette besteht aus fünf Komponenten (siehe Abb. 4.1):

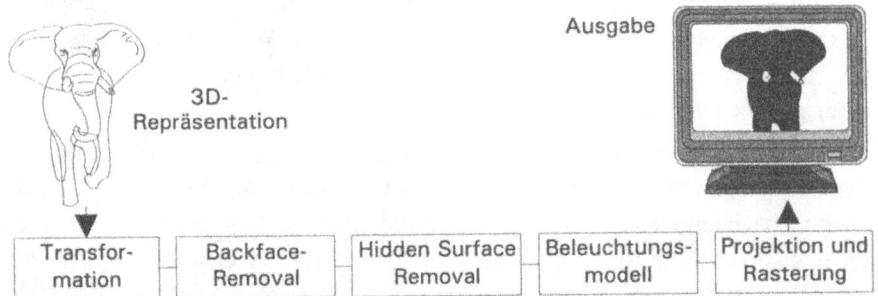

Abb. 4.1: Visualisierungskette für die Anwendung eines lokalen Beleuchtungsmodells.

- Durch ein *Transformationsmodul* wird eine beliebige Wahl der Betrachterposition relativ zum Objekt ermöglicht. Ggf. erfolgt die Entfernung von Objektanteilen außerhalb des Sichtvolumens. Die in den Abschnitten 2.1.2 bis 2.1.4 vorgestellten Methoden zur Transformation und zur Bestimmung von Objektanteilen innerhalb des Sichtvolumens werden benutzt. Visualisierungsket te
- Durch *Backface Removal* werden Objektanteile entfernt, die von der Betrachterposition aus gesehen hinten liegen und daher auf keinen Fall sichtbar sind.
- Durch *Hidden Surface Removal* (HSR) werden von der verbleibenden Oberfläche die sichtbaren Anteile bestimmt und alle anderen Anteile entfernt.
- Durch ein *Beleuchtungsmodell* wird berechnet, wieviel Licht von der sichtbaren Oberfläche in Richtung der Betrachterposition reflektiert wird.
- Durch *Projektion und Rasterung* erfolgt die Abbildung der sichtbaren Oberfläche auf die Rasterpunkte des Ausgabemediums (Bildschirm oder Hardcopy-Einheit).

Die Transformation besteht aus Rotation, Translation und Skalierung und wird durch die in Kapitel 2 vorgestellten Matrixoperationen realisiert. Sie kann entweder auf den Objekt- oder den Betrachterstandpunktkoordinaten ausgeführt werden. Häufig wählt man bei den in diesem Kapitel vorgestellten Verfahren die zuerst genannte Lösung, da sich bei einer festen Betrachterposition Vereinfachungen bei der Weiterverarbeitung ergeben. Zu beachten ist, daß bei einer perspektivischen Projektion die perspektivische Verzerrung unter Beibehaltung einer Tiefeninformation (siehe Abschnitt 2.1.3) bereits hier erfolgt. Transformationen

Das *Backface Removal* ist eine Vorverarbeitungsstufe, die durchgeführt werden kann, falls bekannt ist, daß Objekte mit geschlossener Oberfläche visualisiert werden sollen. Sind diese Objekte durch planare Flächenelemente repräsentiert, deren Oberflächennormalen nach außen zeigen, dann sind die- Backface Removal

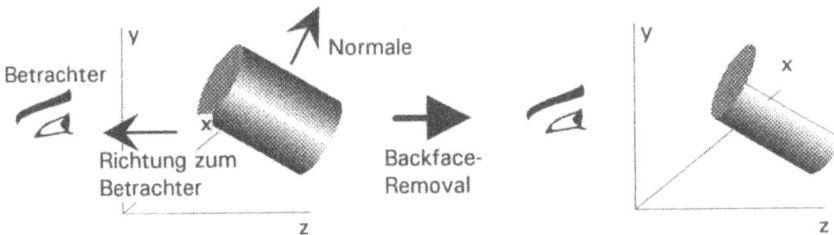

Abb. 4.2: Durch Backface Removal werden die vom Betrachter weg zeigenden Flächenanteile entfernt.

jenigen Flächenelemente nicht sichtbar, deren Normalen vom Betrachter-standpunkt weg zeigen (siehe Abb. 4.2). Wurde beispielsweise die Position [0 0 -1] als Betrachterposition gewählt und liegt das Objekt im Bereich $z > 0$, dann können vor einer Weiterverarbeitung alle diejenigen Flächenelemente entfernt werden, deren Normalen eine positive z-Komponente aufweisen.

Anschließend erfolgt die Entfernung verbleibender, verdeckter Flächen-anteile sowie die Anwendung des Beleuchtungsmodells. Sie werden in den beiden folgenden Unterabschnitten vorgestellt.

Projektion und Rasterung

Abgeschlossen wird der Visualisierungsprozeß durch die Projektion und Rasterung der sichtbaren und beleuchteten Oberfläche. Oft erweist es sich jedoch als effizienter, die Flächenelemente bereits während des HSR-Prozes-ses zu rastern. Die weitere Verarbeitung wird einfacher, denn nach der Rasterung ist jedem Bildpunkt des Ausgabemediums ein Teil des Flächen-elements fest zugeordnet. Auch ist bei gekrümmten Flächenelementen keine Konversion mehr erforderlich, denn der auf einen Bildpunkt abgebildete Teil der Fläche ist nicht weiter teilbar. Es ist daher für den weiteren Visualisie-rungsprozeß belanglos, ob er planar oder gekrümmt ist.

4.2 Die Entfernung verdeckter Flächenanteile

Hidden Surface Removal (HSR)

Beleuchtungsmodelle, angewendet auf Beschreibungen der Geometrie von dreidimensionalen Objekten, ermöglichen die Simulation des Abbil-dungsprozesses von Objekten unserer Umwelt auf die Netzhaut. Es ist erfor-derlich, festzustellen, welche Aspekte des Objekts dem Auge des fiktiven Betrachters sichtbar sind. Durch *Backface Removal* werden zwar die dem Betrachter abgewandten Flächen entfernt, doch gegenseitige Verdeckungen zwischen Flächen können hierdurch nicht erkannt und beseitigt werden. Dies ist die Aufgabe des HSR(*Hidden Surface Removal*)-Verfahrens, durch das verdeckte Teile von Flächen erkannt und abgetrennt werden.

HSR-Verfahren können als Bildraum- oder Objektraumverfahren reali-siert werden. Bei Bildraumverfahren ist die Projektion und Rasterung in das HSR-Verfahren integriert. Bei Objektraumverfahren erfolgt die Erkennung und Entfernung verdeckter Flächenanteile im dreidimensionalen, nicht dis-kreten Objektraum. Erst anschließend werden die verbleibenden Flächen gerastert und in den Bildraum projiziert.

Bildraumverfahren

Bildraumverfahren haben den Nachteil, daß das Ergebnis kein zweites Mal durch ein HSR-Verfahren verarbeitet werden kann. Dies kann erforder-lich sein, falls ein durch eine von der Betrachterposition verschiedene Lichtquellenposition verursachter Schattenwurf berücksichtigt werden soll. Dann muß festgestellt werden, welche der aus Betrachterposition sichtbaren Flächenanteile durch Lichtstrahlen erreicht werden können (also aus der Position der Lichtquelle sichtbar sind). Die Ausgaberepräsentation müßte also die gleiche Beschreibung wie die Eingaberepräsentation sein, damit die nach dem ersten HSR-Verfahren als sichtbar und nicht sichtbar attributierten Flächenanteile durch ein zweites HSR-Verfahren in beleuchtete und nicht beleuchtete Anteile zerlegt werden können. Um diesen Prozeß mit einem Bildraumverfahren durchzuführen, müssen zwei unterschiedliche HSR-Resultate miteinander verglichen werden. Das kann wegen den von unterschiedlichen Positionen aus erfolgten Diskretisierungen zu Aliasing-Effekten führen.

Durch Objektraumverfahren ist dies einfacher, ist doch das Ergebnis eine immer noch im Objektraum definierte Menge von zerlegten Flächenelementen. Sie brauchen nur einem zweiten HSR-Durchgang zugeführt werden. Im Vergleich zu Bildraumverfahren ist die Berechnung durch Objektraumverfahren aber wesentlich komplexer. Da der durch sie erzielbare Realitätsgewinn der Darstellung durch die in den folgenden Kapiteln vorgestellten globalen Beleuchtungsmodelle übertroffen wird, haben Objektraumverfahren an Bedeutung eingebüßt. Daher werden sie hier nicht weiter behandelt. Der interessierte Leser sei auf Standardliteratur zur Computergrafik verwiesen (z.B. /Fell93/, /Fole92/).

Objektraum-verfahren

4.2.1 Der Z-Puffer-Algorithmus

Der Z-Puffer-Algorithmus ist ein einfach zu implementierendes, häufig in Hardware vorhandenes Bildraumverfahren. Der Z-Puffer ist eine Abstandsmatrix, von der jedes Matrixelement genau einem Pixel zugeordnet ist. In die Abstandsmatrix wird der Abstand des an dieser Stelle dem Betrachter am nächsten liegenden Objektoberflächenelements eingetragen. Die Geometrie der Projektion, d.h. die Lage der Projektionsebene und die

Z-Puffer

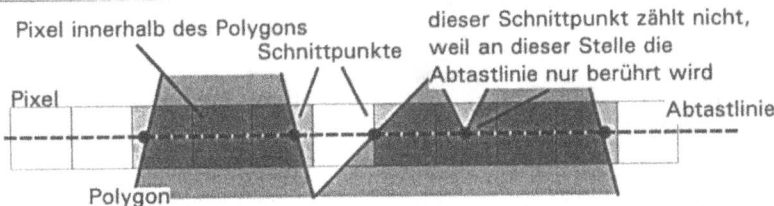

Abb. 4.3: Durch Scan-Konvertierung von Polygonen wird festgestellt, welche Pixel durch das Polygon überdeckt werden.

Betrachterposition werden durch das Transformationsmodul festgelegt .

Scan-Konvertierung der Oberfläche

Die Berechnung des einen Rasterpunkt überdeckenden Teils eines Oberflächenelements erfolgt durch Scan-Konvertierung (siehe Abb. 4.3). Die Scan-Konvertierung ist ein abtastlinienorientiertes Konvertierungsverfahren, durch das für jede Abtastlinie (entsprechend einer Bildschirmzeile) festgestellt wird, welcher Teil von dem auf die Bildebene projizierten Polygon überdeckt wird. Für jede Bildzeile wird festgestellt, welche Polygonseiten von ihr geschnitten werden. Die Schnittpunkte werden berechnet und entlang der Zeile geordnet. Anschließend wird die Bildzeile gerastert. Alle Rasterpunkte zwischen einem ungeradzahlig eingeordneten und dem nächsten, dann geradzahlig eingeordneten, Schnittpunkt befinden sich innerhalb des Polygons. Zu beachten ist allerdings, daß tangentiale Berührungen des Polygons mit einer Bildzeile nicht gezählt werden dürfen.

Z-Puffer-Algorithmus

Der Z-Puffer-Algorithmus wird in zwei Schritten durchgeführt. Zunächst wird die Abstandsmatrix durch einen Wert initialisiert, der die maximal mögliche Entfernung zur Bildschirmebene hat. Anschließend erfolgt die Transformation und Scan-Konvertierung der Oberflächenelemente. Der Abstandswert eines Oberflächenpunkts wird nur dann in die Abstandsmatrix eingetragen, wenn an dieser Position nicht bereits der Abstand eines näher zur Bildschirmebene liegenden Oberflächenelements eingetragen wurde.

Referenzierung der Oberflächenelemente

Zusätzlich zur Abstandsmatrix kann - für eine spätere Verwendung bei der Visualisierung - eine Objektmatrix gleicher Größe erzeugt werden, in der für jeden Rasterpunkt eine Referenzierung des jeweils am nächsten liegenden Oberflächenelements erfolgt. Nach Abschluß des Verfahrens steht in jedem Element der Abstandsmatrix die Entfernung desjenigen Oberflächenelements zur Bildschirmebene, das an dieser Position dem Betrachter am nächsten ist. Das zugehörige Oberflächenelement wird in der Objektmatrix referenziert.

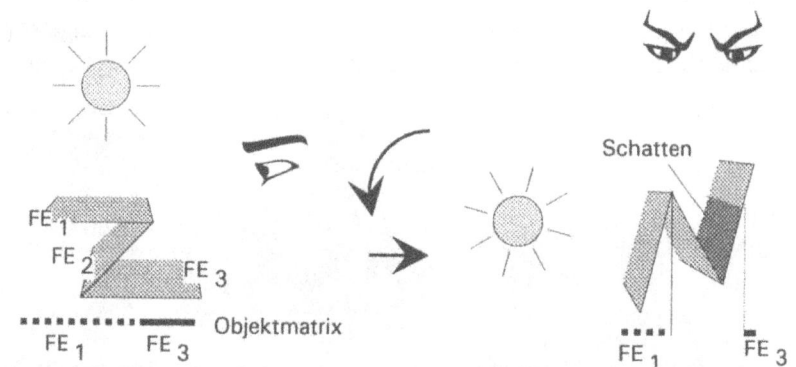

Abb. 4.4: Die Berechnung von Schattenwurf beim Z-Puffer-Algorithmus.

Bei planaren Oberflächenelementen kann die Information in der Objekt- Schattenwurf
matrix genutzt werden, wenn Schattenwurf simuliert werden soll. Schatten
entsteht, weil ein Teil der Oberfläche nicht von Lichtstrahlen erreicht wird.
Zunächst wird daher ein HSR-Verfahren durchgeführt, mit welchen die
beleuchteten Flächenanteile ermittelt werden. In die Objektmatrix werden die
Referenzen auf die betreffenden Oberflächenelemente eingetragen. Anschließend erfolgt die Transformation der beleuchteten Oberflächenpunkte in
die Betrachtersicht (siehe Abb. 4.4). Hierbei können mehrere beleuchtete
Pixel auf ein einziges Pixel aus Betrachtersicht fallen. In diesem Fall wird
das jeweils am nächsten liegende Pixel in die Abstandsmatrix eingetragen.
Die Objektmatrix wird gleichfalls entsprechend aktualisiert. Positionen, auf
die kein beleuchtetes Pixel abgebildet wird, erhalten keine Referenz auf eine
Oberfläche.

Nun wird das HSR-Verfahren aus Betrachtersicht durchgeführt. Oberflächenpunkte werden beleuchtet ausgegeben, falls das aus Betrachtersicht
auf das Pixel projizierte Oberflächenelement dasselbe ist, wie das aus Position der Lichtquelle an diese Stelle projizierte Pixel. Dann wird ein Beleuchtungsmodell angewendet. Die Referenz auf das Oberflächenelement kann für
die Ermittlung der mit diesem Flächenelement assoziierten Normale genutzt
werden. Falls die Flächenelemente nicht übereinstimmen oder an dieser
Position kein beleuchtetes Flächenelement eingetragen ist, liegt das betreffende Pixel im Schatten.

Die Berechnung des Schattenwurfs nach diesem Verfahren setzt voraus,
daß ein Strahl aus Betrachter- oder Lichtquellenposition jedes Flächenelement nur einmal schneidet. Dies ist sichergestellt, falls die Repräsentation
aus planaren Flächen besteht. Probleme gibt es jedoch, falls die Flächenelemente sehr klein werden (z.B. bei der Visualisierung einer Voxelrepräsentation). Dann können Aliasing-Effekte auftreten.

Für gekrümmte Oberflächen kann eine Variante verwendet werden, die Schattenpuffer
mit zwei Abstandsmatrizen arbeitet /Will78/. In die erste Abstandsmatrix,
dem Schattenpuffer, wird der Abstand des aus Sicht der Lichtquelle am
dichtesten liegenden Oberflächepunktes eingetragen. Bei dem anschließenden
Z-Puffer-Verfahren aus Betrachtersicht werden zur Schattenberechnung die
in die Abstandsmatrix eingetragenen Punkte in die Position der Lichtquelle
transformiert. Ist der nun erhaltene Abstandswert kleiner, als der im Schattenpuffer an der entsprechenden Stelle stehende Wert, so muß aus Sicht der
Lichtquelle vor dem aus Betrachtersicht gesehenen Punkt ein anderer Punkt
liegen. Der Betrachter sieht also ein im Schatten liegenden Punkt. Punkte,
die nach Transformation in die Sicht der Lichtquelle außerhalb des Schattenpuffers liegen, sind per definitionem beleuchtet.

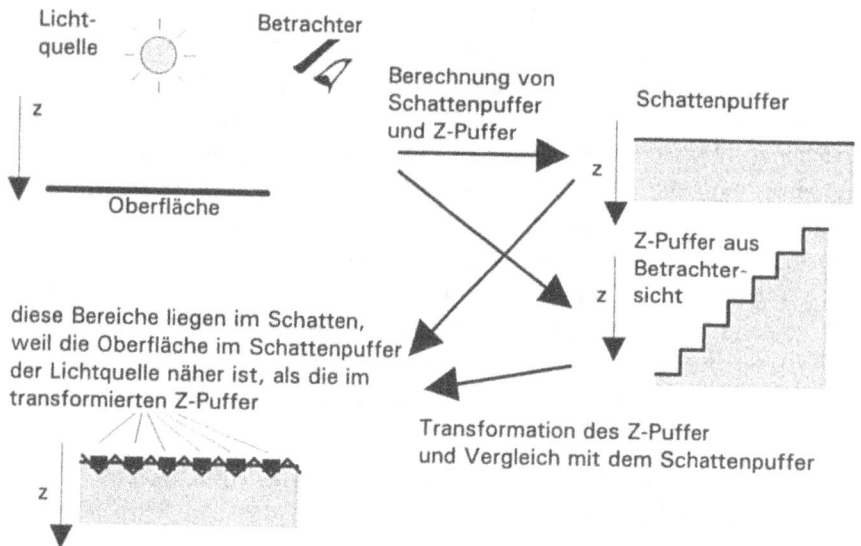

Abb. 4.5: Schattenwurf mittels des Schattenpuffers ist anfällig gegenüber Quantisierungsartefakten.

Dieses Verfahren ist jedoch noch anfälliger gegenüber Quantisierungsartefakten als die vorgenannte Methode (siehe Abb. 4.5). Um die Darstellungsfehler zu minimieren, wird zusammen mit der transformierten Punktposition ein Bereich angegeben, innerhalb dessen eine beleuchtete Position im Schattenpuffer erwartet wird. Dies führt zu einer Minderung aber nicht zu einer Beseitigung der Quantisierungsartefakte. Tiefpaßfilterung des Resultats, Addition von zufallsverteiltem Rauschen sowie die Interpolation der z-Werte des Schattenpuffers für die exakten, nicht-ganzzahligen Koordinaten der transformierten Punkte aus Betrachtersicht sind Verfahren, die für eine weitere Verbesserung des Ergebnisses vorgeschlagen wurden /Watt92/.

Z-Puffer-Algorithmus auf diskreten Repräsentationen

Für diskrete Repräsentationen - z.B. eine binäre Voxelrepräsentation oder eine *cuberille*-Repräsentation - läßt sich der Z-Puffer-Algorithmus noch vereinfachen. Oberflächenelemente sind in einer *cuberille*-Repräsentation die an der Objektoberfläche liegenden Seitenflächen von Voxeln. In einer Voxelrepräsentation sind es 1-Voxel, die zu 0-Voxeln benachbart sind. In beiden Fällen sind die zu konvertierenden Elemente klein im Vergleich zu der von einem Rasterpunkt repräsentierten Fläche (siehe Abb. 4.6 und 4.7). Die Scan-Konvertierung kann daher entfallen, wenn die (Raum-)Diagonale der Oberflächenelemente kürzer ist als die Seitenlänge der durch einen Rasterpunkt repräsentierten Fläche.

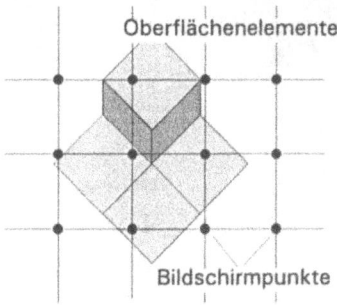

Abb. 4.6: Voxelrepräsentationen haben häufig Oberflächenelemente, die kleiner sind als der Abstand zwischen benachbarten Punkten des Ausgabebildschirms.

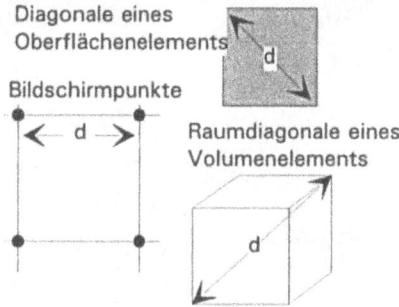

Abb. 4.7: Oberflächen- oder Volumenelemente brauchen nicht scankonvertiert zu werden, wenn ihre Diagonale kleiner ist als der Abstand zwischen zwei Bildpunkten.

4.2.2 Die Back-to-Front- / Front-to-Back-Verfahren

Für Voxelrepräsentationen existiert eine Variante des Z-Puffer-Verfahrens, bei der ein Abstandsvergleich nicht notwendig ist. Es sind dies die *back-to-front-/front-to-back*-Algorithmen (BTF- bzw. FTB-Algorithmen) /Frie85/. Durch die Reihenfolge, in der die Voxel beim BTF-Verfahren ausgelesen werden, ist sichergestellt, daß nie ein einzutragendes Voxel hinter einem anderen an dieser Position eingetragenen liegt. Beim FTB-Verfahren ist die Auslesereihenfolge genau umgekehrt. Es wird daher nie ein aktuelles Voxel vor einem bereits vorher eingetragenen liegen.

Voraussetzung für die Anwendung des Verfahren ist, daß die Voxel einer binären Voxelrepräsentation durch Parallelprojektion auf die Anzeigefläche projiziert werden. Der BTF-Algorithmus besteht aus den folgenden Komponenten (siehe Abb. 4.8):

Back-to-Front-Algorithmus

- Transformation des Voxelquaders;
- Ermittlung desjenigen Eckpunkts s, der am weitesten vom Betrachterstandpunkt entfernt liegt;
- Ermittlung der drei nächstweit entfernten Eckpunkte e_1, e_2 und e_3;
- Auslesen der Voxel beginnend bei s in einer dreifach geschachtelten Schleife, wobei die innerste Schleife von s nach e_1, die nächste Schleife von s nach e_2 und die äußere Schleife von s nach e_3 läuft.
- Ist das ausgelesene Voxel ein 1-Voxel - zählt es also zum Objekt -, wird es auf den zweidimensionalen Bildraum projiziert.

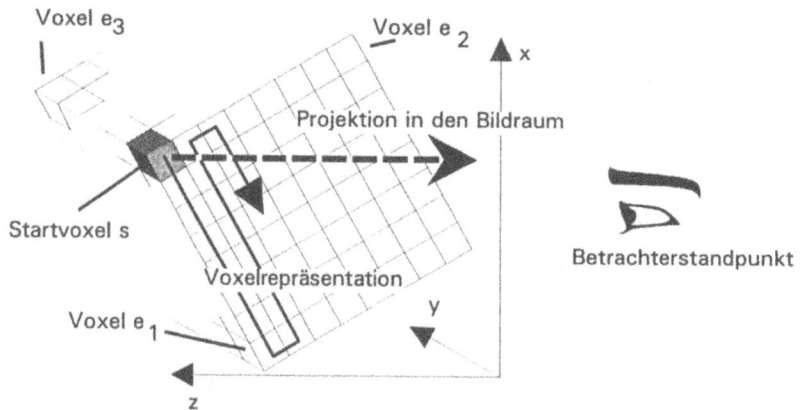

Abb. 4.8: *Back-to-front* Verfahren: Durch die Auslesereihenfolge wird sichergestellt, das ein Voxel nie durch ein weiter vom Betrachter entfernt liegendes Voxel überschrieben wird.

Front-to-Back-Algorithmus

Für ein FTB-Verfahren beginnt das Auslesen an dem Eckpunkt, der dem Betrachter am nächsten liegt. Die drei Ausleseschleifen laufen zu den drei nächstweiter liegenden Eckpunkten. So ist sichergestellt, daß, sobald auf einen Bildpunkt des Ausgabemediums ein Voxel projiziert wird, kein weiteres, dem Betrachter näheres Voxel an diese Stelle geschrieben wird.

Gegenüber dem konventionellen Z-Puffer-Verfahren haben die BTF-/FTB-Verfahren nicht nur den Vorteil, daß der Abstandsvergleich entfällt, sondern auch den, daß an jedem Punkt des Ausgaberasters die Voxel in genau definierter Reihenfolge (von hinten nach vorne bzw. umgekehrt) auf diesen Punkt projiziert werden (das hat Vorteile für das in Unterkapitel 5.4 vorgestellte *volume rendering*).

Der Nachteil von BTF/FTB-Verfahren besteht darin, daß jede Voxelposition einmal gelesen werden muß, unabhängig davon, ob sich an dieser Stelle ein 1-Voxel oder ein 0-Voxel befindet. Vor allem, wenn nur wenige 1-Voxel existieren, kann das Z-Puffer-Verfahren schneller sein.

BTF/FTB auf Oct-Trees

Durch die Auslesereihenfolge beim BTF-Verfahren ist sichergestellt, das niemals ein hinter einem aktuellen Voxel liegendes Voxel nachträglich auf den Bildraum projiziert wird. Da die Projektion parallel erfolgt, ist außerdem sichergestellt, daß ein neu eingetragenes Voxel die hinter ihm liegenden Voxel vollständig überdeckt. Das bedeutet, daß das Verfahren rekursiv angewendet werden kann. Jedes Voxel kann in Subvoxel zerlegt werden, für die ein eigenes, von allen anderen Voxeln unabhängiges HSR-Verfahren durchgeführt werden kann.

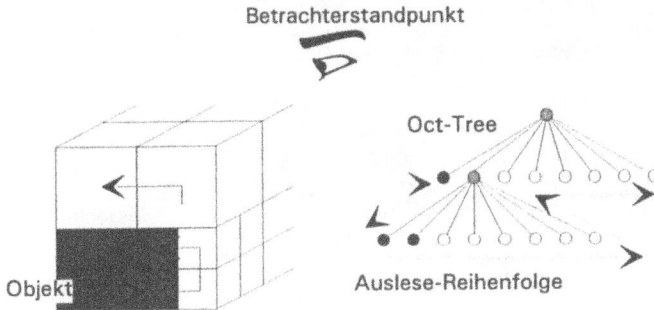

Abb. 4.9: Das BTF-Verfahren auf einem *oct-tree*.

Für *oct-trees* bedeutet dies, daß ein BTF-Algorithmus für alle Blätter auf einer gegebenen Tiefe des Baums ausgeführt werden kann, nachdem alle Blätter auf tieferen Ebenen verarbeitet wurden. Eine Zerlegung in gleichgroße Voxel ist also nicht erforderlich und das Verfahren reduziert sich auf eine Traversierung des *oct-tree* mit einer von der Betrachterposition abhängigen Reihenfolge und der Projektion derjenigen Blätter, die das Objektinnere repräsentieren (siehe Abb. 4.9).

4.2.3 Abtastlinienorientiertes Hidden Surface Removal

Durch das Z-Puffer-Verfahren werden Kohärenzen, die zwischen benachbarten Rasterpunkten bestehen, nicht berücksichtigt. Da sich aber die Szene von Bildpunkt zu Bildpunkt nur wenig ändert, kann eine solche Berücksichtigung zu einer erheblichen Rechenzeitersparnis führen.

Durch das *scanline*-HSR, bei der eine Rasterung von Abtastlinie zu Abtastlinie erfolgt, wird die Information aus der Berechnung in der Vorgängerabtastlinie für die Bearbeitung der aktuellen Abtastlinie benutzt /Bouk70/. Der HSR-Prozeß wird ebenenweise durchgeführt. Jede Ebene steht senkrecht zur Betrachterrichtung. Alle Punkte dieser Ebene werden auf die gleiche Abtastlinie (=*scanline*) projiziert. Die Schnittlinien aller Polygone mit dieser Ebene werden berechnet. Anschließend werden die dem Betrachter am nächsten liegenden und daher sichtbaren Linienanteile ausgegeben (siehe Abb. 4.10). *(Abtastlinie (scanline))*

Für den Sichtbarkeitstest wird die Abtastlinie intervallweise abgearbeitet. Da sich die Szene weder zwischen benachbarten Abtastlinien noch zwischen benachbarten Intervallen wesentlich ändert, müssen die für die Berechnung benötigten Informationen nur wenig modifiziert werden.

In einer Vorverarbeitungsphase wird jeder Polygonkante das Attribut links- oder rechtsbegrenzend zugeordnet. Eine Kante ist genau dann *(Vorverarbeitung)*

111

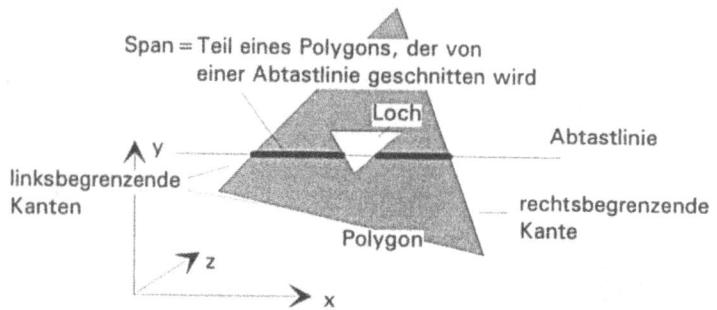

Abb. 4.10: Abtastlinienorientiertes Hidden Surface Removal: Spans, die auf einer Abtastlinie liegen, werden nach z-Werten sortiert und in die xy-Ebene projiziert.

linksbegrenzend, wenn sie aus Betrachtersicht eine linke Grenze für das Polygon bildet und sonst rechtsbegrenzend. Für jede Abtastlinie wird zudem eine verkettete Liste (Neu-Kanten-Liste) derjenigen Polygonkanten angelegt, die - bei einer Abarbeitung von oben nach unten - für diese Polygonkante die erste geschnittene Abtastlinie ist.

Bearbeitung einer Abtastlinie

Anschließend wird der HSR-Prozeß mit der obersten Abtastlinie gestartet. Alle Kanten der mit der Abtastlinie assoziierten Neu-Kanten-Liste werden in eine Aktiv-Kanten-Liste eingetragen und von links nach rechts geordnet. Die Abtastlinie wird anschließend intervallweise abgearbeitet. Intervallgrenzen ergeben sich dort, wo eine Kante die Abtastlinie schneidet. Ist die Kante linksbegrenzend, so wird das zugehörige Polygon in diesem Intervall aktiv, d.h. potentiell sichtbar, ist sie rechtsbegrenzend, so wird das betreffende Polygon inaktiv und fällt aus der Sichtbarkeitsprüfung für dieses Intervall heraus.

Für jedes Intervall wird dasjenige Polygon bestimmt, das der Betrachterposition an beiden Enden am nächsten liegt. Die Bestimmung erfolgt durch Sortierung der aktiven Polygone nach ihrem Abstand zur Betrachterposition an beiden Intervallgrenzen. Dieses Polygon ist in diesem Intervall sichtbar (siehe Abb. 4.11). Polygonteilstücke zwischen zwei Intervallgrenzen werden *spans* genannt.

Durchdringung von Polygonen

Sind zwei verschiedene Polygone an adjazenten Intervallgrenzen sichtbar, so liegt eine Durchdringung von Polygonen in diesem Intervall vor. Der Schnittpunkt der Durchdringung beider Polygone mit der Abtastlinie wird berechnet und als neue rechte Intervallgrenze verwendet. Liegt auch in diesem Intervall eine Durchdringung vor, so erfolgt eine erneute Zerlegung. Die Zerlegung in Unterabschnitte ist beendet, wenn das Intervall durchdringungsfrei ist oder die Auflösung des Ausgabemedium unterschritten ist.

112

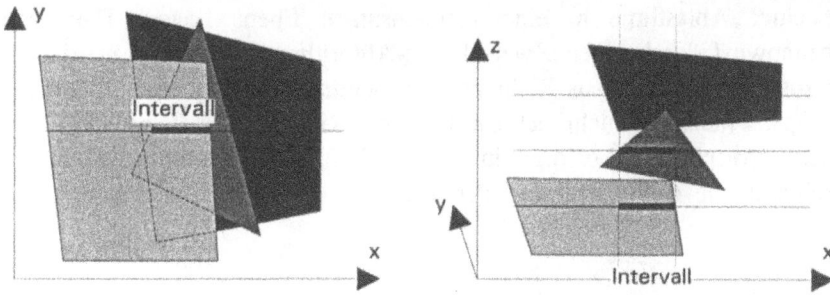

Abb. 4.11: In jedem Intervall ist nur ein Polygon sichtbar, es sei denn, es durchdringen sich zwei oder mehrere Polygone. In diesem Fall wird das Intervall geteilt.

Die intervallweise Abarbeitung wird fortgesetzt, bis das Ende der Abtastlinie erreicht ist. Anschließend werden die sichtbaren Spans gerastert, gemäß dem Beleuchtungsmodell beleuchtet und ausgegeben.

Für die Aktiv-Kanten-Liste der nächsten Abtastlinie werden anschliessend diejenigen Kanten aus der vorherigen Aktiv-Kanten-Liste übernommen, die auch diese nächste Abtastlinie schneiden. Dazu kommen die Kanten der mit dieser Abtastlinie assoziierten Neu-Kanten-Liste.

Der aufwendigste Anteil des Verfahrens ist die Sortierung der aktiven Kanten entlang einer Abtastlinie und der aktiven Polygone in einem Intervall. Da sich die Szene zwischen zwei Abtastlinien bzw. Intervallen jedoch nicht wesentlich ändert, kann durch ein geeignetes Sortierverfahren (z.B. *bubble-sort*, welches auf gut vorsortierten Listen effektiv arbeitet) eine kurze Verarbeitungszeit erreicht werden.

Auch in dieses HSR-Verfahren kann Schattenwurf integriert werden /Bouk70/. Dazu wird in einer Vorverarbeitungsstufe für jedes Polygon eine Liste von Schattenpolygonen erzeugt (SP-Liste). Schattenpolygone können ein Polygon aus Sicht der Lichtquelle potentiell verdecken. Die SP-Listen werden durch Projektion aller Polygone auf eine Kugeloberfläche um die Lichtquelle erzeugt. Polygone, deren Projektionen sich überdecken, können sind gegenseitig abschatten. Bei der weiteren Verarbeitung wird nach dem ersten *scanline*-HSR in einem zweiten Abtastprozeß für jeden sichtbaren Oberflächenpunkt anhand dieser Liste festgestellt, ob er von der Lichtquelle aus durch eines der Schattenpolygone verdeckt ist.

Das Verfahren für den Schattenwurf ist aufwendig und läßt nur die Modellierung von Schlagschatten durch punktförmige Lichtquellen zu. Eine zwar noch weiter eingeschränkte, aber wesentlich einfachere Methode ergibt sich, wenn zusätzlich davon ausgegangen wird, daß sich Lichtquelle und Betrachterposition sehr weit vom Objekt entfernt befinden und zusammen

Schattenwurf

113

mit einer Abtastlinie in einer gemeinsamen Ebene liegen. Dann kann Schattenwurf durch einen Zwei-Phasen-Algorithmus berechnet werden, bei der zunächst ein HSR aus Richtung der Lichtquelle erfolgt und anschließend alle Spans (auch die nicht sichtbaren) in die Richtung des Betrachters rotiert werden. Anschließend erfolgt ein zweites HSR aus Richtung des Betrachters durch einfache Tiefensortierung der Spans.

4.3   Ein einfaches Beleuchtungsmodell

Im Anschluß an das HSR-Verfahren werden sichtbare Flächenanteile so dargestellt, wie sie erscheinen würden, wären sie von fiktiven Lichtquellen beleuchtet. Die Lichtquellen befinden sich an bekannter Position und strahlen Licht von bekannter Helligkeit und Spektralzusammensetzung ab. Die Aufgabe eines Beleuchtungsmodells ist es nun, zu beschreiben, was geschieht, bevor das Licht das Auge des Betrachters erreicht. Drei verschiedene Einflüsse, die Reflexion, die Transmission und die Absorption an Oberflächen, verändern die Energie und spektrale Zusammensetzung des einfallenden Lichts. Die Reflexion kann weiter unterschieden werden in die an der Objektoberfläche stattfindende Reflexion - die sogenannte *gerichtete* oder *spiegelnde* Reflexion - und in die unterhalb der Oberfläche stattfindende, erst nach mehrfachen Reflexionen austretende *ungerichtet* und *diffus* genannte Reflexion (siehe Abb. 4.12). Die Reflexion in Richtung des Betrachters erfolgt sowohl direkt von der Lichtquelle an der Oberfläche als auch indirekt nach mehrfacher Reflexion an anderen Flächen.

4.3.1   Die ambiente Reflexion

Ambiente
Beleuchtung

Im einfachsten Fall wird eine richtungsunabhängige und gleichmäßige, indirekte Reflexion als alleiniger Einfluß angenommen. Unter dieser Voraussetzung ist die einfallende Lichtstrahlung aus allen Richtungen gleich und sie wird gleichmäßig nach allen Seiten reflektiert. Diese sogenannte *ambiente* Beleuchtung ist ($r_{ambient}$ gibt den Anteil der ambienten Reflexion an):

$$I_{aus} = I_{ein} \cdot r_{ambient} \quad \text{mit} \quad 0.0 \leq r_{ambient} \leq 1.0.$$

Wenn von einer ausschließlich ambienten Reflexion ausgegangen wird, erfolgt keine Differenzierung der Oberflächenstruktur. Einzig verschiedene Objekte können an ihrer potentiell unterschiedlichen Farbe erkannt werden.

114

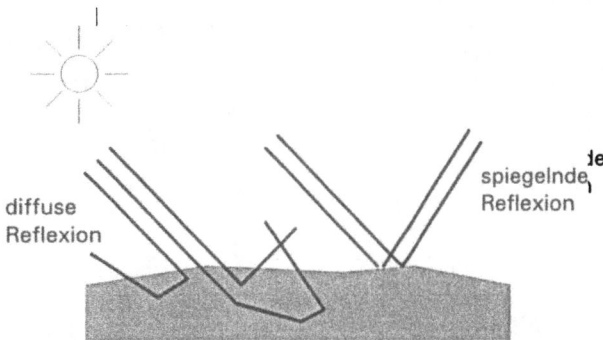

Abb. 4.12: Diffuse (ungerichtete) und spiegelnde (gerichtete) Reflexion.

Um eine bessere Erkennbarkeit der Oberflächenform zu erzielen, kann die mit der Entfernung schwächer werdende Lichtintensität in das Modell einbezogen werden. Da die durch eine Lichtquelle beleuchtete Fläche mit dem Quadrat der Entfernung der Fläche von der Lichtquelle zunimmt, fällt die je Flächeneinheit einfallende Intensität quadratisch ab. Es ergibt sich:

$$I_{aus} = \frac{I_{ein} \cdot r_{ambient}}{distance(i)^2},$$

wobei *distance(i)* der Abstand des beleuchteten Punktes *i* von der Lichtquelle ist.

Diese *Tiefenschattierung* genannte Form der Visualisierung führt zu einem etwas differenzierteren Aussehen der Oberfläche. Details der Oberflächenform sind jedoch nur schwach erkennbar, denn die Abstandsunterschiede dieser Details sind meist gering. Um dennoch wahrnehmbare Helligkeitsunterschiede zu erreichen, wird anstatt der quadratisch abnehmenden eine linear abnehmende Funktion benutzt.

4.3.2 Die diffuse Reflexion

Eine Verbesserung ergibt sich, wenn neben gleichmäßig einfallender Strahlung die direkt von der Lichtquelle auf die Oberfläche fallende Strahlung berücksichtigt wird. Der diffuse, auch ungerichtet genannte Anteil hiervon, der von Mehrfachreflexionen unterhalb der Oberfläche herrührt, wird gleichmäßig in alle Richtungen abgestrahlt. Die Position des Betrachters ist für die Berechnung der empfangenen Intensität unerheblich. Allein der Lichteinfallswinkel beeinflußt den Anteil der Reflexion.

Nach dem Lambertschen Kosinusgesetz für die *diffuse Reflexion* fällt der Anteil reflektierten Lichts mit dem Kosinus zwischen Oberflächennormale und Lichteinfallsvektor ab (siehe Abb. 4.13):

Lambertsches
Kosinusgesetz

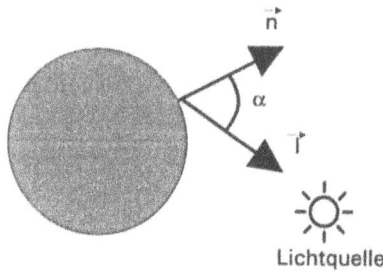

Abb. 4.13: Die diffuse Reflexion hängt vom Winkel zwischen Normale und Lichteinfallsvektor ab.

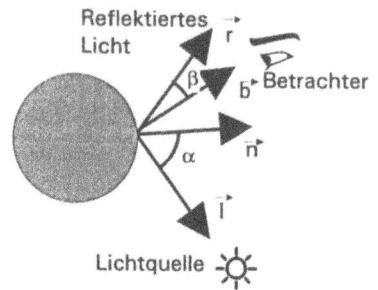

Abb. 4.14: Die Reflexion eines idealen Spiegels erfolgt nur in die Lichtausfallsrichtung $\vec{r}$.

$$I_{aus} = I_{ein} \cdot \max\left[0, \langle \vec{n}, \vec{l} \rangle\right].$$

$\vec{n}$ ist die Oberflächennormale und $\vec{l}$ der normierte Vektor des einfallenden Lichts und $\langle \vec{n}, \vec{l} \rangle$ bezeichnet das Skalarprodukt zwischen beiden Vektoren.

Durch die diffuse Reflexion wird ein Teil des einfallenden Spektrums absorbiert. Die Absorption ist materialabhängig und führt zur Wahrnehmung unterschiedlich farbiger Oberflächen.

Vereinfachung
der Berechnung

Wenn die Beleuchtungsquelle sehr weit von dem beleuchteten Objekt entfernt ist, so hat $\vec{l}$ an jedem Oberflächenpunkt nahezu die gleiche Richtung. Es kann näherungsweise die Parallelität aller Lichtstrahlen angenommen werden. In diesem Fall hängt der reflektierte Anteil für eine gegebene Lichtquellenposition nur von der Oberflächennormale ab. Die Approximation kann ohne weiteres gemacht werden, denn die Ausdehnung eines Objekts ist meist klein im Vergleich zur Entfernung zwischen Objekt und Lichtquelle.

4.3.3   Die spiegelnde Reflexion

Spiegelnde
Reflexion

Die Anwendung des Lambertschen Kosinusgesetzes führt zu einer sehr matt aussehenden Oberfläche. Der Grund liegt darin, daß die spiegelnde, auch gerichtet genannte Reflexion an der Objektoberfläche nicht berücksichtigt wurde. Ob von der Oberfläche Licht in Richtung des Betrachters reflektiert wird, hängt von der Betrachterposition relativ zur Objektoberfläche ab. Der Ausfallswinkel relativ zur Oberflächennormale entspricht dem Einfallswinkel, und es gilt für einen idealen Spiegel /Aman87/ (siehe Abb. 4.14):

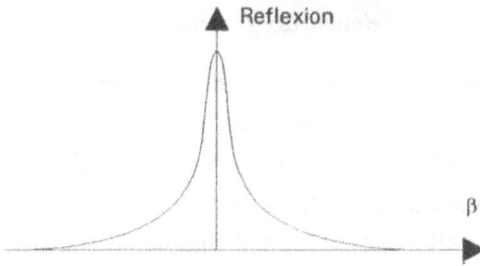

Abb. 4.15: Die Streuung um die Spiegelvorzugsrichtung kann in der Praxis durch eine Funktion $f_{spiegelnd}(\beta) = \max[0,\cos(\beta)]^m = \max\left[0,\langle \vec{b}, \vec{r}\rangle\right]^m$ angenähert werden.

$$I_{aus} = \begin{cases} I_{ein}, \text{ falls } \vec{n} = \dfrac{\vec{b}+\vec{l}}{|\vec{b}+\vec{l}|} \cdot \\ 0, \quad \text{sonst.} \end{cases}$$

Eine Reflexion in Richtung der Betrachterposition erfolgt nur, wenn $\vec{n}$ die Winkelhalbierende zwischen $\vec{l}$ und $\vec{b}$ ist. Die an der Oberfläche wahrgenommene spiegelnde Reflexion ändert sich mit der Position des Betrachters (es werden Glanzlichter oder *highlights* wahrgenommen, welche über die Oberfläche 'wandern', wenn der Betrachter seine Position verändert).

Die Oberflächen der meisten Objekte sind freilich keine idealen Spiegel. Es wird im allgemeinen eine Streuung um die Spiegelvorzugsrichtung beobachtet. Eine zwar recht grobe, aber zu akzeptablen Ergebnissen führende Berücksichtigung dieses Sachverhalts erfolgt in dem Beleuchtungsmodell von Phong /Phon75/. Die spiegelnde Reflexion wird wie folgt approximiert (siehe Abb. 4.15):

Phongsche
Approximation

$$I_{aus} = I_{ein} \cdot \max\left[0,\langle \vec{b}, \vec{r}\rangle\right]^m. \tag{4.1}$$

Durch den Exponenten m werden die Eigenschaften der spiegelnden Reflexion der Oberfläche gesteuert. Hohe Werte für m approximieren stark spiegelnde Oberflächen, während durch niedrige Werte schwache Spiegel approximiert werden. Strebt m gegen unendlich, so wird ein idealer Spiegel angenähert. In der Praxis arbeitet man mit Werten zwischen 10 und 40. Da die Reflexion wegen des Exponenten umso schneller abfällt, je weiter sich die Betrachterposition aus der Spiegelvorzugsrichtung entfernt, lassen sich auch kleine Details mit geringen Änderungen der Oberflächenneigung erkennen.

4.3.4 Das Phongsche Beleuchtungsmodell

Highlight-Vektor

Wenn Parallelität für die Strahlen zwischen Lichtquelle, Oberfläche und Betrachter angenommen wird, sind $\vec{l}$ und $\vec{b}$ konstant für jeden Punkt der Objektoberfläche. Ein konstanter Highlight-Vektor $\vec{h} = \left(\vec{l} + \vec{b}\right) / \left|\vec{l} + \vec{b}\right|$ kann eingeführt werden. Der Winkel zwischen $\vec{n}$ und $\vec{h}$ hängt vom Winkel zwischen der Spiegelvorzugsrichtung $\vec{r}$ und der Betrachterposition $\vec{b}$ ab und läßt sich deshalb auch zur Modellierung der Streuung der spiegelnden Reflexion nutzen /Blin77b/. Das Skalarprodukt $\langle \vec{n}, \vec{h} \rangle$ läßt sich leichter berechnen als der Term $\langle \vec{r}, \vec{b} \rangle$ aus Gleichung 4.1, da bei letzterem vor der eigentlichen Berechnung die von der Normale abhängige Spiegelvorzugsrichtung ermittelt werden muß.

Das Phongsche Beleuchtungsmodell

Ambiente, diffuse und spiegelnde Reflexion gehen wie folgt in das Phongsche Beleuchtungsmodell ein (siehe Abb. 4.16):

$$I_{aus}\left(\langle \vec{n}, \vec{l} \rangle, \langle \vec{n}, \vec{h} \rangle\right) = I_{ein} \cdot \left[r_a + r_d \cdot \max\left[0, \langle \vec{n}, \vec{l} \rangle\right] + r_s \cdot \max\left[0, \langle \vec{n}, \vec{h} \rangle\right]^m \right].$$

Die Parameter r_a, r_d und r_s sind die ambienten, diffusen und spiegelnden Anteile für eine Objektoberfläche und sind, genau wie der Exponent m, materialabhängig (wobei sich r_d und r_s zu 1.0 ergänzen, da nicht mehr Licht reflektiert werden kann als durch die Lichtquelle einfällt). Der Abstandsterm taucht in der Gleichung nicht auf, da unter der Annahme eines sehr großen Abstands der Beleuchtungsquelle die relativen Abstände innerhalb der Objektoberfläche nicht ins Gewicht fallen.

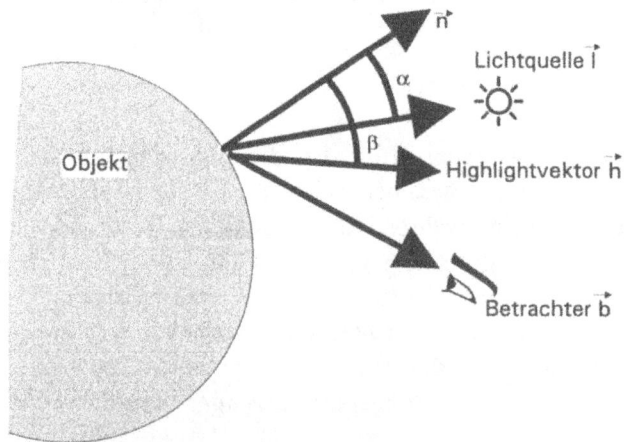

Abb. 4.16: Geometrie des Phongschen Beleuchtungsmodells. Die Winkel α und β sind die Vektorprodukte $\langle \vec{n}, \vec{l} \rangle$ bzw. $\langle \vec{n}, \vec{h} \rangle$.

Wenn auf Schattenwurf verzichtet wird, sind die Positionen von Lichtquelle und Betrachter gleich und es gilt $\vec{l} = \vec{b} = \vec{h}$. Die Beleuchtungsgleichung reduziert sich auf eine Funktion von nur einer Variablen:

$$I_{aus}\left(\langle \vec{n}, \vec{l}\rangle\right) = I_{ein} \cdot \left[r_a + r_d \cdot \max\left[0, \langle \vec{n}, \vec{l}\rangle\right] + r_s \cdot \max\left[0, \langle \vec{n}, \vec{l}\rangle\right]^m \right].$$

Wird zusätzlich von einer Position des Betrachters und der Lichtquelle
auf der negativen z-Achse ausgegangen, so ergibt sich

$$\langle \vec{n}, \vec{l}\rangle = \begin{bmatrix} n_x \\ n_y \\ n_z \end{bmatrix} \cdot \begin{bmatrix} 0 \\ 0 \\ -1 \end{bmatrix} = -n_z,$$

und man erhält

$$I_{aus}(n_z) = I_{ein} \cdot \left[r_a + r_d \cdot \max\left[0, -n_z\right] + r_s \cdot \max\left[0, -n_z\right]^m \right].$$

Diese Funktion, welche für jeden sichtbaren Oberflächenpunkt berechnet werden müßte, kann für eine diskrete Anzahl von Winkeln vorab berechnet und in einer Tabelle abgelegt werden, auf die anschließend bei der
eigentlichen Beleuchtungsberechnung nur noch zugegriffen werden muß.

Bei polychromatischem Licht oder farbigen Oberflächen muß zusätzlich
die materialspezifische Absorption des einfallenden Spektrums beachtet werden. Im Phongschen Modell wird davon ausgegangen, daß diese Absorption
nur die ungerichtete Reflexion betrifft. Von der ambienten Reflexion wird
vereinfachend angenommen, daß hier eine der ungerichteten Reflexion
gleiche Absorption der Farbe stattfindet.

Farbe wird als Kombination von Rot-, Grün- und Blautönen unterschiedlicher Helligkeit repräsentiert. Die Farbkodierung nach diesem Prinzip
heißt RGB-Modell. Jede Farbe ist eine Linearkombination der unterschiedlich gewichteten Grundfarben. Das RGB-Modell wird für die Beleuchtungsgleichung benutzt, da dieses Modell zur Farbkodierung in Monitoren verwendet wird. Der errechnete Farbvektor kann also direkt zur Ansteuerung
des Monitors benutzt werden. Das RGB-Modell ist freilich nicht sehr an-
schaulich. Es gibt geeignetere Formen der Kodierung, wie beispielsweise die
Repräsentation durch eine Kombination von Farbton, Helligkeit und Farb-
sättigung, die jedoch hier nicht weiter behandelt werden sollen (ausführliche
Beschreibungen von Farbmodellen finden sich z.B. in Travis /Trav91/ oder
Jackèl /Jack92/).

Wird Farbe in das Beleuchtungsmodell eingebracht, dann muß die
Reflexionsgleichung für jeden Farbkanal *Farbe* = {*Rot, Grün, Blau*} getrennt

gelöst werden. Bezeichnet man den objektspezifischen Reflexionsanteil (die Objektfarbe) mit O_{Farbe} und das Spektrum des einfallenden Lichts $I_{ein,Farbe}$, so ergibt sich für jeden Farbkanal des reflektierten Lichts $I_{aus,Farbe}$:

$$I_{aus,Farbe} = I_{ein,Farbe} \cdot \left[O_{Farbe} \cdot \left(r_a + r_d \cdot \langle \vec{n}, \vec{l} \rangle \right) + r_s \cdot \langle \vec{n}, \vec{h} \rangle^m \right].$$

Obwohl die Approximation der spiegelnden Komponente der Reflexion sehr grob ist und die indirekte Reflexion kaum berücksichtigt wird, führt die Anwendung des Beleuchtungsmodells zu akzeptablen Ergebnissen. Darüber hinaus muß nur sehr wenig über die Beschaffenheit der Oberfläche bekannt sein, so daß das Phongsche Modell immer noch das am häufigsten gewählte Beleuchtungsmodell ist.

4.4 Die Approximation von Oberflächennormalen

Eine für die Reflexion an Oberflächen maßgebliche Größe ist die Neigung der Oberfläche relativ zur Lichtquellen- und Betrachterposition. Die Oberflächennormalen, durch die dieser Sachverhalt repräsentiert ist, können mit den in Kapitel 2 genannten Methoden berechnet werden. Oft ist es jedoch so, daß durch die Objektrepräsentation die Oberflächenkrümmung nur sehr grob approximiert wird (z.B. bei einer Beschreibung durch planare Oberflächenelemente, siehe Farbtafel 4). Würde man diese Beschreibung zur Anwendung des Beleuchtungsmodells benutzen, so erhielte man einen unbefriedigenden Eindruck von der Form des dargestellten Objekts. Daher wurden verschiedene Formen der Normalenapproximation entwickelt, durch die auch dann ein befriedigendes Ergebnis erzielt wird, wenn die Repräsentation des Objekts für die Anwendung des Beleuchtungsmodells ungünstig ist.

4.4.1 Normalenberechnung im Bildraum

Goraud-Shading

Eines der ersten Verfahren zur Approximation ist das Goraud-Shading /Gora71/, welches direkt auf den errechneten Intensitätswerten ausgeführt wird (siehe Abb. 4.17). Es wurde für ein abtastlinien-orientierten HSR-Verfahren entwickelt und läßt sich auch für das Z-Puffer-Verfahren einsetzen. Für jeden Polygoneckpunkt wird ein Intensitätswert aus den Intensitätswerten der angrenzenden Polygone ermittelt. Anschließend kann entlang von Polygonkanten eine lineare Interpolation von Intensitätswerten

Intensität wird aus den Ursprungsintensitäten der umgebenden Polygone gemittelt.

Interpolation aus den Intensitäten an den Eckpunkten

Interpolation aus den Schnittpunkt-Intensitäten

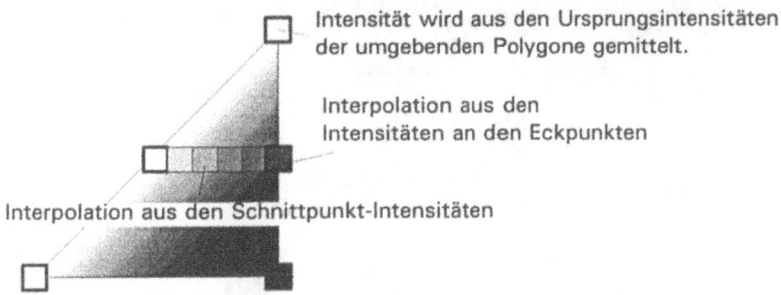

Abb. 4.17: Goraud-Shading

aus den Werten an den die Kante begrenzenden Eckpunkten erfolgen. Bei der Bearbeitung einer Abtastlinie wird nun der Intensitätswert eines Punktes im Innern des Polygons aus den Werten an den Schnittpunkten der Abtastlinie mit den Polygonkanten gewonnen.

Goraud-Shading setzt voraus, daß es einen linearen Zusammenhang zwischen Normalenrichtung und Intensität gibt. Das ist schon bei einer Schattierung auf Grund des Lambert'schen Kosinusgesetzes nicht der Fall, doch ist der Fehler wegen der geringen Modulation der Helligkeit kaum bemerkbar. Die Einführung einer spiegelnden Komponente führt jedoch zu einem wahrnehmbaren Fehler bei der Interpolation von Glanzlichtern. Goraud-Shading erfordert indes nur sehr einfache Rechenschritte (Integer-Operationen) und zählt daher immer noch zu den gängigen Interpolationsverfahren.

Für Z-Puffer-Verfahren existiert ein anderes Verfahren, durch das die Normalen selbst approximiert werden. Für die Abschätzung wird der Z-Puffer benutzt (siehe Abb. 4.18). Da die Normale senkrecht zu allen Tangenten der Oberfläche verläuft, können aus dem Z-Puffer zwei Tangenten in x- und in y-Richtung approximiert werden, deren Kreuzprodukt die Oberflächennormale ergibt. Durch unterschiedlich große Nachbarschaften und eine unterschiedliche Gewichtung der in die Differenzbildung bei der Approximation einbezogenen Werte läßt sich eine unterschiedliche Glättung des Ergeb-

Normalen-Approximation im Z-Puffer

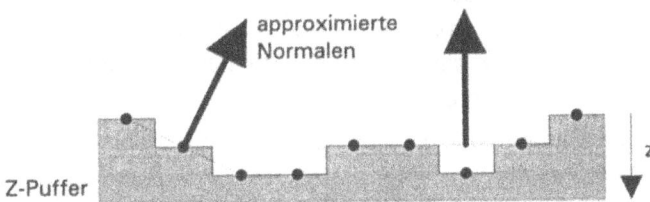

approximierte Normalen

Z-Puffer

z

Abb. 4.18: Normalen können durch die Differenzen im Z-Puffer (der Abstandsmatrix) approximiert werden.

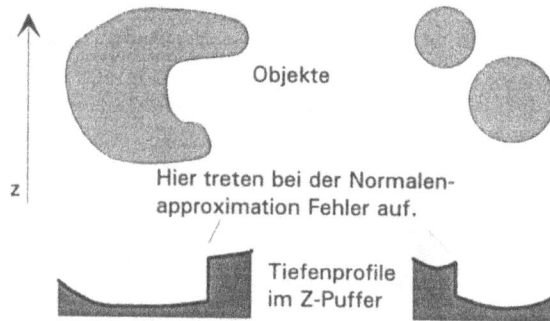

Abb. 4.19: Fehler bei der Normalenapproximation im Z-Puffer entstehen bei konkaven Objekten oder bei der Visualisierung mehrerer Objekte.

nisses erreichen.

Die Tangente in x-Richtung ist ein Vektor $(\Delta x\ 0\ \Delta z)^T$ und die in y-Richtung ein Vektor $(0\ \Delta y\ \Delta z)^T$. Δx bzw. Δy sind die Abstände in x- bzw. y-Richtung und Δz ist die Tiefendifferenz. Die Richtung der Normale ist:

$$
\begin{pmatrix} \Delta x \\ 0 \\ \Delta z \end{pmatrix} \times \begin{pmatrix} 0 \\ \Delta y \\ \Delta z \end{pmatrix} = \begin{pmatrix} -\Delta y \cdot \Delta z \\ -\Delta x \cdot \Delta z \\ \Delta x \cdot \Delta y \end{pmatrix}.
$$

Durch Normierung entsteht die Normale.

Fehler bei dieser Methode entstehen, wenn konkave Objekte oder mehr als ein Objekt auf den Z-Puffer projiziert werden. Dann werden nicht die Nachbarn eines Oberflächenelements (die nicht sichtbar sind und daher im Z-Puffer keine Repräsentation haben), sondern andere Flächenelemente zur Approximation benutzt (siehe Abb. 4.19).

4.4.2 Normalenberechnung im Objektraum

Einbeziehung benachbarter Flächenelemente

Im Objektraum wird eine bessere Approximation der Oberflächenkrümmung erzielt, indem benachbarte Flächenelemente in die Schätzung miteinbezogen werden. Im Gegensatz zu einer Bildraumberechnung ist es möglich, rotationsinvariante Approximationen durchzuführen. Bei einer Transformation des Objekts verändert sich die Richtung der approximierten Normale konsistent zu der Transformation.

Zur Interpolation wird für jeden Eckpunkt eines Polygons eine Normale aus den Normalen aller an diesem Punkt angrenzenden Polygone gemittelt. Dazu wird jede Polygonnormale anteilig desjenigen Winkels gewichtet, den es an diesem Eckpunkt hat (siehe Abb. 4.20). So wird eine gleichmäßige Be-

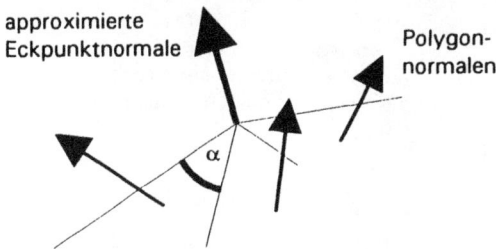

Abb. 4.20: Eckpunktnormalen können aus den Normalen der an dem Eckpunkten benachbarten Polygone berechnet werden. Die Normale eines Polygons wird anteilig mit dem Winkels des Polygons an diesem Eckpunkt gewichtet.

---

rücksichtigung aller an diesen Eckpunkt angrenzenden Polygone gewährleistet.

Anschließend wird für jeden Punkt innerhalb des Polygons eine Normale aus den Eckpunktnormalen interpoliert. Die Wichtung der Eckpunktnormalen für die Interpolation sollte rotationsinvariant sein, damit es bei Transformationen des Objekts nicht zu einer anders interpolierten Normale kommt. Beispielsweise könnte die Wichtung umgekehrt proportional zum Abstand zum jeweiligen Eckpunkt sein (siehe Abb. 4.21).

Falls die Oberfläche aus Dreiecken besteht, ist die Berechnung einfacher. Die Eckpunkte des Dreiecks können als Basis eines baryzentrischen Koordinatensystems aufgefaßt werden. Die baryzentrischen Koordinaten jedes Punktes innerhalb des Dreiecks sind die Wichtung, mit der die jeweili-

---

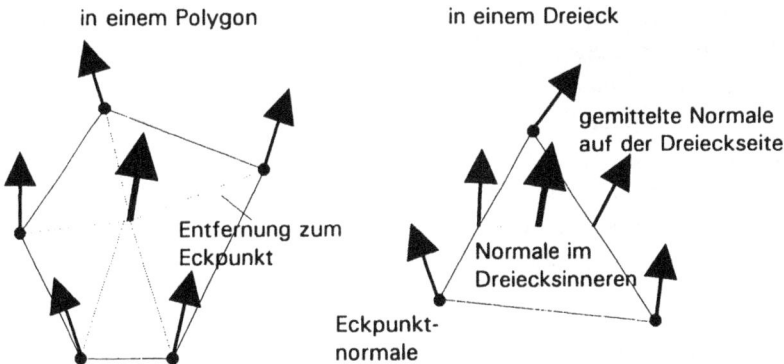

Abb. 4.21: Sind die Polygone ausschließlich Dreiecke, so entspricht eine einfache lineare Interpolation der Interpolation nach baryzentrischen Koordinaten /Toen87/.

Phong-Shading

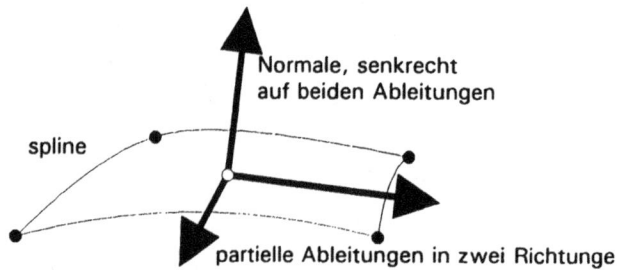

Abb. 4.22: Die Normale für kubische *spline*-Flächen ergibt sich aus dem Kreuzprodukt zweier Tangenten (den partiellen Ableitungen) in u- und v-Richtung.

ge Eckpunktnormale in die Interpolation eingeht. Es läßt sich zudem nachweisen, daß diese Wichtung durch zweifache lineare Interpolation entlang der Dreiecksseiten und entlang einer Abtastlinie durch den Punkt berechnet werden kann (siehe Abb. 4.21).

Diese, durch bi-lineare Interpolation erzeugte Normalenberechnung ist unter dem Namen Phong-Shading bekannt (Farbtafeln 1, 2 und 5 zeigen Beispiele von phong-schattierten, planaren Flächen). In seiner ursprünglichen Form war seine Anwendung nicht auf Dreiecke beschränkt. Für Polygone mit mehr als drei Seiten werden die Eckpunktnormalen derjenigen Seiten zur Normaleninterpolation herangezogen, die die aktuelle Abtastlinie schneiden. Die Interpolation ist in diesem Fall jedoch nicht rotationsinvariant, so daß bei Transformationen im Zuge einer Bildfolge die visualisierte Schattierung inkonsistent zu den Erwartungen des Betrachters sein kann.

Normalen auf gekrümmten Flächen

Falls die Repräsentation durch gekrümmte Flächen oder eine implizite Beschreibung erfolgt ist, braucht keine zusätzliche Approximation der Oberflächenkrümmung durchgeführt zu werden. Für Oberflächen, die durch parametrisierte *splines* repräsentiert sind, ist die Normale das normierte Kreuzprodukt zweier Tangenten in u- und v-Richtung (siehe Abb. 4.22). Auch für explizit repräsentierte Oberflächen lassen sich Normalen leicht ermitteln. Die drei partiellen Ableitungen der Funktion an der Oberfläche sind die drei Komponenten des Gradienten, aus dem sich durch Normierung die Normale gewinnen läßt.

4.4.3 Normalenberechnung in einer diskreten Funktion

Grauwert-gradienten

Voxelrepräsentationen mit nicht-binärem Wertebereich können als Diskretisierung einer expliziten Repräsentation der Form $f(x,y,z)=T$ aufgefaßt werden. Eine Oberfläche könnte durch Segmentierung mit dem Schwellen-

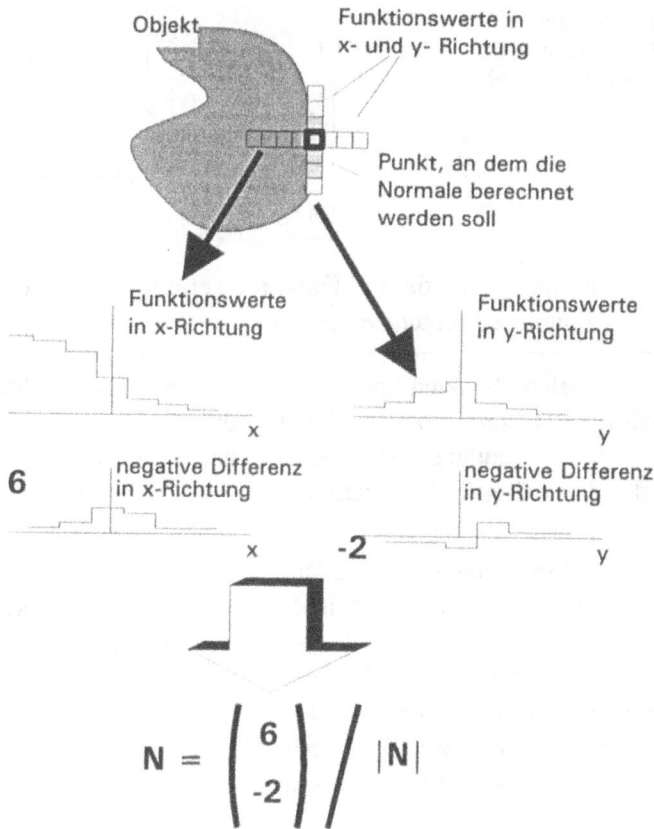

Abb. 4.23: Die Berechnung von Normalen aus den Grauwertdifferenzen in x- und y-Richtung führt zu qualitativ hochwertigen Ergebnissen.

wert T erzeugt werden. Genau wie bei einer expliziten Repräsentation stünde der Gradient der Funktion - also der Vektor, dessen Komponenten die drei partiellen Ableitungen der Funktion wären - senkrecht auf der Oberfläche (siehe Abb. 4.23). Durch Normierung kann auch hier eine Normale berechnet werden. Da die Funktionswerte diskreter Funktionen häufig als Grauwerte visualisiert werden, spricht man bei dem Gradienten auch von einem Grauwertgradienten (*gray level gradient*). Grauwertgradienten wurden von Höhne, Bernstein /Höhn85/ für die Normalenberechnung in medizinischem Bildmaterial eingesetzt und führten zu qualitativ hochwertigen Darstellungsergebnissen (siehe z.B. Farbtafel 1).

Der Gradient von $f_{Grauwert}$ kann durch Differenzbildung über verschieden große Nachbarschaften mit unterschiedlicher Gewichtung approximiert werden, um weniger störanfällig zu sein. Es besteht jedoch die Gefahr, daß

Berechnung des Grauwertgradienten

125

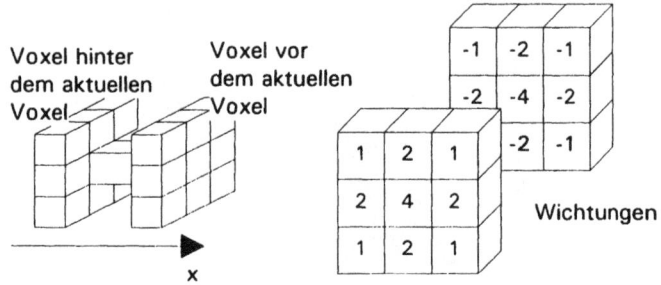

Abb. 4.24: Gewichtung, mit der die Funktionswerte in die Berechnung der partiellen Ableitung in x-Richtung eingehen.

es bei sehr schmalen Objekten und bei zu groß gewählten Nachbarschaften zu Approximationsfehlern kommt. Anstatt für die Gradientenberechnung eine Differenzbildung entlang von Linien durchzuführen, ist es daher günstiger, eine dreidimensionale Erweiterung des Sobelfilters zu wählen (siehe Abb. 4.24).

Durch die Normalenbestimmung läßt sich eine sehr differenzierte Darstellung der sichtbaren Objektoberfläche erzielen. Die Anwendbarkeit ist jedoch auf diejenigen Fälle beschränkt, bei denen der Grauwertgradient auch tatsächlich senkrecht auf der Oberfläche steht. Wird beispielsweise eine Segmentierung interaktiv erzeugt oder werden segmentierte Objekte geschnitten, so sind die Resultate der Normalenberechnung nicht korrekt und können zu einem verwirrenden Bildeindruck beitragen.

5 Die Verfolgung von Lichtstrahlen

Nachteile der
Phongschen
Approximation

Die Visualisierung unter dem Phongschen Modell und durch eine Visualisierungskette beruht auf der Annahme, daß alles Licht, das den Betrachter erreicht, genau einmal an einer Oberfläche reflektiert wurde und daß jeder sichtbare Oberflächenpunkt von Lichtstrahlen erreicht wird. Das Resultat wird durch den Betrachter als Abbild einer dreidimensionalen Szene akzeptiert und ist somit in vielen Fällen eine durchaus ausreichende Approximation der Beleuchtung dreidimensionaler Strukturen. Die dargestellte Szene ist jedoch leicht als eine künstliche Szene erkennbar. Komplexere, der Realität näher liegende Modellvorstellungen, wie beispielsweise das Vorhandensein mehrerer Lichtquellen, eine von der Betrachterposition verschiedene Position der Lichtquellen, die Verarbeitung transparenter Oberflächen oder die Berücksichtigung von Mehrfachreflexionen sind nur schwer in dieses Modell zu integrieren.

Läßt sich der durch eine variable Position der Lichtquellen verursachte Schattenwurf noch in ein System lokal auswertbarer Beleuchtung integrieren (wenn auch unter den im vorherigen Kapitel genannten Schwierigkeiten), so sind Mehrfachreflexionen an Oberflächen nur innerhalb eines globalen Beleuchtungsmodells zu realisieren. Das Modell heißt global, weil für jeden Oberflächenpunkt alle von allen anderen Punkten empfangene Lichtstrahlung bestimmt wird. Eine Methode zur Realisierung eines solchen Modells beruht

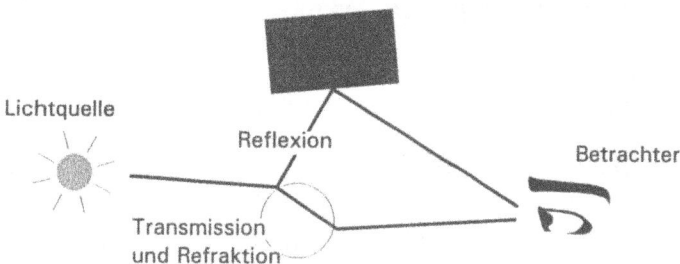

Abb. 5.1: Durch *ray tracing* wird Licht zwischen Lichtquelle und Betrachter verfolgt.

auf der Verfolgung von Lichtstrahlen vom Punkt ihrer Emission bis zum Betrachter. Transparenz, sowie mehrere, unterschiedlich positionierte Lichtquellen sind leicht zu integrieren. Die Verfolgung von Lichtstrahlen ist unter dem Namen *ray tracing* bekannt /Whit80/ (siehe Abb. 5.1).

Ray Tracing

Da durch die diffuse Reflexion Strahlung in alle Richtungen reflektiert wird, führt die Berücksichtigung der solchermaßen ungerichteten Reflexion zu einem schwer zu rechtfertigenden, zusätzlichen Berechnungsaufwand. Durch *ray tracing*-Verfahren wird daher nur der spiegelnde Reflexionsanteil des globalen Beleuchtungsmodells beschrieben. Für den diffusen Anteil wird weiterhin von einer einmal an der Oberfläche stattfindenden Reflexion ausgegangen.

Gerade die spiegelnde Reflexion wird jedoch durch das Phong'sche Modell nur sehr grob approximiert. Die in diesem Modell eingeführte Funktion zur Beschreibung eines nicht-idealen Spiegels ist ein eher intuitiv motiviertes Korrektiv dafür, daß in realen Szenen offensichtlich eine Streuung um die Spiegelungsrichtung stattfindet. Wenn jedoch gerade dieser Anteil der Reflexion Gegenstand eines exakteren Modells des Verhaltens von Lichtstrahlen ist, sollte auch die Beschreibung der Streuung an Oberflächen auf einer genaueren theoretischen Basis erfolgen.

5.1 Die Reflexion an Mikrofacetten

Mikrofacetten

Eine wesentliche Verbesserung der Beschreibung der spiegelnden Reflexion erfolgt durch den Algorithmus von Blinn /Blin77b/, der auf einem Modell zur Reflexion von Lichtstrahlen an aus Mikrofacetten bestehenden Oberflächen basiert /Torr66/. Die Mikrofacetten sind ideal spiegelnde Oberflächen, die erheblich kleiner sind als die Größe eines Pixels. Die Streuung um die Spiegelungsrichtung kommt wegen der unterschiedlichen Orientierung aller auf ein Pixel projizierten Mikrofacetten zustande.

5.1.1 Die Variation der Normalenrichtung auf Mikrofacetten

Streuung an Mikrofacetten

Die im Phongschen Modell enthaltene Streuung der Reflexion um die Spiegelungsrichtung kann als Abweichung der Normalenrichtung interpretiert werden (siehe Abb. 5.2). Für eine angenommene Verteilung der Mikrofacetten erhält man eine bestimmte Streuung der einfallenden Strahlung. Falls z.B. eine gauß-verteilte Abweichung von der durchschnittlichen Normalenrichtung angenommen wird, erhält man für die Streuung D /Blin77b/

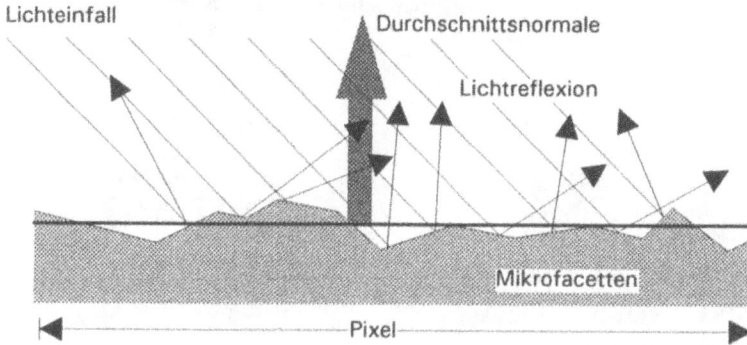

Abb. 5.2: Im Mikrofacetten-Modell ergibt sich die Streuung um die Spiegelungsrichtung durch die Variation der Mikrofacetten innerhalb eines Pixels.

(mit dem Winkel β zwischen Betrachter- und Lichtquellenrichtung sowie einer materialabhängigen Konstante m):

$$D = c \cdot \exp\left[-\left(\frac{\beta}{m} \right)^2 \right]. \tag{5.1}$$

Ist m groß, so ist die Abweichung der Normalen gering. Die visualisierte Oberfläche wirkt in diesem Fall stark spiegelnd. Matte, rauhe Oberflächen werden durch kleine m modelliert. Die Konstante c hat keine physikalische Bedeutung und wird willkürlich gewählt.

Ein Modell, welches ohne diese Konstante auskommt, ist die von Cook, Torrance /Cook82/ verwendete Beckmann-Verteilung für die Streuung elektromagnetischer Wellen an rauhen Oberflächen:

Beckmann-Verteilung

$$D = \frac{1}{m^2 \cdot \cos^4 \beta} \cdot \exp\left[-\left(\frac{\tan^2 \beta}{m^2} \right) \right]. \tag{5.2}$$

Gegenüber der Gauß-Verteilung hat sie den Vorteil, daß sie auf einem realen physikalischen Modell basiert.

5.1.2 Abschattung des einfallenden und reflektierten Lichts

Die unterschiedliche Orientierung der Mikrofacetten sorgt jedoch nicht nur für Normalenabweichungen. Durch sie findet auch eine Abschattung des einfallenden und reflektierten Lichts statt (siehe Abb. 5.3). Der Umfang der Abschattung hängt von der Rauhigkeit der Oberfläche und vom Einfallswinkel des Lichts ab. Falls alle Mikrofacetten gleich geformt und gleich groß sind und falls ihre Orientierung gleichmäßig verteilt ist, läßt sich diese Abschattung G aus dem Lichteinfallswinkel, der Betrachterposition und der

Abschattung

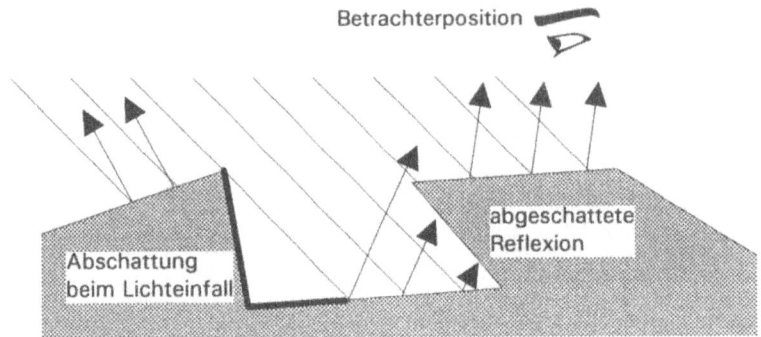

Abb. 5.3: Ein Teil der einfallenden Strahlung wird abgeschattet.

Oberflächennormale berechnen /Blin77b/. Es ergibt sich bei einer Lichtquellenposition $\vec{l}$, einer Normale $\vec{n}$, der Betrachterposition $\vec{b}$ und dem Highlight-Vektor $\vec{h}$ der folgende Ausdruck:

$$G = \min\left[1, \frac{2\cdot\langle\vec{h},\vec{l}\rangle\cdot\langle\vec{n},\vec{b}\rangle}{\langle\vec{b},\vec{h}\rangle}, \frac{2\cdot\langle\vec{n},\vec{h}\rangle\cdot\langle\vec{n},\vec{l}\rangle}{\langle\vec{b},\vec{h}\rangle}\right].$$

5.1.3 Absorption an der Oberfläche

Oberflächen-
absorption

Neben Streuung und Abschattung erfolgt eine von Material und Lichteinfallswinkel abhängige Absorption an der Oberfläche. Der Anteil der nicht absorbierten Strahlung kann durch die Fresnelschen Gleichungen beschrieben werden. Es gilt

Fresnel-Term

$$F(\beta,n) = \frac{1}{2}\cdot\left[\frac{\sin^2(\beta-\theta)}{\sin^2(\beta+\theta)} + \frac{\tan^2(\beta-\theta)}{\tan^2(\beta+\theta)}\right]$$

mit

$$\sin\theta \quad = \frac{\sin\beta}{n},$$

n - Refraktionsindex ,

$\cos\beta \quad - \langle\vec{n},\vec{h}\rangle.$

Für Metalle ist der Refraktionsindex groß und es gilt $F(\beta,n) \approx 1$ für beliebige Winkel β. Für Nichtmetalle ist n dagegen klein und man erhält eine Funktion F, die nahezu exponentiell mit steigendem β (für $\beta < 90°$) wächst (siehe Abb. 5.4).

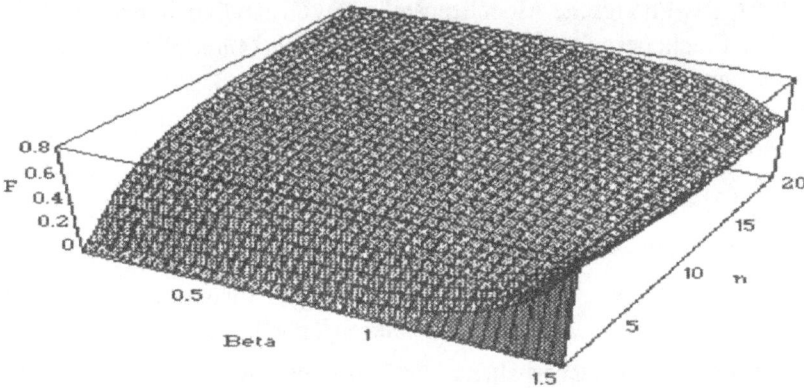

Abb. 5.4: Fresnelsche Gleichung für verschiedene Refraktionsindizes n und Winkel *Beta* zwischen Highlight-Vektor und Normalen: Nur für kleine n hat der Fresnel-Term F einen Einfluß auf das Beleuchtungsergebnis.

Die Berechnung von F kann unter der Annahme vereinfacht werden, daß sich Lichtquelle und Betrachter so weit vom Objekt entfernt befinden, daß näherungsweise Parallelität zwischen den Lichtstrahlen angenommen werden kann /Cook82/. Man erhält

Fresnel-Term für parallele Lichtstrahlen

$$F(c,n) = \frac{1}{2} \cdot \frac{(g-c)^2}{(g+c)^2} \cdot \left[1 + \frac{\left(c \cdot (g+c) - 1\right)^2}{\left(c \cdot (g-c) + 1\right)^2} \right]$$

mit

$$c = \langle \vec{n}, \vec{h} \rangle,$$

$$g = \sqrt{n^2 + c^2 - 1}\,.$$

5.1.4 Ein Modell der spiegelnden Reflexion

Fügt man alle drei Terme zusammen, so ergibt sich für die spiegelnde Reflexion der folgende Ausdruck:

Modell der spiegelnden Reflexion

$$r_s\left(\vec{n}, \vec{l}, \vec{b}, \vec{h}, m, n\right) = \frac{F\left(\langle \vec{n}, \vec{h} \rangle, n\right)}{\pi} \cdot D\left(\langle \vec{n}, \vec{h} \rangle, n\right) \cdot \frac{G\left(\vec{n}, \vec{l}, \vec{b}, \vec{h}\right)}{\langle \vec{n}, \vec{b} \rangle}\,. \tag{5.3}$$

Die Gleichung ist der Kern des von Cook, Torrance /Cook82/ vorgestellten Modells zur gerichteten Reflexion.

Dieses Modell berücksichtigt darüber hinaus auch die von Material und Einfallswinkel abhängige Absorption eines Teils des einfallenden Spektrums.

Lichtspektrum

131

Die durch das Phongsche Modell postulierte vollständige Reflexion des einfallenden Frequenzspektrums gilt nur für wenige Materialien (für inhomogene, aus großen Molekülen bestehende Stoffe, wie z.B. Plastik). Für andere Materialien muß das Beleuchtungsmodell für die spiegelnde Reflexion erweitert werden zu

$$I_{aus}(\lambda) = I_{ein}(\lambda) \cdot m(\lambda) \cdot r_s(\vec{n}, \vec{l}, \vec{b}, \vec{h}, m, n)$$,

wobei λ die Wellenlänge des einfallenden Lichts ist und $m(\lambda)$ eine materialspezifische Absorptionsfunktion. Die wellenlängenabhängige Reflexion wird aus einer durch Untersuchungen gewonnenen Tabelle entnommen.

Farbe

Um das Reflexionsverhalten eines bestimmten Materials für ein beliebiges Spektrum des einfallenden Lichts zu ermitteln, müßte $m(\lambda)$ für alle Wellenlängen des sichtbaren Spektrums ausgewertet werden. Auch wenn $m(\lambda)$ für manche Materialien (z.B. für viele Metalle) bekannt ist, begnügt man sich oft mit Reflexionstabellen für die drei Primärfarben des RGB-Modells. Dies ist jedoch nur eine Approximation der Realität. Selbst wenn beispielsweise die Farbe Gelb durch die additive Mischung von Rot und Grün erzeugt werden kann, bedeutet das nicht automatisch, daß sich das Reflexionsverhalten von gelbem Licht als Linearkombination des Verhaltens von rotem und grünem Licht beschreiben läßt. Für eine realitätsnahe Visualisierung sollte man sich daher an der menschlichen Farbwahrnehmung orientieren

Farbwahrnehmung

Farbwahrnehmung durch das menschliche Auge erfolgt durch drei für unterschiedliche Wellenlängen empfindliche Zapfen. Jeder der Zapfen ist

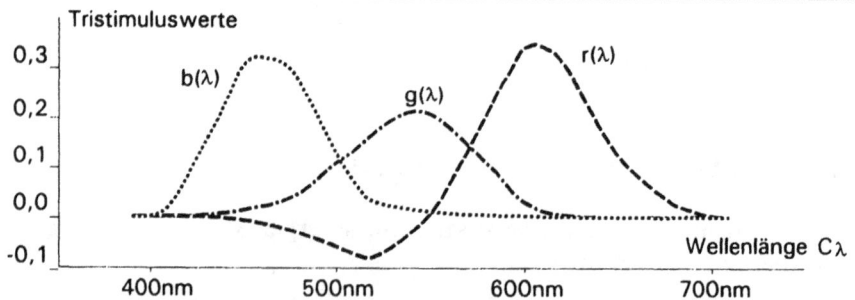

Abb. 5.5: Die Transformationsfunktionen des CIE-Modells geben für jede Wellenlänge eine Kombination von Rot-, Grün- und Blauwerten an, die von Versuchspersonen als gleichwertig betrachtet wurde. Die negativen Werte ergeben sich dadurch, daß bestimmte Farben zwischen Blau und Grün nicht erzeugt werden konnten. Gleichwertigkeit konnte nur erreicht werden, indem die Versuchspersonen der Referenzfarbe Rottöne beimischten (aus $C_\lambda + r(\lambda) = b(\lambda) + g(\lambda)$ ergibt sich dann der negative Rotanteil).

jedoch für einen ganzen Wellenbereich empfindlich. Die Stärke des Reizes ergibt sich aus dem mit der Empfindlichkeit gewichteten Integral über diesen Bereich. Dies muß in geeigneter Weise simuliert werden, wenn ein realistischer Farbeindruck durch das Beleuchtungmodell vermittelt werden soll.

Am leichtesten läßt sich dieser Anspruch durch das CIE-Modell verwirklichen. Das CIE-Modell ist eine Transformationsvorschrift für die Repräsentation von Licht gegebener Wellenlänge durch Kombination dreier Lichtquellen mit genau definierter Wellenlänge (rot: 700 nm; grün: 546,1 nm; blau: 435,8 nm). Versuchspersonen wurden befragt, welche Intensitäten dieser drei Lichtquellen erforderlich ist, damit ihre Summe der Farbe einer gegebenen Wellenlänge gleichwertig ist. Das Resultat ist ein Wertetripel für jede Wellenlänge - die sogenannten Tristimuluswerte - das angibt, wie diese Farbe durch ein RGB-Tripel repräsentiert werden kann (siehe Abb. 5.5). Die Gewichtung der materialspezifischen Absorptionsfunktion $m(\lambda)$ mit jeder der drei Tristimuluskurven und deren anschließende Integration ergibt also die Rot-, Grün- und Blauwerte für die Farbausgabe. Da eine Integration rechentechnisch nur sehr schwer durchzuführen wäre, begnügt man sich mit einer Abschätzung durch wenige Stichproben (z.B. durch 9 gleichverteilte Wellenlängen /Hall83/). Selbst dann wurde von einer erheblich realistischer wirkenden Darstellung berichtet.

Das CIE-Modell

5.1.5 Die bidirektionale Reflexionsverteilungsfunktion

Das durch die Modelle von Torrance, Blinn sowie Cook und Torrance beschriebene Reflexionsverhalten von auf Oberflächen einfallende Strahlung kann verallgemeinernd durch eine bidirektionale Reflexionsverteilungsfunktion ρ (BRDF für *bidirectional reflection distribution function* /Nico77/[6]) beschrieben werden. Die BRDF für eine gegebene Wellenlänge λ ist eine Funktion von vier Variablen, durch die Azimutwinkel ϕ und Deklinationswinkel θ von Lichteinfallsrichtung und Reflexionsrichtung über der Oberfläche beschrieben werden (siehe Abb 5.6):

Bidirektionale Reflexionsverteilungsfunktion (BRDF)

$$\rho(\theta_l, \phi_l, \theta_r, \phi_r) = \frac{dI_r(\theta_r, \phi_r)}{dE_l(\theta_l, \phi_l)} = \frac{dI_r(\theta_r, \phi_r)}{I_l(\theta_l, \phi_l) \cdot \cos\theta_l \cdot d\omega_l \cdot dt} \cdot \qquad (5.4)$$

$dE_l(\theta_l, \phi_l)$ ist die aus Richtung (θ_l, ϕ_l) an einem Oberflächenpunkt einfallende Lichtenergie und $dI_r(\theta_r, \phi_r)$ ist die je Flächeneinheit und je Zeiteinheit in Richtung (θ_r, ϕ_r) reflektierte Intensität.

---

[6]anstatt BRDF ist auch die Abkürzung BDRF (für *bidirectional reflectivity function*) gebräuchlich (z.B. in /Watt93/).

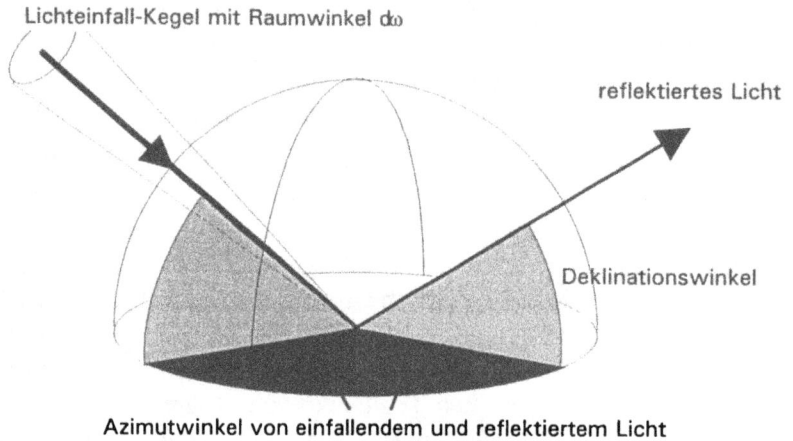

Abb. 5.6: Die BRDF gibt für eine gegebenen Wellenlänge die für jeden Lichteinfallswinkel in alle Richtungen reflektierte Intensität an.

Die Unterscheidung zwischen Intensität und Energie ist wichtig, denn Ziel der Beschreibung durch eine BRDF ist die Angabe der Streuung der Energie unabhängig von der Intensität der einfallenden Strahlung. Der Zusammenhang zwischen Intensität und Energie wird aus dem zweiten Teil von Gleichung 5.4 deutlich. Durch $d\omega$ wird der Raumwinkel gekennzeichnet, unter dem die Lichtstrahlung einfällt (also die Größe des Lichtkegels, der auf einen Punkt einfällt). Durch den Term $\cos\theta_l$ wird dier vom Einfallswinkel abhängige Flächenverkürzung berücksichtigt. Lichtintensität ist also die Lichtenergie pro Flächeneinheit.

Repräsentation
der BRDF

Die BRDF gibt für jeden Einfallswinkel den relativen Anteil des in alle Richtungen gestreuten Lichts an. Die BRDF läßt sich als eine für jeden Lichteinfallswinkel unterschiedliche Funktion $\rho_{\theta_l,\phi_l}(\theta_r,\phi_r)$ auf einer Einheits(halb)kugel repräsentieren. Der Abstand des Funktionswerts von der

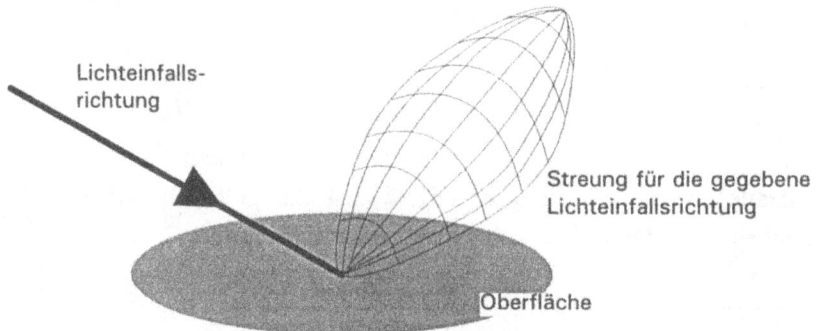

Abb. 5.7: Repräsentation der BRDF für einen gegebenen Lichteinfallswinkel.

134

Einheitskugel in einer gegebenen Richtung entspricht dem in dieser Richtung gestreuten Anteil des einfallenden Lichts (siehe Abb. 5.7).

Die Funktionen, die durch Gleichung 5.3 mit den Verteilungsfunktionen aus Gleichung 5.1 oder 5.2 charakterisiert sind, konstituieren eine spezielle Klasse von BRDFs für isotrope Oberflächenstrukturen. Isotropie bedeutet in diesem Fall, daß sich die wahrgenommene Intensität der Reflexion an einem Oberflächenpunkt nicht ändert, falls die Oberfläche unter dem Betrachter gedreht wird. Die BRDF einer isotropen Oberfläche kann daher für einen festen Azimutwinkel $\phi_l = 0$ definiert werden, denn sie hängt nicht von beiden Azimutwinkeln, sondern nur vom Unterschied zwischen ihnen ab:

$$\rho_{isotrop}(\theta_l, 0, \theta_r, \phi_r - \phi_l).$$

BRDF für isotrope Oberflächen

Für anisotrope Oberflächen ändert sich dagegen die Reflexion, wenn sich Betrachter und Lichtquelle unter Beibehaltung der Deklinationswinkel und der relativen Position zueinander um das Objekt drehen. Durch Kajiya /Kaji85/ wurde eine Erweiterung des Modells zur Lichtreflexion für anisotrope Oberflächen vorgestellt, durch die eine anisotrope Perturbation der Normalen vorgesehen ist. Ein einfacher zu realisierendes Modell ist das Verfahren von Poulin und Fournier /Poul90/. Durch dieses Modell wird die Geometrie der Mikrofacetten zu einer Hierarchie von drei verschieden konstruierten Oberflächenformen erweitert (siehe Abb. 5.8).

BRDF für anisotrope Oberflächen

Auf der untersten Ebene erfolgt weiterhin eine Modellierung durch Mikrofacetten. Der durchschnittliche Abstand zwischen Scheitelpunkten sowie ihre Höhen dienen der Kontrolle der isotropen Rauhigkeit der model-

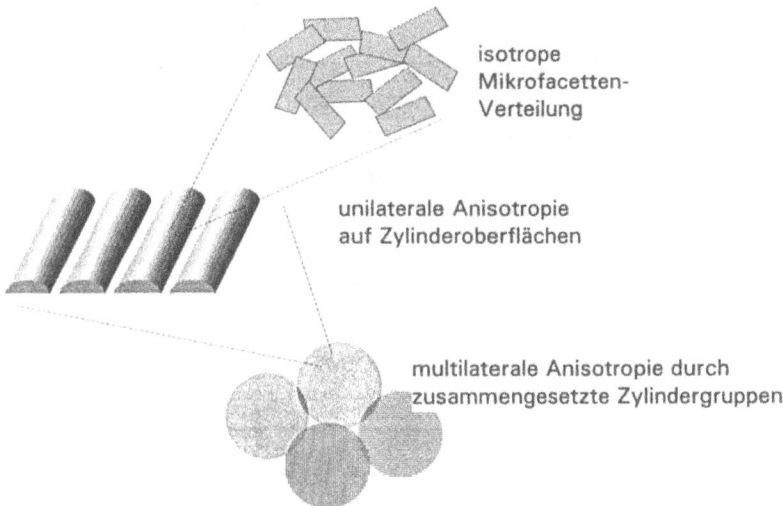

isotrope Mikrofacetten-Verteilung

unilaterale Anisotropie auf Zylinderoberflächen

multilaterale Anisotropie durch zusammengesetzte Zylindergruppen

Abb. 5.8: Die Konstruktion einer anisotropen Mikrostruktur.

lierten Fläche. Die Mikrofacetten bilden die Oberfläche von parallel ange-
ordneten Zylindern. Durch die Zylinder wird eine unilaterale, anisotrope
Oberfläche modelliert. Abstand und Höhe der Zylinder dienen der Kontrolle
der Anisotropie. Zur Modellierung beliebiger anisotroper Oberflächen kann -
immer noch auf der Subpixelebene - eine aus unterschiedlich gerichteten
Zylindergruppen bestehende Oberfläche zusammengesetzt werden.

Anhand der Parameter über Mikrofacetten, Zylinder und Zylindergruppen kann eine durch Streuung der Reflexion, gegenseitiger Abschattung und
Refraktion beeinflußte BRDF berechnet werden.

Integration von diffuser und spiegelnder Reflexion

Eine Verallgemeinerung dieses Modells ist das Modell von He et al.
/He91/, durch das diffuse und spiegelnde Reflexion integriert wird und durch
das die Reflexion von polarisiertem Licht eingeschlossen wird. Hier wird die
spiegelnde Reflexion in eine ideal spiegelnde und eine diffus-gerichtete
Komponente zerlegt. Eine Reflexion durch ideale Spiegelung erfolgt nur in
die gespiegelte Lichteinfallsrichtung. Ihre Intensität hängt von der Rauhigkeit
der Oberfläche, nicht aber von der Polarisation ab.

Diffus-gerichtete und diffuse Reflexion

Die diffus-gerichtete Komponente repräsentiert den gestreuten Anteil
der spiegelnden Reflexion. Im Modell von /He91/ hängt dieser nicht nur von
Lichteinfallsrichtung, Raumwinkel und der durch Höhe und Häufigkeit der
Scheitelpunkte der Mikrofacetten repräsentierten Rauhigkeit, sondern auch
von Wellenlänge und Polarisierung des einfallenden Lichts ab. Der diffuse
Reflexionsanteil schließlich gehorcht dem Lambertschen Kosinusgesetz.

In der ursprünglichen Version dieses Modells sind Annahmen für die
Berechnung der Oberflächenrauhigkeit getroffen worden, die eine analytische Repräsentation der BRDF ermöglichen. Eine gegebene BRDF impliziert
also eine Oberflächenstruktur. Der umgekehrte Weg ist freilich nicht so einfach. Nicht immer läßt sich für eine gegebene Oberflächenstruktur eine analytische Beschreibung der BRDF finden. Zudem lassen sich die in /He91/
angegebenen Terme zur Beschreibung der Reflexion für eine gegebene
Mikrostruktur nicht leicht in eine geschlossene Formel umsetzen.

Stochastische Approximation der BRDF

Alternativ hierzu wurde daher ein Verfahren entwickelt, durch das
zunächst die Mikrostruktur einer Oberfläche modelliert wird. Anschließend
werden aus einer gegebenen Richtung Lichtstrahlen auf die Oberfläche abgefeuert /West92/. Da die Strahlen zwar alle aus der gleichen Richtung, aber
nicht am gleichen Punkt der Mikrofläche auftreffen, werden sie in unterschiedliche Richtungen reflektiert. Die Reflexionsrichtungen werden in eine
endliche Anzahl von Bereichen aufgeteilt. Für jeden Bereich wird gezählt,
wieviel der abgefeuerten Strahlung in diesen Bereich reflektiert wurde. Daraus ergibt sich eine Schätzung der gewünschten Wahrscheinlichkeit der
Reflexion in eine bestimmte Richtung (siehe Abb. 5.9).

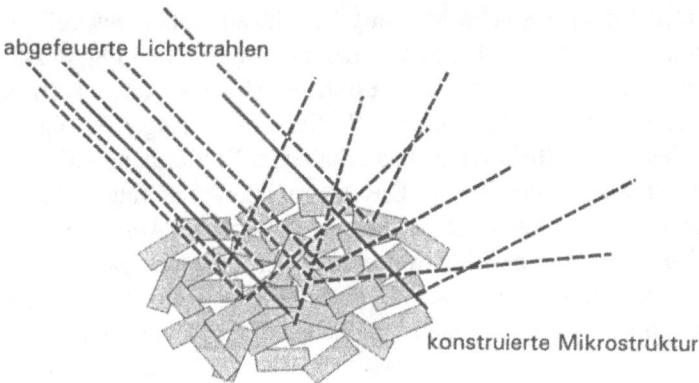

abgefeuerte Lichtstrahlen

konstruierte Mikrostruktur

Abb. 5.9: Bei einer stochastischen Berechnung der BRDF werden Strahlen auf eine zuvor spezifizierte Mikrostruktur abgefeuert und festgestellt, in welche Richtungsbereiche die Strahlung gestreut wird.

Wenn das Reflexionsverhalten der Oberfläche freilich Eingang in das Beleuchtungsmodell finden soll, muß eine geschlossene Formel für die Beschreibung der BRDF gefunden werden. Anstatt die - möglicherweise sehr komplexe - analytische Beschreibung direkt zu ermitteln, wird nach einer Approximation durch ein orthonormales System von harmonischen Kugelfunktionen gesucht. Harmonische Kugelfunktionen sind überall differenzierbare Funktionen auf einer Einheitskugel. Die BRDF $\rho_{\theta_l,\phi_l}(\theta_r,\phi_r)$ für einen bestimmten Lichteinfallswinkel ist daher auch eine - jedoch unbekannte - Kugelfunktion. Ähnlich der Fouriertransformation oder den in Kapitel 3 behandelten *wavelets* existiert ein vollständiges, orthonormales System, in dem jede beliebige Kugelfunktion als Linearkombination unendlich vieler Basisfunktionen beschrieben werden kann. Das Ziel einer analytisch beschreibbaren Approximation der BRDF ist es daher, die Koeffizienten für eine endlich große Untermenge dieser Basisfunktionen zu bestimmen.

Diese Koeffizienten können aus der zuvor geschätzten Reflexionswahrscheinlichkeit berechnet werden (in ähnlicher Weise, wie bei der Fouriertransformation aus einer diskreten Funktion die Koeffizienten für die Fouriertransformation gewonnen werden). Da die Kugelfunktionen kontinuierlich sind, konstituiert die durch die berechneten Koeffizienten gewichtete Linearkombination der Basisfunktion die analytische Repräsentation einer BRDF für die vorgegebene Mikrostruktur der Oberfläche. Da diese Mikrostruktur durch den Benutzer konstruierbar ist, kann so für beliebig komplexe, isotrope und anisotrope Oberflächen eine BRDF berechnet werden.

Ist die reale Oberfläche freilich selbst zugänglich, kann anstatt einer Modellierung auch eine Messung der BRDF erfolgen /Ward92/. Der Ver-

Messung der BRDF an realen Oberflächen

137

suchsaufbau für eine solche Messung besteht aus einer beweglichen Lichtquelle und einem gleichfalls beweglichen Sensor zur Messung der Reflexion,
die beide über der Probe des zu messenden Materials angebracht sind. Für
verschiedene Lichteinfallswinkel und Reflexionsrichtungen erfolgt eine Messung der jeweiligen Reflektanz. Die erhaltenen Werte dienen als Stützpunkte
zur Approximation einer BRDF. Die Approximation könnte gleichfalls durch
Kugelfunktionen erfolgen. Doch da eine so genaue Approximation wegen
der geringen Anzahl der Meßwerte und der Ungenauigkeit der Messung
nicht sinnvoll ist, schlug /Ward92/ eine Näherung durch zweidimensionale
Gauß-Funktionen mit zwei unterschiedlichen Standardabweichungen vor.

5.2 Ray Tracing

Mehrfach-
reflexionen

Eine Beschreibung der spiegelnden Reflexion durch eine möglichst
genaue Approximation einer BRDF trägt zur Generierung realistisch wirkender Bilder bei. Betrachtet wird jedoch nur der Effekt der einmalig stattfindenden Reflexion. Zur Berechnung des Bildes einer fiktiven Szene ist es aber
genauso wichtig, Reflexionen zwischen Oberflächen zu berücksichtigen. Das
bedeutet, daß das Verhalten von Lichtstrahlen vom Moment ihrer Emission
bis zur Detektion modelliert werden muß, daß also ein ausgesendeter Lichtstrahl bis zum Betrachter verfolgt werden muß. Durch die Verfolgung muß
jede durch Reflexion oder Transmission erfolgende Richtungs- oder Intensi-
tätsänderung berechnet und protokolliert werden. Verfahren hierzu heißen
ray tracing (für Lichtstrahlverfolgung)-Verfahren.

Ray Tracing

Die intuitive Realisierung eines *ray tracing*-Verfahrens bestünde in der
Verfolgung von Lichtstrahlen, die von einer Reihe von Lichtquellen ausge-
sendet werden. An jeder Oberfläche würde eine Teilung in einen reflektierten und einen transmittierten Anteil des einfallenden Lichts erfolgen. Die
Verfolgung eines Lichtstrahl wäre beendet, wenn die Energie aller durch die
fortgesetzte Aufspaltung entstehenden reflektierten oder transmittierten

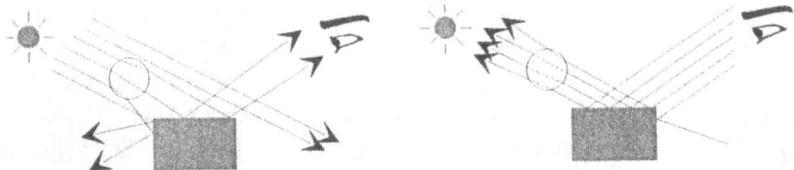

Lichtstrahlverfolgung: nur wenige   Sichtstrahlverfolgung: für jeden sichtbaren
Strahlen erreichen den Betrachter.   Punkt wird gezielt seine Beleuchtung festgestellt.

Abb. 5.10: Licht- und Sichtstrahlen

Lichtstrahlen unter ein festgesetztes Minimum gefallen wäre. Ginge man in dieser Weise vor, so erhielte man jedoch eine große Anzahl von Strahlen, die den Betrachter nie erreichten.

Für eine effektivere Berechnung wird daher der gesamte Vorgang umgedreht und untersucht, ob vom Betrachter ausgehende *Sichtstrahlen*, ggf. nach mehrfacher Reflexion oder Transmission, eine der vorgegebenen Lichtquellenpositionen erreichen (siehe Abb. 5.10).   Sichtstrahlen

5.2.1 Die Geometrie von Reflexion und Transmission

Ein Sichtstrahl $\vec{s}$, der auf eine Grenzfläche zwischen zwei Materialien mit unterschiedlicher optischer Dichte trifft, wird zum Teil an dieser Grenzfläche reflektiert und zu einem anderen Teil in das zweite Objekt transmittiert. Der transmittierte Strahl wird abhängig von den Brechungsindizes r_1 und r_2 der beiden Materialien gebrochen. Für eine Normale $\vec{n}$ am Auftreffpunkt des Sichtstrahls und dem Refraktionsindex $r = {r_1}/{r_2}$ ergibt sich mit $\vec{s}' = {\vec{s}}/{\langle \vec{s}, \vec{n} \rangle}$ die Reflexionsrichtung $\vec{r}$ und die Transmissionsrichtung $\vec{t}$ wie folgt (/Fell93/, siehe Abb. 5.11):   Reflexion und Transmission

$$\vec{r} = \vec{s}' + 2 \cdot \vec{n}$$
$$\vec{t} = r_f \cdot (\vec{s}' + \vec{n}) - \vec{n}$$
mit
$$r_f = \sqrt{r^2 \cdot |\vec{s}'|^2 - |\vec{s}' + \vec{n}|^2}^{\,-1}$$

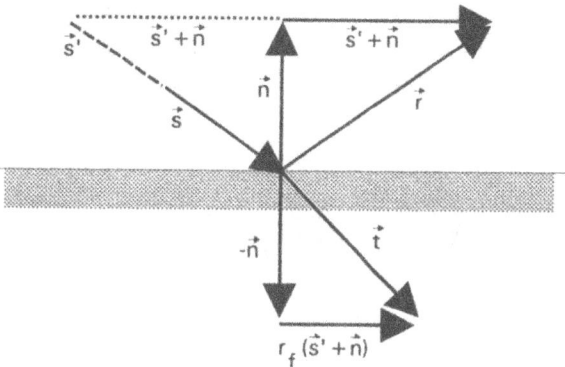

Abb. 5.11: Geometrie von Reflexion und Brechung des Sichtstrahls an einer Oberfläche.

Die Anteile des in diese Richtungen reflektierten bzw. transmittierten Lichts sind von den Materialeigenschaften des Objekts abhängig. Addiert können sie jedoch nicht größer als die Intensität des einfallenden Lichts sein.

5.2.2 Verfolgung der Sichtstrahlen

Verfolgung der
Sichtstrahlen

Jedes Auftreffen auf eine Oberfläche zwischen zwei Materialien resultiert in einer Spaltung der Sichtstrahlen in einen transmittierten und einen reflektierten Strahl. Beide Strahlen werden zur nächsten Oberfläche weiterverfolgt. Für jeden Sichtstrahl entsteht so ein Baum von transmittierten und reflektierten Strahlen. Mit zunehmender Tiefe des Sichtstrahlenbaums wird der Einfluß auf das wahrgenommene Ergebnis jedoch geringer, weil bei jedem Auftreffen auf eine Oberfläche ein Teil der Strahlung absorbiert wird. Der verbleibende Teil besteht aus der Summe der transmittierten und reflektierten Strahlung.

Abbruch der
Strahlverfolgung

Die Verfolgung von Mehrfachreflexionen kann nach einer bestimmten Anzahl von Verzweigungen abgebrochen werden. Als Abbruchkriterium kommt eine vorgegebene Tiefe des Sichtstrahlenbaums (häufig wird eine Tiefe von fünf gewählt), eine gegebene Mindestintensität oder eine Kombination von beidem infrage /Hall83/. Anschließend wird der Baum von den Blättern zur Wurzel traversiert. An jedem Verzweigungspunkt werden die Beiträge an Lichtintensität durch Reflexion und Transmission aufaddiert.

Schattenfühler

Bei der Traversierung des Sichtstrahlenbaums werden zusätzlich sogenannte Schattenfühler in Richtung aller Lichtquellen gebildet (siehe Abb. 5.12). Diese dienen zur Modellierung von Schattenwurf und diffuser Reflexion. Falls zwischen Oberflächenposition und Lichtquelle andere Objekte liegen und der bisher traversierte Unterbaum keine Intensität aus vorherigen Reflexionen liefert, so liegt die Oberflächenposition bezüglich dieser Lichtquelle im Schatten. Die Art des Schattens hängt von der Art der verdeckenden Objekte ab. Transparente Objekte führen zu einer wellenlängenabhängi-

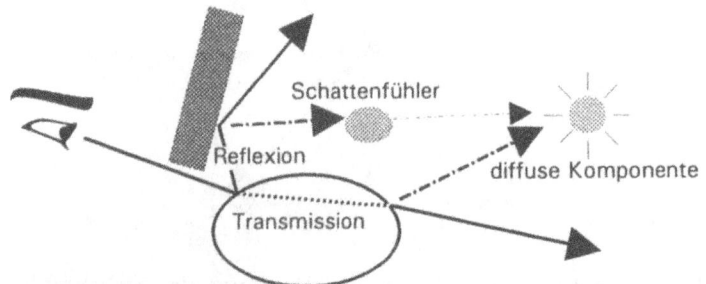

Abb. 5.12: Die Verfolgung der Sichtstrahlen.

gen Schwächung der Intensität, während opake Objekte eine vollständige Abschattung bewirken. Ist die Lichtquelle dagegen durch den Schattenfühler erreichbar, so wird die von ihr abgegebene Intensität in Abhängigkeit vom Auftreffwinkel als diffuse Reflexion hinzuaddiert. Da die diffuse Reflexion gleichmäßig in alle Richtungen erfolgt, wird aus Gründen der Rechenzeit-ersparnis für diesen Anteil keine Mehrfachreflexion berücksichtigt.

5.2.3 Berechnung der Gesamtreflexion

An einem Knoten des Sichtstrahlenbaums ergibt die folgende Intensität: Gesamtreflexion

$$I = k_d \cdot \sum_{j=1}^{ls} \langle \vec{n}, \vec{l} \rangle \cdot O + I_a + k_s \cdot I_r + k_t \cdot I_t \qquad (5.5)$$

mit

$\vec{n}$ - Oberflächennormale,

$\vec{l}$ - Vektor zur Lichtquelle,

ls - Anzahl der Lichtquellen,

O - Farbe des Objekts,

I_a - ambienter Reflexionsanteil,

I_r - aus Reflexionsrichtung einfallendes Licht,

I_t - aus Transmissionsrichtung einfallendes Licht,

k_d, k_s, k_t - Anteile der diffusen, gespiegelten und transmittierten Reflexion.

Der Anteil der diffusen Reflexion wird unverändert aus dem Phong-schen Modell übernommen. Der Anteil der spiegelnden Reflexion hängt dagegen ausschließlich von einer an den Oberflächen erfolgenden idealen Spiegelung ab.

Problematisch ist freilich die Berücksichtigung von Oberflächen, die   Rauhe
keine idealen Spiegel sind. Die dort entstehende Streuung bedeutet die Auf-   Oberflächen
spaltung eines an der Oberfläche auftreffenden Strahlenkegels in unendlich viele, unterschiedlich gerichtete Lichtstrahlen. Eine Verfolgung aller Licht-strahlen kommt daher nicht infrage. Eine Verbesserung des visuellen Ein-drucks ergibt sich jedoch bereits, wenn bei der Berücksichtigung der durch die Schattenfühler eingebrachten Intensität auch ein gestreuter, spiegelnder Anteil hinzugefügt wird. Für das Phongsche Modell wird Gleichung 5.5 also erweitert zu

$$I = k_d \cdot \sum_{j=1}^{ls} \langle \vec{n}, \vec{l} \rangle \cdot O + k_s \cdot \sum_{j=1}^{ls} \langle \vec{n}, \vec{h} \rangle^m \cdot I_j + I_a + k_s \cdot I_r + k_t \cdot I_t,$$

mit

$\vec{h}$ - Highlight-Vektor,

m - Rauhigkeitsindex,

I_j - Intensität der Lichtquelle j.

Wellenlängen-abhängigkeit der Reflexion

Eine weitere Verbesserung des visuellen Eindrucks ergibt sich, wenn auch die Wellenlängenabhängigkeit der Reflexion berücksichtigt wird. Das kann beispielsweise durch das Modell von Hall /Hall83/ erfolgen:

$$I(\lambda) = k_d \cdot \sum_{j=1}^{ls} \langle \vec{n}, \vec{l} \rangle \cdot R_d(\lambda) \cdot I_j(\lambda) + k_s \cdot \sum_{j=1}^{ls} \langle \vec{n}, \vec{h} \rangle^m \cdot R_f(\lambda) \cdot I_j(\lambda)$$

$$+ I_a(\lambda) \cdot R_d(\lambda) + k_s \cdot R_f(\lambda) \cdot I_r(\lambda) \cdot F_r \cdot dr + k_t \cdot T_f(\lambda) \cdot I_t(\lambda) \cdot F_t \cdot dt$$

mit

λ - Wellenlänge,

R_d, R_f, T_f - wellenlängenabhängige Reflektanzkurven für die diffuse, spiegelnd reflektierte und spiegelnd gebrochene Reflexion,

F_r, F_t - Absorption des gespiegelten bzw. gebrochenen Lichtstrahls,

dr, dt - zurückgelegte Strecke des gespiegelten bzw. gebrochenen Strahls.

Da in diesem Modell viel Wert auf die korrekte Farbverarbeitung gelegt wird, schlagen die Autoren vor, anstatt einer einfachen Berechnung auf Basis des RGB-Modells eine Approximation der Integrale der Tristimuluskurven des CIE-Modells (siehe Abschnitt 5.1.4) zu verwenden (Farbtafel 10 zeigt ein *ray tracing*-Resultat mit materialabhängigen Reflektanzkurven).

Normalen-perturbation

Durch die obigen Verfahren wird nur die Streuung beim ersten Auftreffen auf eine Oberfläche berücksichtigt. Wenn auch die Effekte einer Streuung bei späteren Reflexionen integriert werden sollen, so kann dies durch eine gezielte 'Störung' der Normalenrichtung erfolgen. An jedem Oberflächenpunkt wird eine zufallsgesteuerte Abweichung der Normale ausgewählt, deren Wahrscheinlichkeitsverteilung die BRDF ist (siehe Abb. 5.13). Der erzielte Effekt ist eine an der Oberfläche wahrgenommene Rauhigkeit, die aus den für benachbarte Pixel unterschiedlich perturbierten Normalen resultiert. Die Streuung an der Oberfläche wird durch eine geringere Ortsauflö-

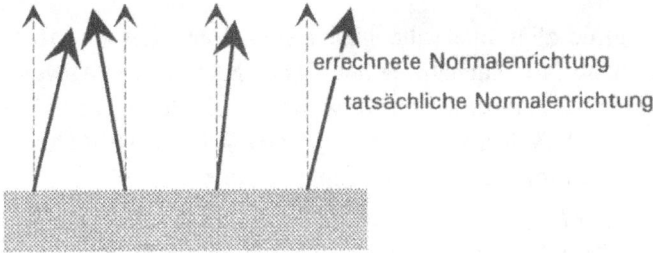

errechnete Normalenrichtung

tatsächliche Normalenrichtung

Abb. 5.13: Die Streuung der reflektierten Strahlung kann durch Normalen-perturbation in das *ray tracing*-Verfahren integriert werden.

sung erkauft, denn der Effekt ergibt sich erst bei der gleichzeitigen Betrachtung mehrerer Pixel. Dies ist auch der größte Nachteil der Methode. Gerade bei rauhen Oberflächen führt sie zu Aliasing-Effekten, denn hier ist die durch die BRDF vorgegebene, durchschnittliche Normalenabweichung sehr groß. Ein einziger Strahl pro Pixel ist daher eine zu geringe Anzahl von Stichproben, um eine befriedigende Näherung der Streuung zu ermöglichen.

Eine Weiterentwicklung dieses Ansatzes ist *distributed ray tracing* /Cook84/, bei dem je Pixel 16 Sichtstrahlen abfeuert werden (siehe Abb. 5.14 und Farbtafeln 6 und 9). Jedem Sichtstrahl ist eine Position in einer Tabelle mit 16 Einträgen zugeordnet. In ihr stehen zufallsverteilte Adressen zwischen 1 und 16. Jede dieser Adressen verweist auf ein oberflächenspezifisches Perturbationsintervall. Die Perturbation wird aus der BRDF der Oberfläche abgeleitet. Die BRDF wird so in 16 einzelne Intervalle zerlegt,

Distributed Ray Tracing

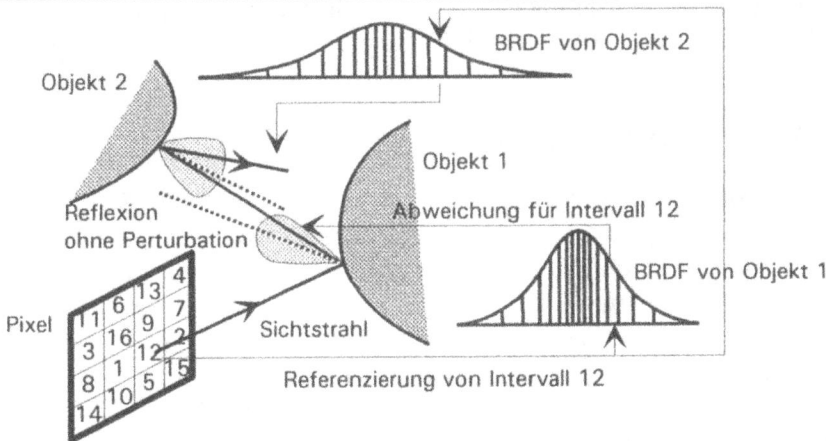

Abb. 5.14: Durch *distributed ray tracing* werden je Pixel 16 verschiedene Sichtstrahlen abgefeuert, die zufallsgesteuert über eine Tabelle verschiedenen Intervallen der BRDF zugeordnet werden. Jedes Intervall entspricht einer bestimmten Normalenabweichung.

143

daß die Integrale aller Intervalle gleich sind. Für jedes Intervall wird eine durchschnittliche Normalenabweichung berechnet. Diese Abweichung wird für Reflexion oder Transmission verwendet, falls durch den Sichtstrahl das entsprechende Intervall addressiert wird. Die Adresse ist für den gesamten, aus einem Sichtstrahl abgeleiteten Strahlenbaum gleich.

Halbschatten

Durch *distributed ray tracing* können auch weitere Effekte berücksichtigt werden. So läßt sich beispielsweise der Penumbra-Effekt modellieren (siehe Farbtafeln 7, 10 und 11). Eine Penumbra (Halbschatten) entsteht, wenn Lichtquellen eine flächige Ausdehnung besitzen. An der Grenze zwischen Kernschatten und beleuchteter Fläche findet ein allmählicher Übergang der reflektierten Intensität statt, der vom Anteil der Lichtquellenfläche abhängt, deren Lichtstrahlen den Oberflächenpunkt erreichen. Da je Lichtstrahl auch mehrere Schattenfühler entstehen, können diese gezielt in Teilflächen der Lichtquelle geführt werden. Aus der Anzahl der die Lichtquelle ohne Unterbrechung erreichenden Strahlen kann das Schatten/Lichtverhältnis approximiert werden.

Schärfentiefe und Bewegungs-unschärfe

Auch begrenzte Schärfentiefe und Bewegungsunschärfe können simuliert werden. Für ersteres werden die je Pixel abgefeuerten Sichtstrahlen - stochastisch gestreut - über eine fiktive Linse in die Szene gelenkt. Die auf unterschiedliche Punkte der Linsenoberfläche auftreffenden Strahlen werden außerhalb der Fokusebene in unterschiedliche Bereiche der Szene gesendet. Das führt zur unscharfen Abbildung aller Bereiche außerhalb der Fokusebene (siehe Farbtafel 8). Bewegungsunschärfe wird dagegen erzeugt, wenn die je Pixel abgefeuerten Sichtstrahlen zu unterschiedlichen Zeitpunkten in eine zeitlich veränderliche Szene verfolgt werden.

5.2.4 Die Verminderung von Aliasing-Effekten

Aliasing

Aliasing ist neben dem hohen Aufwand für die Schnittpunktberechnung ein Hauptproblem bei der Realisierung eines *ray tracing*-Algorithmus. Die Ursache von Aliasing-Effekten liegt darin, daß je Pixel nur ein Sichtstrahl verfolgt wird. Details, die kleiner sind als der Abstand zwischen benachbarten Sichtstrahlen, werden unterabgetastet (der Effekt infolge von Unterabtastung ist in Farbtafel 12 zu sehen). Dies scheint im ersten Moment kein großes Problem zu sein, da der Abstand zwischen benachbarten Pixeln sehr gering ist und Frequenzen unterhalb dieses Abstands herausgefiltert werden können. Doch gerade durch Brechung und Reflexion an gekrümmten Oberflächen kann der Abstand zwischen den zur Darstellung benachbarter Pixel beitragenden Sichtstrahlen beliebig groß werden. Eine Filterung kann daher zur Unterdrückung wichtiger Bildinformationen führen.

Anti-Aliasing kann durch zwei verschiedene Ansätze erfolgen. Anstatt eines einzigen Sichtstrahls je Pixel können entweder mehrere Strahlen oder ein durch die Pixelseiten begrenzter Strahlenfächer verfolgt werden.

Durch Strahlenfächer kompliziert sich indes die Schnittpunktberechnung sehr (vor allem, wenn der Strahlenfächer nicht vollständig von einer Oberfläche reflektiert wird), und so ist die einfachere Lösung zweifellos die Verfolgung von mehr als einem Sichtstrahl je Pixel. Die Anzahl der Strahlen je Pixel sollte jedoch nicht konstant sein. Da Aliasing in Bildbereichen mit hohen Frequenzen entsteht, wird nur dort mehr als ein Sichtstrahl verfolgt. Durch das deterministische Verfahren von Whitted /Whit80/ werden hierzu Sichtstrahlen an den Ecken der Pixel erzeugt und die an diesen Punkten empfangene Intensität berechnet. Anschließend wird dieses Gitter aus Intensitätswerten an denjenigen Stellen durch ein engmaschigeres Gitter mit halbem Abstand der Gitterpunkte ersetzt, an denen der Intensitätsunterschied benachbarter Gitterpunkte ein vorgegebenes Maximum überschreitet (siehe Abb. 5.15). Für die neuen Gitterpunkte werden eigene Intensitätswerte errechnet. Die Unterteilung des Gitters wird solange fortgesetzt, bis keine Intensitätsdifferenzen oberhalb des Maximum mehr existieren oder bis eine vorgegebene Zerlegungstiefe erreicht worden ist. Anschließend erfolgt für jedes Pixel eine Interpolation der dort empfangenen Lichtintensität aus den errechneten Gitterpunktintensitäten. Falls auch dann mehrere Strahlen je Pixel verfolgt werden, wenn eine große Streuung der Normalenrichtungen vorliegt, werden auch die hierdurch bewirkten Aliasing-Effekte gemildert.

Anti-Aliasing durch Überabtastung

Durch eine deterministische Wahl der Gitterpunktpositionen wird nur die Ortsauflösung erhöht. Das Problem des Aliasing besteht weiter (siehe Abb. 5.16) und wird durch die als Tiefpaßfilterung wirkende Interpolation von Intensitätswerten nicht gelöst (siehe Farbtafel 13). Eine Tiefpaßfilterung kann Aliasing-Effekte unterdrücken, aber nicht beseitigen (es sei denn, die

Stochastische Wahl der Abtastintervalle

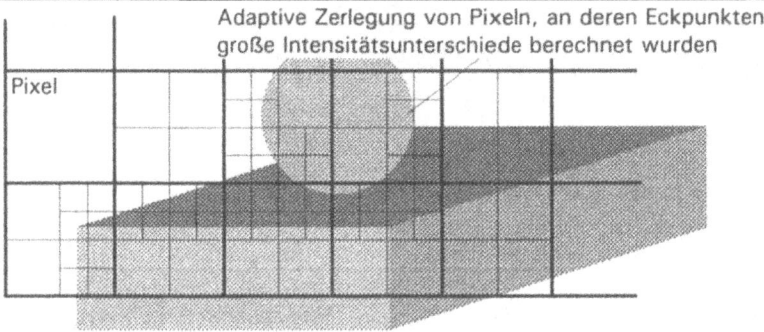

Adaptive Zerlegung von Pixeln, an deren Eckpunkten große Intensitätsunterschiede berechnet wurden

Pixel

Abb. 5.15: Eine Überabtastung erfolgt nur dort, wo es an den Pixelecken große Intensitätsunterschiede gibt.

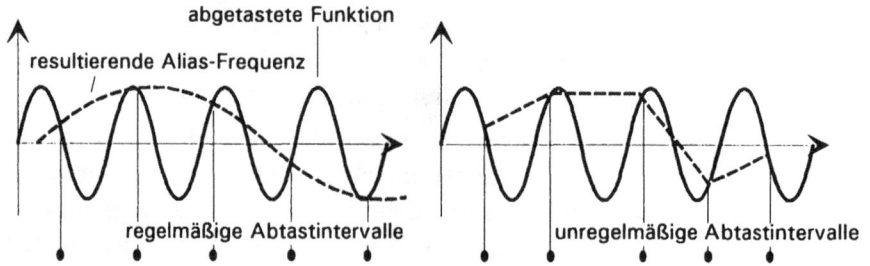

Abb. 5.16: Durch Unterabtastung entstehen Alias-Effekte, die durch eine unregelmäßige Abtastung verhindert werden können.

Funktion wäre bandbeschränkt). Alternativ dazu kann daher mit stochastisch selektierten Gitterpunktpositionen gearbeitet werden /Kaji86/, /Pain89/ (eine Weiterentwicklung des *distributed ray tracing*). Da die Regelmäßigkeit des Gitters zerstört wird, ist das wahrgenommene Ergebnis anstatt von Alias-Frequenzen ein erhöhtes Bildrauschen, welches durch die menschliche, visuelle Wahrnehmung als angenehmer empfunden wird (siehe Farbtafel 14). Durch stochastische Überabtastung kann daher ein qualitativ hochwertiges Ergebnis erzielt werden, denn eine nachfolgende Filterung hat nur die Aufgabe der Rauschunterdrückung.

Stochastische Abtastung und Filterung

Die Wahl eines geeigneten Filters zur Rauschunterdrückung ist allerdings schwierig. Die einfache Mittelung würde gerade diejenigen Aliasing-Effekte wieder hervorheben, die durch die unregelmäßigen Abtastintervalle unterdrückt wurden, denn das Frequenzspektrum des Mittelwertfilters enthält auch hohe Frequenzen. In einer ausführlichen Untersuchung dieses Problems /Mitc87/ wurde daher vorgeschlagen, eine Sequenz von Filtern mit immer geringeren Frequenzbreiten (bis hin zur Nyquist-Frequenz) zu verwenden. Das Frequenzspektrum der Kombination dieser Filtersequenz zeigte ein wesentlich verbessertes Verhalten im Vergleich zum Mittelwertfilter.

Festlegung der Abtastpositionen

Bei der stochastischen Abtastung sollte freilich dafür gesorgt werden,

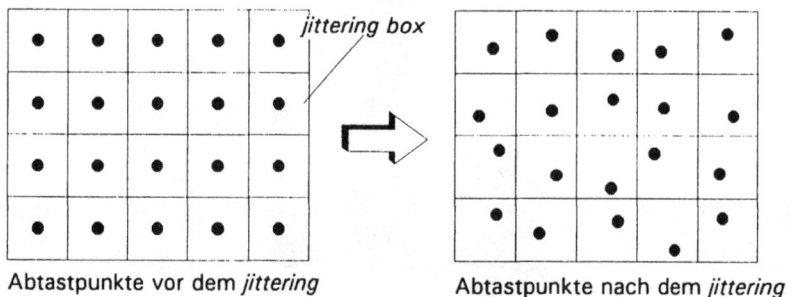

Abtastpunkte vor dem *jittering*   Abtastpunkte nach dem *jittering*

Abb. 5.17: Durch *jittering* werden unregelmäßige, aber gleichmäßig dicht verteilte Abtastintervalle erzeugt.

daß trotz der zufällig gewählten Gitterpunktpositionen ein gewisses Gleichmaß ihrer Verteilung sichergestellt ist. Aus Untersuchungen an Rhesusaffen
ist bekannt, daß die Zapfen in der Retina außerhalb der Fovea - also dort,
wo durch eine geringere Verteilungsdichte eine Unterabtastung der wahrgenommenen Intensität stattfindet - zufällig, aber ein gewisses Gleichmaß
bewahrend, verteilt sind /Yell83/. Diese Verteilung kann durch eine Poisson-
Abtastung modelliert werden, dessen Repräsentation im Frequenzbereich
neben einer hohen DC-Komponente (Frequenz=0) oberhalb der Nyquist-
Frequenz (der Grenzfrequenz für ein gegebenes Abtastintervall) eine gleichmäßige, aber zufällige Verteilung aller Frequenzen aufweist /Dipp85/. Die
Poisson-Abtastung kann durch ein leichter zu berechnendes *jittering*-Verfah-
ren approximiert werden, durch das die Position eines Abtastpunkts zwar zufällig gewählt, aber auf eine quadratische Zelle beschränkt ist (siehe Abb.
5.17). Durch die Größe der Zelle kann die Dichte der Abtastpunkte kontrol-
liert werden (siehe /Cook86/).

Wie bereits erwähnt wurde, kann als Alternative zur Verfolgung von
mehr als einem Sichtstrahl je Pixel ein Strahlenfächer verfolgt werden. Wenn
sich die Intensität für jedes Pixel aus der durchschnittlichen Intensität desjenigen Strahlenfächers ergibt, dessen Spitze in der Position des Betrachters
liegt und der das Pixel gerade überdeckt, dann existiert keine Unterabtastung
und es kann demzufolge nicht zu Aliasing-Effekten kommen. Die Realisierung eines solchen Ansatzes muß jedoch an der Komplexität der Aufgabe
scheitern, da die Strahlen innerhalb des Fächers äußerst unterschiedlichen
Reflexions- und Transmissionsrichtungen folgen können, so daß ihre
gemeinsame Bearbeitung mit zunehmender Tiefe des Strahlverfolgungsbaums
immer aufwendiger wird (siehe Abb. 5.18).

Ray Tracing von Strahlenfächern

Eine implementierungsfähige Approximation dieser Methode ist dagegen das Verfahren von Amanatides /Aman84/, durch das der Fächer durch

Approximation des Strahlenfächers

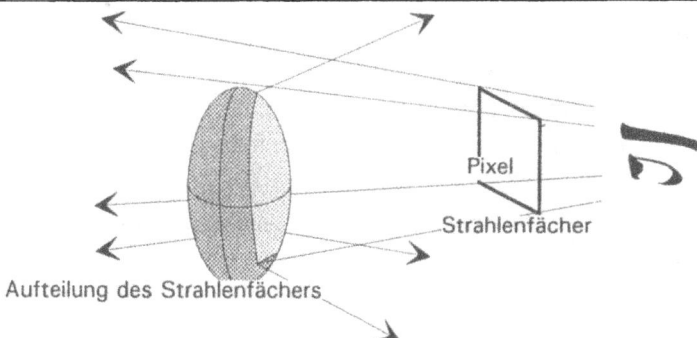

Abb. 5.18: Die Verfolgung eines Strahlenfächers anstatt eines einzigen
Strahls führt zu einem erheblich ansteigenden Berechnungsaufwand.

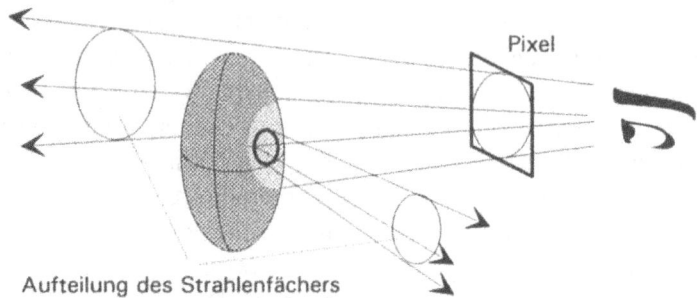

Aufteilung des Strahlenfächers

Abb. 5.19: In einer vereinfachten Form der Fächerverfolgung wird bei einer teilweisen Reflexion der Strahlenfächer zwar der Größe nach, nicht aber der Form nach aufgeteilt.

einen das Pixel überdeckenden Kegel approximiert wird. Der Kegel ist einfacher zu beschreiben (durch Mittellinie und Raumwinkel) als ein das Pixel überdeckender Fächer, was die Durchführung der Schnittpunktberechnung erleichtert. Bei jeder Reflexion bzw. Refraktion der Lichtstrahlen wird ein neuer, virtueller Ursprung und ein neuer Raumwinkel für den Strahlenkegel berechnet. Falls nur ein Teil des Kegels von einer Oberfläche überdeckt wird, erfolgt eine anteilsmäßige Teilung des Kegels. Die - möglicherweise sehr komplizierte - exakte Geometrie der Teilkegel wird nicht berechnet (siehe Abb. 5.19).

5.2.5 Die Minderung des Berechnungsaufwands

Die Strahlverfolgung wird für alle Sichtstrahlen zwischen Betrachterposition und einem Bildpunkt des Ausgabemediums durchgeführt. Da es einen hohen Rechenaufwand bedeutet, die Schnittpunkte zwischen möglicherweise sehr komplex repräsentierten Objektoberflächen und den Sichtstrahlen zu berechnen, wird durch eine Vorverarbeitungsphase eine Schnittpunktschätzung durchgeführt. Dazu wird für jedes Objekt eine umschließende Kugel erzeugt und der Schnittpunkt zwischen Sichtstrahl und dieser Kugel berechnet (nach dem in Kapitel 2 behandelten Verfahren). Nur wenn die Kugel geschnitten wird, erfolgt die Schnittpunktberechnung mit der eigentlichen Objektoberfläche /Whit80/ (siehe Abb. 5.20).

Parallelisierung des Ray Tracing

Selbst dann ist der Aufwand beträchtlich und Anwendungsbeispiele beschränken sich daher häufig auf sehr einfache Objekte[7]. Die völlige Unabhängigkeit der einzelnen von der Betrachterposition ausgesendeten Sicht-

---

[7]Dies führte unter anderem zu der in einer seriösen, wissenschaftlichen Zeitschrift erschienenen satirischen Betrachtung der Anwendung von *ray tracing*-Verfahren zur Visualisierung realer Objekte am Beispiel einer bestimmten Sorte von Götterspeise /Heck88/.

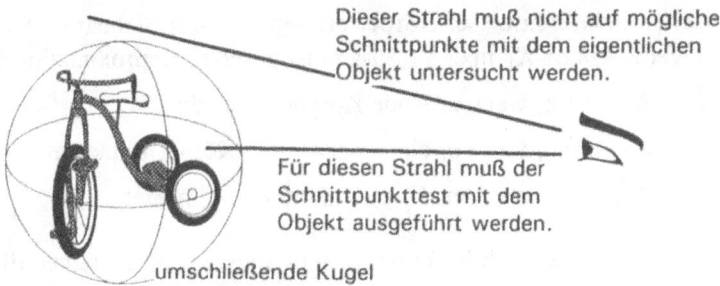

Dieser Strahl muß nicht auf mögliche
Schnittpunkte mit dem eigentlichen
Objekt untersucht werden.

Für diesen Strahl muß der
Schnittpunkttest mit dem
Objekt ausgeführt werden.

umschließende Kugel

Abb. 5.20: Durch umschließende Objekte, für die die Schnittpunktberechnung einfacher durchgeführt werden kann, läßt sich der Aufwand für das *ray tracing* mindern.

strahlen bedeutet jedoch, daß sich Anwendungen der *ray tracing*-Methode leicht parallelisieren lassen. Prinzipiell könnte jedem Pixel ein eigener Prozessor zugewiesen werden, durch den der diesem Pixel zugeordnete Sichtstrahl verfolgt werden würde. Diese Art der Parallelisierung wäre freilich ineffektiv, denn die Komplexität einer Szene für einen gegebenen Anfangspunkt kann sich für unterschiedliche Orte erheblich unterscheiden. Zudem stehen nicht immer genügend viele Prozessoren zur Verfügung. Für Parallelrechner mit einer geringeren Anzahl von Prozessoren gibt es Verfahren, die gegebene Rechenkapazität möglichst optimal für die Sichtstrahlverfolgung einzusetzen /Dipp84/.

Der Rechenzeit läßt sich jedoch auch durch Minderung des Berechnungsaufwandes verkürzen. Drei verschiedene Methoden lassen sich unterscheiden: *(Minderung des Berechnungsaufwandes)*

- Die Definition von möglichst effizienten, d.h. von möglichst genauen aber leicht zu bearbeitenden, umschreibenden Approximationen.

- Eine objektunabhängige Unterteilung des Raums, um Teilräume mit einfacheren Szenenbeschreibungen zu erzeugen.

- Die Nutzung der für benachbarte Sichtstrahlen existierenden Kohärenz der Szenenbeschreibung.

Die ursprüngliche Implementierung eines *ray-tracers* verwendete Kugeln als umschreibende Objekte, doch auch andere Körper können benutzt werden. Bei der Wahl muß beachtet werden, daß die durch eine genauere Approximation des Objekts erzielte Einsparung nicht durch den erhöhten Aufwand bei der Berechnung der Schnittpunkte mit der Approximation zunichte gemacht wird. Als Approximation werden daher vergleichsweise einfache Körper, wie z.B. Ellipsoide oder Quader benutzt. Genauere Approximationen werden durch die Vereinigung, den Schnitt oder die Diffe- *(Umschreibende Objekte)*

149

renz zwischen mehreren dieser Körper ermöglicht. Ein Sichtstrahl schneidet eine aus zwei Körpern K_1 und K_2 zusammengesetzte Approximation K falls

- $K = K_1 \cap K_2$, dann, wenn er beide Körper schneidet.
- $K = K_1 \cup K_2$, dann, wenn er einen der beiden Körper schneidet.
- $K = K_1 - K_2$, dann, wenn er K_1 und nicht K_2 schneidet.

Die Regeln lassen sich leicht implementieren und ermöglichen die variable, beliebig exakte Approximation von Objekte durch umschreibende Körper. Auch hier sollte jedoch beachtet werden, daß mit der Anzahl von umschreibenden Körpern der Aufwand für die Schnittpunktberechnung steigt.

Das Verfahren läßt sich erweitern, wenn eine Hierarchie von Approximationen definiert wird, durch die immer größere Gruppen von Objekten umschlossen werden /Kay86/. Im Verlauf der Sichtstrahlverfolgung werden zunächst die höher in der Hierarchie eingeordneten Approximationen überprüft, so daß eine Schnittpunktberechnung abgebrochen werden kann, sobald der Sichtstrahl an einer Gruppe von Objekten vorbeiläuft.

Oct-Trees für die Szenenbeschreibung   Auch der darzustellende Raum kann zerlegt werden, um zu einer einfacheren Berechnung zu kommen. Betrachtet man eine Szene, so fällt auf, daß die Komplexität von Ort zu Ort variiert. Durch eine auf *oct-trees* basierende Strategie kann ein dreidimensionaler Raum solange zerlegt werden, bis die Komplexität der Strukturen innerhalb aller Teilräume ein gegebenes Maximum nicht überschreitet (siehe /Glas84/). Anschließend werden Sichtstrahlen durch die von Blättern des *oct-tree* repräsentierten Teilräume verfolgt (siehe Abb. 5.21). Die Zeitersparnis ergibt sich, da nicht alle Sichtstrahlen durch alle Teilräume verlaufen und weil leere Räume durch wenige Blätter des *oct-tree* repräsentiert werden. Ein Nachteil besteht darin, daß Objekte mehrere Teilräume okkupieren können (dies ist wegen der Komplexität der Objekte

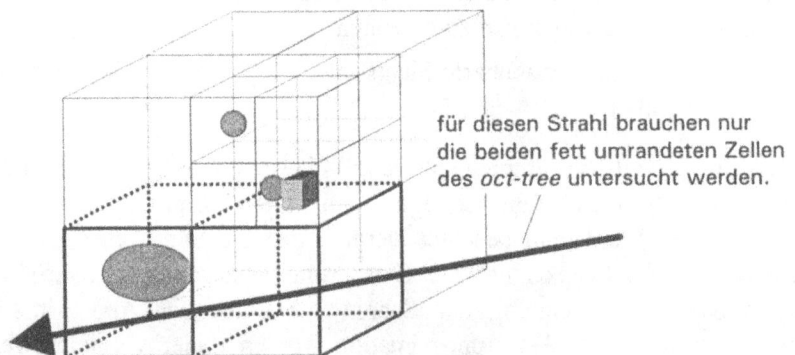

für diesen Strahl brauchen nur die beiden fett umrandeten Zellen des *oct-tree* untersucht werden.

Abb. 5.21: Bei einer Szenenaufteilung durch einen *oct-tree* repräsentieren die Blätter des *oct-tree* Teilräume mit nur wenigen Objekte.

kaum vermeidbar). Es ist daher möglich, daß die Schnittpunktberechnung eines Objekts mit einem Sichtstrahl mehrfach durchgeführt werden muß.

Anstatt einer Zerlegung durch einen *oct-tree* kann die Repräsentation auch durch einen BSP-Baum (*binary space partitioning tree*, siehe Kapitel 3) erfolgen. Der Schnittpunkt zwischen Sichtstrahl und den die einzelnen Teilräume begrenzenden Ebenen ist einfach durchzuführen und in einem BSP-Baum läßt es sich leicht feststellen, ob ein Punkt sich innerhalb oder außerhalb eines Teilraums befindet. Die Sichtstrahlverfolgung kann daher durch Traversierung des BSP-Baums erfolgen.

BSP-Bäume für die Szenen-beschreibung

Ein dritter Ansatz zur Rechenzeitverkürzung basiert auf der Beobachtung, daß sich das Verhalten von eng benachbarten Sichtstrahlen nicht wesentlich unterscheidet. Bevor Sichtstrahlen zum ersten Mal auf einer Oberfläche auftreffen, besteht die Aufgabe darin, eine Art von HSR-Verfahren zur Ermittlung der Orte von Schnittpunkten durchzuführen. Alle die Kohärenz in Szenen ausnutzenden Verfahren - also beispielsweise die in Abschnitt 4.2.3 behandelte abtastlinienorientierte Methode - können zur Berechnung des ersten Schnittpunkts aller Sichtstrahlen eingesetzt werden. Nach dem ersten Auftreffen auf eine Oberfläche ändert sich die Richtung der Strahlen. Doch wenn Oberflächen durch Polygone repräsentiert sind, dann kann das gesamte auf ein Polygon auftreffende Strahlenbündel gemeinsam verfolgt werden /Heck84/. In diesem Fall werden alle Strahlen in die gleiche Richtung reflektiert, so daß einzig eine entsprechende Transformation der Szene erforderlich ist, bevor erneut ein entsprechend adaptiertes HSR-Verfahren angewendet werden kann. Das Verfahren führt zu einer erheblichen Beschleunigung des *ray tracing*, ist jedoch auf die Verarbeitung von planaren Polygonen beschränkt. Die Reflexion an gekrümmten Flächen würde zu einer vom Auftreffpunkt unterschiedlichen Transformation der Strahlungsrichtung führen. Aus dem gleichen Grund kann die Refraktion an Oberflächen zwischen Objekten von unterschiedlicher optischer Dichte nur dann modelliert werden, wenn die Transformation durch eine Scherung approximiert werden kann.

Kohärenz der Szene

5.2.6 Schnittpunktberechnung für parametrisierte und implizite Objektbeschreibungen

Der Schnittpunkt zwischen Sichtstrahl und einer Ebene ist vergleichsweise einfach zu berechnen. Für eine implizite Repräsentation der Form $F(x,y,z)=0$ oder für parametrisierte Flächenelemente der Form $F(u,v)$ ist das, von wenigen Ausnahmen abgesehen, nicht der Fall. Eine solche Repräsentation kann zwar durch Polygone approximiert werden /Whit80/, doch

Schnittpunktberechnung an parametrisierten und impliziten Flächenrepräsentationen

wird die Anzahl der Flächenelemente sehr groß. Es ist zudem gerade die
sich stetig verändernde Richtung benachbarter Strahlen, die der visualisierten
Fläche ihr realistisches Aussehen gibt. Deshalb sollte die Schnittpunktberechnung direkt auf der Repräsentation erfolgen. Die gesuchte Lösung für
diese Berechnung bei einer impliziten Repräsentation ist:

$$F(x,y,z) - \vec{g}(t) = 0$$

mit

$$\vec{g}(t) = \vec{p}_1 + t \cdot (\vec{p}_2 - \vec{p}_1).$$

Für eine parametrisierte Repräsentation wird

$$F(u,v) - \vec{g}(t) = 0$$

gesucht.

In beiden Fällen ist also eine bestimmte Nullstelle einer nicht-linearen
Funktion gesucht. Verfahren zur Berechnung sind z.B. das von /Joy86/ (für
die Verarbeitung von beliebigen parametrisierten Flächen) und der in Abschnitt 2.2.3 vorgestellte Ansatz von /Kalr89/ (für die Verarbeitung beliebiger impliziter Objektbeschreibungen).

5.2.7 Schnittpunktberechnung für prozedurale Repräsentationen

Nutzung einer
Detailhierarchie

Die geometrische Beschreibung einer prozedural erzeugten Funktion
besteht aus sehr vielen Details, so daß eine Schnittpunktberechnung auf der
untersten Auflösungsstufe sehr aufwendig wäre. Durch die rekursive Anwendung der Generierungsregeln entsteht jedoch eine Hierarchie unterschiedlich
genauer Objektbeschreibungen, die sich vorteilhaft für die Berechnung
nutzen läßt. Sie erfolgt zunächst auf einer gröberen Auflösungsstufe. Nur
diejenigen Aspekte des Objekts werden verfeinert, für die sich bei gröberer
Auflösung die Möglichkeit eines Schnittpunktes ergeben hat.

Ray Tracing
einer fraktalen
Repräsentation

Nach diesem Ansatz wurde von Kajiya /Kaji83/ eine Reihe von Methoden für *ray tracing* auf Fraktalen, auf Prismen mit beliebigem Basisfläche
und für Rotationskörper vorgestellt. Als Beispiel für das *ray tracing* auf
einer fraktalen Repräsentation wurde die in Abschnitt 3.5.3 vorgestellte
Repräsentation für ein fraktales Gebirge verwendet. Das Gebirge entsteht
durch fortgesetzte Zerlegung von Dreiecken in je vier kleinere Dreiecke,
wobei für jeden neuen Eckpunkt eine Höhenangabe stochastisch erzeugt wird
(siehe Abb. 5.22). Die Repräsentation kann durch einen Baum beschrieben
werden, dessen Knoten für einzelne Dreiecke stehen. Die Zerlegung in vier
Unterdreiecke wird durch Kindknoten realisiert.

Entstehung des fraktalen Gebirges

umhüllende Prismen

repräsentierender Baum

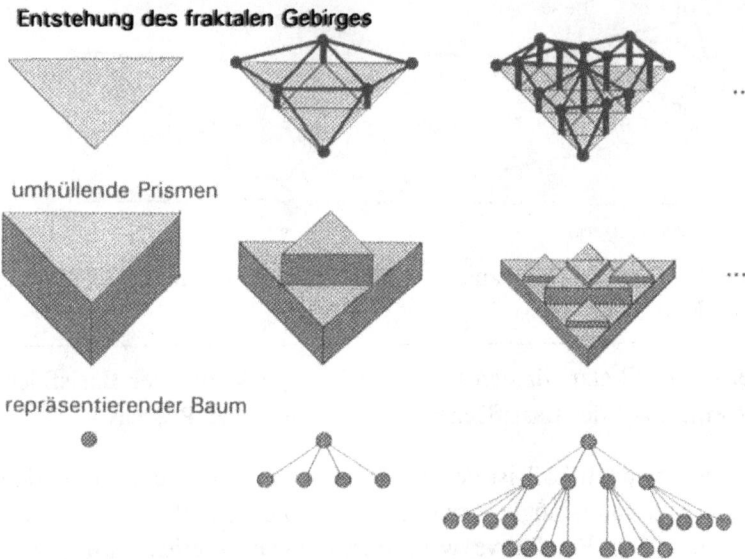

Abb.5.22: Hierarchische Repräsentation einer fraktalen Fläche für die Schnittpunktberechnung mit einer Gerade.

Für die Schnittpunktberechnung wird für jedes Dreieck ein umschreibendes Prisma mit dreieckigem Basispolygon erzeugt, das die Höhenvariationen aller Unterdreiecke einschließt. Für einen gegebenen Strahl wird anschließend das *ray tracing* grundsätzlich auf der gröbsten Auflösungsstufe gestartet. Nur diejenigen Bereiche, durch die der Strahl verläuft, werden nachfolgend in verfeinerter Auflösung betrachtet.

Approximation durch umschreibende Prismen

Mit Kenntnis des zur Höhenbestimmung verwendeten stochastischen Verfahrens kann die Höhe des Prismas sogar vor der eigentlichen Generierung der Unterdreiecke abgeschätzt werden. Es kann sichergestellt werden, daß die Unterdreiecke mit einer vorgegebenen Wahrscheinlichkeit (z.B. 99%) innerhalb des Prismas liegen. Teile des Objekts brauchen erst dann erzeugt werden, wenn ein Strahl diesen Bereich auch tatsächlich schneidet.

Schnittpunktberechnung

Auch für Prismen mit beliebiger Basis und für Rotationskörper kann eine prozedurale Repräsentation für die schnelle Schnittpunktberechnung genutzt werden. Ein Prisma wird durch einen Strahl $\vec{s}(t) = \vec{s}_1 + t \cdot \vec{s}_2$ geschnitten, falls

Ray Tracing auf Prismen mit beliebiger Basis

- beide Schnittpunkte in einem der Basispolygone liegen (dazu kann die in Abschnitt 2.2.1 beschriebene Berechnung durchgeführt werden)

- für den Schnittpunkt t' der Projektion des Sichtstrahls auf eine der Basisflächen gilt

$$0 < \langle |t' - t_0| \cdot \vec{s}_2, \vec{n} \rangle < h,$$

153

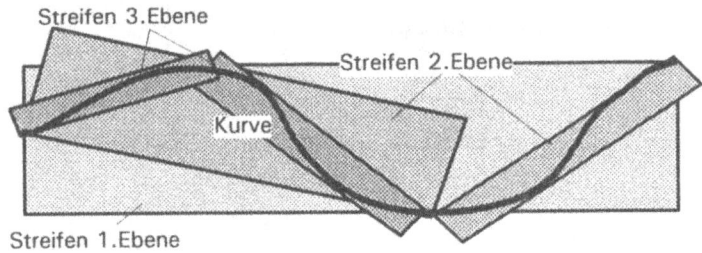

Abb. 5.23: Der Streifenbaum ist die rekursive Repräsentation einer beliebigen Kurve.

wobei t_0 der Skalar für den zweiten Schnittpunkt mit der Basisfläche, $\bar{n}$ die Normale auf der Basisfläche und h die Höhe des Prismas ist.

Streifenbaum

Für den zweiten Fall ist der Schnittpunkt zwischen der Projektion des Sichtstrahls und einer möglicherweise sehr komplexen Randkurve der Basis zu berechnen. Die Randkurve wird durch einen Streifenbaum (*strip tree* /Ball81/) repräsentiert. Er entsteht durch fortgesetzte Zerlegung einer zu Beginn die gesamte Kurve umfassenden Box. Die Zerlegung erfolgt an einem der Berührungspunkte der Kurve mit der Box (siehe Abb. 5.23). Auch in diesem Fall wird bei der anschließenden Schnittpunktberechnung nur derjenige Teil des Streifenbaums verfeinert, durch dessen Boxen der Strahl verläuft. So ist eine effiziente Schnittpunktberechnung für nahezu beliebig komplexe Randkurven möglich (die nicht unbedingt Polygone sein müssen).

Ray Tracing auf einem Rotationskörper

Genau wie bei einem Prisma erfolgt für Rotationskörper eine Reduzierung der Schnittpunktberechnung auf ein 2D-Problem. Der Schnittpunkt wird

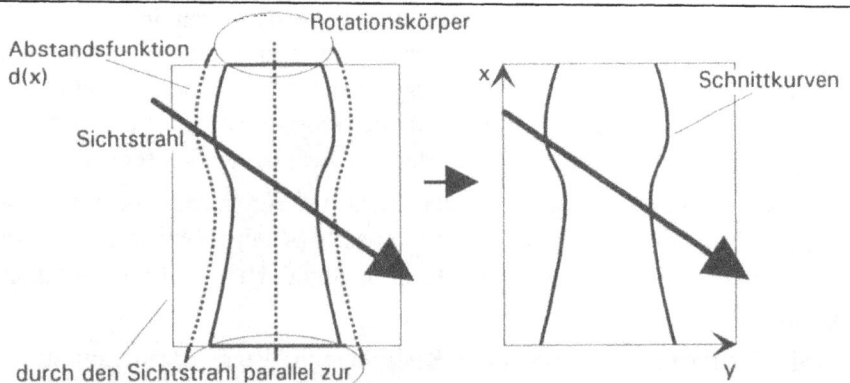

Abb. 5.24: Der Schnitt eines Rotationskörpers mit einer parallel zur Rotationsachse liegenden Ebene ergibt zwei Schnittkurven, deren Form nur vom Abstand zwischen der Ebene und der Rotationsachse abhängt.

in einer parallel zur Rotationachse x liegenden Ebene berechnet, in der der Sichtstrahl eingebettet ist. Diese Ebene enthält Schnittkurven des Rotationskörpers. Die Form der Schnittkurven hängt vom Abstand zur Rotationsachse und von der Abstandsfunktion $r(x)$ ab. Die Berechnung reduziert sich auf die Ermittlung des Schnittpunkts mit zwei solchen Kurven (siehe Abb. 5.24).

Da die Form der Schnittkurven bei unterschiedlichen Abständen erheblich variiert, müßte jedoch für jeden Sichtstrahl eine neuer Streifenbaum erzeugt werden. Wird dagegen eine Koordinatentransformation für die zur Rotationsachse parallele Koordinatenachse in der Form $x' = x^2$ vorgenommen, so bedeutet ein um d verschiedener Abstand des Sichtstrahls nur eine Verschiebung der Schnittkurven um d^2 entlang der y-Achse. Für alle Strahlen kann also derselbe Streifenbaum verwendet werden (der Strahl selbst ist freilich eine quadratische Kurve).

Koordinaten-transformation

5.3 Streuung an gasförmiger Materie

In gasförmiger Materie findet die Reflexion von Lichtstrahlen nicht an Oberflächen, sondern an mikroskopisch kleinen Partikeln statt. Durch Blinn /Blin82b/ wurde eine der ersten Anwendungen eines solchen Visualisierungsverfahrens (zur Darstellung der Ringe des Saturn) vorgestellt. Interessant ist dieser Ansatz zur realistischen Visualisierung von Nebel oder Wolken, aber auch im Bereich der Visualisierung abstrakter, mehrdimensionaler Funktionen, falls eine Definition von 'Oberflächen' nicht sinnvoll ist.

5.3.1 Reflexion an dünnen Partikelschichten

Das Verfahren von Blinn basiert auf der Annahme, daß Licht auf eine dünne Partikelschicht fällt und zum Betrachter reflektiert bzw. transmittiert wird (siehe Abb. 5.25). Die Form der Partikel ist die einer Kugel. Mehrere Faktoren bestimmen das Reflexionsverhalten der Partikelschicht:

Reflexion in gasförmiger Materie

- Der Lichtaustrittswinkel α ist der Winkel zwischen der Normalen auf der Partikelschicht und der Richtung des reflektierten Lichts.

Lichtaustritts-winkel

- Die Phasenfunktion $ph(\beta)$ gibt den beleuchteten Anteil der für den Betrachter sichtbaren Partikeloberfläche an (siehe Abb. 5.26). Die Phasenfunktion hängt von der Partikelstruktur und dem Winkel zwischen Betrachterposition und Lichtquellenposition relativ zum Partikel ab. Mit steigendem Phasenwinkel sinkt der Wert der Phasenfunktion.

Phasenfunktion

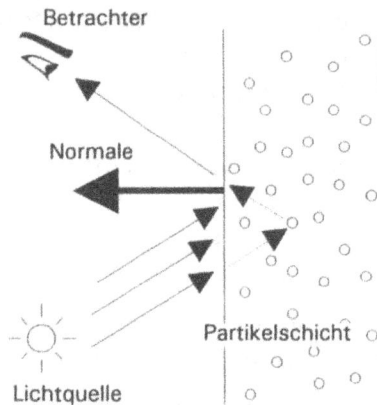

Abb. 5.25: Modell der Volumenvisualisierung nach Blinn /Blin82b/.

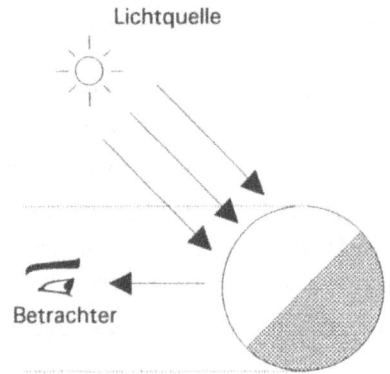

Abb. 5.26: Phasenwinkel eines Partikels.

Albedo

- Die Albedo a gibt den Anteil des einfallenden Lichts an, der an einem Partikel getreut wird. Die Albedo wird durch einen Skalar mit einem Wert zwischen 0 (alles einfallende Licht wird absorbiert) und 1 (alles Licht wird gestreut) modelliert. Es ist jedoch zu beachten, daß bei hoher Albedo Mehrfachstreuung berücksichtigt werden muß. In diesem Fall hängt die eben eingeführte Phasenfunktion zusätzlich vom Anteil des aus anderen Richtungen eingestreuten Lichts ab.

Streuung

- Die Streuungsfunktion S gibt an, ob Licht, das an einem Partikel gestreut wird, auch den Betrachter erreicht. Diese Funktion ist die Wahrscheinlichkeit, daß zwischen Partikel und Betrachter keine anderen Partikel liegen. Ist die Anzahl der Partikel je Volumeneinheit klein, so kann diese Wahrscheinlichkeit über eine Poissonverteilung modelliert werden.

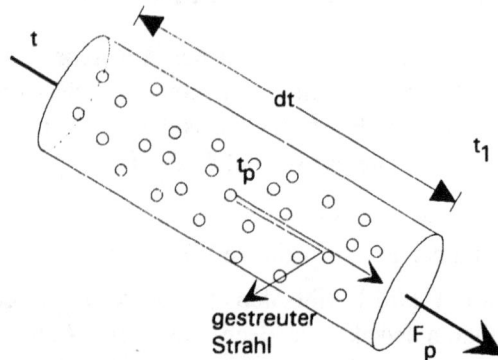

Abb. 5.27: Die entlang eines Lichtstrahls absorbierte Intensität hängt von lokalen Eigenschaften der Partikel ab.

Unter der Annahme, daß die Albedo klein ist, ist die Reflexion:

$$I = \frac{a}{\cos \alpha} \cdot ph(\beta) \cdot S.$$

Hierbei kann die Streuungsfunktion S als Poissonverteilung über den Erwartungswert der Anzahl der Partikel zwischen streuendem Partikel und Betrachter realisiert werden. Da die Albedo a klein ist, kann eine Phasenfunktion ph als isotrope oder bezüglich des Phasenwinkels anisotrope Funktion des Phasenwinkels unabhängig von der Streuung des Lichts durch die Partikel realisiert werden.

5.3.2 Erweiterungen für beliebige Partikelvolumen

Das oben genannte Verfahren dient zur Beschreibung dünner gasförmiger Schichten. Für die Modellierung beliebiger skalarer Felder wurde von Sabella /Sabe88/ eine Adaption vorgestellt, die auf einer Weiterentwicklung des Blinn'schen Verfahrens von Kajiya, van Herzen /Kaji84/ basiert (siehe Abb. 5.27):

$p(x,y,z)$ gebe das Verhältnis des von Partikel okkupierten Volumens V_p zum Gesamtvolumen V an der Stelle (x,y,z) an:

$$p(x,y,z) = \frac{dV_p}{dV}.$$

Wenn ein Partikel das Volumen $VOL(p)$ hat, dann ist der Erwartungswert der Anzahl von Partikeln in einem Gebiet R

$$E_R = \int_R \frac{dV_p}{VOL(p)} \, dR.$$

Strahlt jedes Partikel Licht mit der Intensität I_p aus, dann ist die Gesamtintensität aller Partikel des Dichtefelds $p[x(t),y(t),z(t)]$ (oder kurz: $p(t)$) auf einem Zylinder mit der Länge dt entlang des Strahls t und mit der Grundfläche F_p (dem Querschnitt des Partikels):

$$I = I_p \cdot E_{Zylinder} = \frac{I_p \cdot F_p}{VOL(p) \cdot p(t) \cdot dt}.$$

Das Licht, welches in die Richtung des Betrachters reflektiert wird, kann durch Partikel, die im Lichtstrahl liegen, gestreut werden. Der Erwartungswert der Anzahl der Partikel, die zwischen einem Partikel an der Position t_p und dem Ende des Zylinders t_1 liegen, ist:

$$E = \frac{F_p}{VOL(p) \cdot \int_{t_p}^{t_1} p(t)dt}.$$

Die Wahrscheinlichkeit, daß zwischen t_p und t_1 keine weiteren Partikel liegen, wird poissonverteilt angenommen:

$$P(0|V) = \exp(-E) = \exp\left[\frac{-F_p}{VOL(p) \cdot \int_{t_p}^{t_1} p(t)dt}\right].$$

Die Lichtintensität des von Punkt t_p den Betrachter erreichenden Lichts ergibt sich durch die Multiplikation der Ausgangsintensität mit der Wahrscheinlichkeit, daß das Licht den Betrachter erreicht:

$$I(t) = I_p \cdot E_{Zylinder} \cdot P(0|V)$$

$$= \frac{I_p \cdot F_p}{VOL(p) \cdot p(t) \cdot dt \cdot \exp(-E)} \cdot$$

Reflexion von allen Partikeln   Die Gesamtintensität des von allen Partikeln in dem Zylinder zum Betrachter reflektierten Lichts ist das Integral der Einzelintensitäten entlang des Strahls von t_1 nach t_2:

$$I_{ges} = I_p \cdot \frac{F_p}{VOL(p)} \cdot \int_{t_1}^{t_2} p(t) \cdot \exp\left[\frac{-F_p}{\int_{t_p}^{t_1} p(t)dt}\right] dt \cdot$$

Optische Länge   Das Modell läßt sich für *ray tracing*-Verfahren auf einer Dichtefunktion benutzen. Neben der Dichtefunktion selbst müssen die Leuchtintensität je Partikel und das Verhältnis zwischen Partikelquerschnitt und Partikelvolumen bekannt sein. Letzteres ist umgekehrt proportional zur *optischen Länge*, einem Parameter, der die Eindringtiefe von Lichtstrahlen in ein Medium beschreibt. Beide Parameter werden durch den Benutzer für die Erzielung unterschiedlicher Visualisierungseffekte spezifiziert.

5.4 Volumenvisualisierung

Durch das Modell einer gasförmigen Materie wird die Reflexion an kleinen Partikeln beschrieben. Eine Alternative zur Visualisierung von Räumen ohne spezifische Objektzuordnung besteht in dessen Auffassung als semi-transparentes Medium, ohne daß eine besondere Beschreibung der die Transparenz bewirkenden Partikeldichte erfolgt. In diesem Raum kann ein *ray tracing*-Verfahren durchgeführt werden, wenn vorausgesetzt wird, daß Licht an jedem Punkt des Raums reflektiert, absorbiert und transmittiert wird. Ein solches Modell läßt sich allerdings kaum mit einer Berücksichtigung von Mehrfachreflexionen kombinieren, da jeder Ort eines - diskreten, aber aus vielen Elementen bestehenden - Raums potentieller Reflektor und Transmitter von Licht wäre. Die Rechenzeit für ein echtes *ray tracing*-Verfahren wäre also sehr hoch. Daher wird hier nur von einer einfachen Reflexion ausgegangen. Verfahren dieser Art heißen *ray casting*- (nach der Art der Lichtstrahlverfolgung) oder *volume rendering*-Methoden (nach dem Zweck der Anwendung, wobei manchmal auch die in 5.3 angeführten Verfahren unter diesem Begriff subsummiert werden).

Volume rendering-Methoden haben die Visualisierung der Werte einer diskret repräsentierten, kontinuierlichen Funktion zum Ziel. Es wird im allgemeinen von einer Voxelrepräsentation mit kubischen Voxeln ausgegangen, obwohl mit zunehmender Anwendung in allen Bereichen der *scientific visualisation* auch diskrete Funktionsrepräsentationen auf nicht-regulären Gittern durch diese Methoden dargestellt werden. Die Informationsvermittlung erfolgt durch die Darstellung der Funktion als transparente Struktur, deren Maß an Transparenz von den Funktionswerten abhängt.

5.4.1 Der Volume-Rendering-Algorithmus

Durch *volume rendering* ist die gleichzeitige Darstellung von Oberflächen und transparenten Volumina möglich. Es basiert auf einem *ray casting*-Ansatz. Für jedes Voxel wird ein Reflexionsanteil - für den ein Beleuchtungsmodell zur Ermittlung von Richtung, Stärke und Farbzusammensetzung des reflektierten Lichts angewendet wird - und ein Transmissionsanteil berechnet /Dreb88/, /Levo88/.

Volume Rendering

Der Reflexionsanteil steigt mit der Wahrscheinlichkeit, daß durch dieses Voxel eine Oberfläche verläuft. Vor einer Visualisierung erfolgt daher eine Klassifizierung, bei der jedem Element der Voxelrepräsentation Wahrscheinlichkeiten w_i der Zugehörigkeit zu Objekten O_i zugeordnet werden. Die Basis für die Klassifikation ist im einfachsten Fall die durch die Voxelrepräsentation beschriebene Funktion (siehe Abb. 5.28). Von den zu segmentierenden Objekten wird angenommen, daß unterschiedliche Objekte unterschiedliche Funktionswerte haben. Es wird davon ausgegangen, daß degradierende Einflüsse zu einer Streuung der Funktionswerte geführt haben. Die Streuung kann als Wahrscheinlichkeit der Zugehörigkeit eines Voxels zu

Objekt-
wahrscheinlichkeit

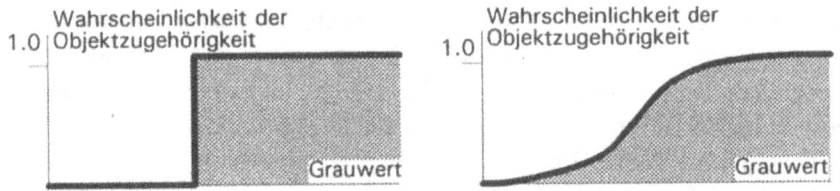

Abb. 5.28: Dem *volume rendering* nach Drebin et al. /Dreb88/ und Levoy /Levo88/ liegt die Annahme zugrunde, daß nicht für jeden Grauwert exakt entschieden werden kann, ob er zu einem Objekt gehört. Statt dessen geht man von einem allmählichen Übergang aus und gibt für jeden Grauwert eine Zugehörigkeitswahrscheinlichkeit an.

---

einem bestimmten Objekt gewertet werden. Wenn die Streuung gering genug ist, zeigt das Histogramm der Funktion ausgeprägte Maxima für jedes Objekt O_i und die Wahrscheinlichkeit w_i, daß ein bestimmter Funktionswert ein Objekt O_i repräsentiert, kann aus dem Histogramm abgeleitet werden. Es ist aber auch denkbar, daß eine wahrscheinlichkeitsbasierte Klassifikation die Basis für das Visualisierungsverfahren bildet.

Oberflächen-
normale

Die Normale an der Oberfläche O_i ist der normierte Gradient der Wahrscheinlichkeitsfunktion w_i an dieser Stelle. Die Rechtfertigung hierfür läßt sich aus den oben gemachten Angaben ableiten. Wenn eine Entscheidung gefällt wird, daß die Oberfläche durch Punkte mit der Wahrscheinlichkeit $w_i(x, y, z) = T$ verläuft, dann ist die Voraussetzung zur Berechnung der Normalen aus dem Gradienten von $w_i(x, y, z)$ gegeben. Im Gegensatz zur Oberflächenvisualisierung muß allerdings keine Entscheidung darüber getroffen werden, bei welcher Zugehörigkeitswahrscheinlichkeit die Objektoberfläche erreicht ist. Vielmehr läßt sich der Betrag (die Länge) des Gradienten als Maß für die Wahrscheinlichkeit einer Oberfläche in das Visualisierungsverfahren nutzen. Der Ansatz ist sinnvoll, denn innerhalb und außerhalb eines Objekts sollte die Zugehörigkeitswahrscheinlichkeit konstant (0.0 oder 1.0) sein, und der Gradient somit den Betrag 0 haben, während zum Objektrand hin sich die Zugehörigkeitswahrscheinlichkeit verändert und der Betrag des Gradienten somit ansteigt. Die aus dem Gradientenbetrag abgeleitete Wahrscheinlichkeit einer Oberfläche wird genutzt, um das Verhältnis zwischen Transmission und Reflexion von einfallendem Licht zu steuern. Ist der Betrag des Gradienten gering, so wird viel Licht transmittiert und wenig reflektiert, während im umgekehrten Fall der reflektierte Anteil ansteigt. In der Projektion der Voxelrepräsentation addieren sich die Anteile reflektierten Lichts. Damit wird der Eindruck von einer Oberfläche vermittelt, obwohl kein Voxel explizit als Oberflächenvoxel spezifiziert wird.

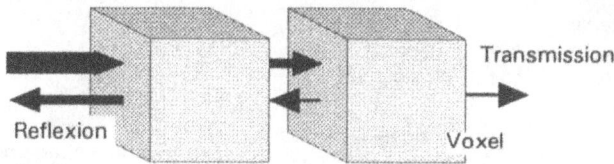

Abb. 5.29: In jedem Voxel findet eine von Grauwert und Grauwertgradienten abhängige Reflexion und Transmission des einfallenden Lichts statt.

Das Maß der Transparenz eines Objekts (umgekehrt proportional zum maximal möglichen Anteil der Reflexion) läßt sich, genau wie die Farbe des transmittierten und reflektierten Lichts, objektspezifisch festlegen. Für jedes Voxel v wird ein Vektor $\vec{I}_{aus}(v)$ berechnet, der die Intensität des Rot-, Grün- und Blauanteils des das Voxel verlassenden Lichts angibt. Er wird aus der Intensität $\vec{I}_{ein}(v)$ des in das Voxel einfallenden Lichts, der Transparenz $a(v)$ des Voxels und der im dem Voxel nach einem Beleuchtungsmodell (meist ist es das Phong'sche Modell) reflektierten Farbzusammensetzung $\vec{r}(v)$ nach der folgenden Formel berechnet (siehe Abb. 5.29):

$$\vec{I}_{aus}(v) = \vec{I}_{ein}(v) \cdot \left[1 - a(v)\right] + \vec{r}(v) \cdot a(v) \tag{5.6}$$

Der Wert von $\vec{r}(v)$ wird durch das Beleuchtungsmodell unter Verwendung einer aus dem Gradienten abgeleiteten Normalen berechnet. Der Transparenzfaktor $a(v)$ ergibt sich aus dem Betrag (der Länge) des Gradienten und einer meist aus der Objektzugehörigkeit abgeleiteten minimalen Transparenz. Er kann zwischen 0.0 (völlige Transparenz, kein Licht wird reflektiert) und 1.0 (keine Transparenz, alles Licht wird reflektiert) liegen.

Für die graphische Ausgabe werden für jeden Rasterpunkt alle auf diesen Punkt projizierten Voxel ermittelt. Anschließend wird entlang jedes Lichtstrahles die in Richtung des Betrachters reflektierte Intensität von Voxel zu Voxel aufaddiert. Dabei ergibt sich die Eingangsintensität eines Voxels v als $\vec{I}_{ein}(v) = I_{aus}(Vorgänger(v))$ aus der Ausgangsintensität des Vorgängervoxels.

Schwierigkeiten bei diesem Verfahren gibt es bei der Feststellung derjenigen Farbe, die an Oberflächen in Voxeln reflektiert wird, in denen mehr als ein Objekt eine von Null verschiedene Wahrscheinlichkeit hat. Mischt man die Farben dieser Objekte, so führt das zu einem verwaschenen Aussehen (man denke nur daran, was passiert, wenn ein weißes und ein rotes Objekt aneinander grenzen; die Oberfläche sähe rosa aus). Daher wurde vorgeschlagen, daß die Oberflächenfarbe durch das vom Betrachter weiter entfernte Objekt bestimmt wird /Dreb88/. Um festzustellen, um welches Objekt es sich handelt, wird die Richtung der Gradienten der Wahrschein-

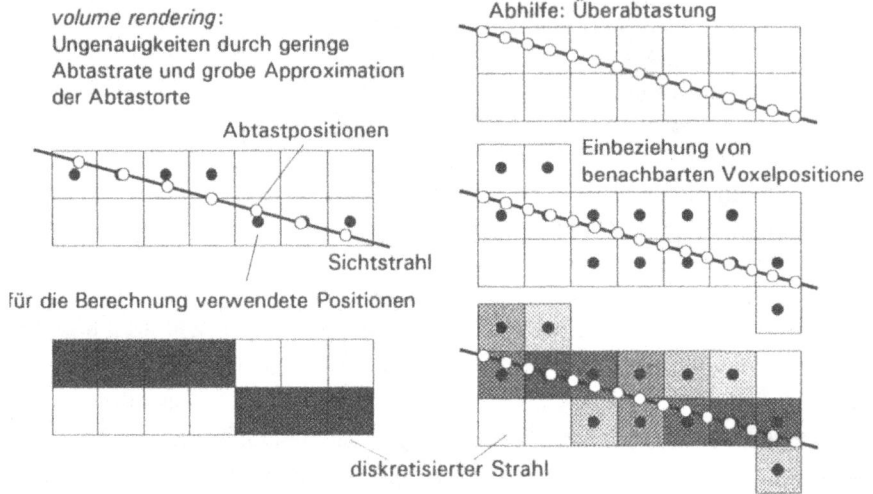

Abb. 5.30: Ungenauigkeiten bei der Abtastung entlang des Sichtstrahls können durch eine erhöhte Abtastrate und genauere Abtastung verhindert werden.

lichkeitsfunktionen aller Objekte relativ zum Betrachterstandpunkt ausgewertet. Zeigt ein Gradient zum Betrachter, so liegt das betreffende Objekt weiter von Betrachter entfernt und bestimmt die Farbe des betreffenden Voxels. Wenn mehr als zwei Objekte in einem Voxel eine von Null verschiedene Zugehörigkeitswahrscheinlichkeit haben, so wird dasjenige Objekt gewählt, dessen Gradient den größten Winkel mit einem Vektor von diesem Voxel zum Betrachterstandpunkt bildet.

Artefakte durch Bildrauschen

Bei der Darstellung einer Voxelrepräsentation durch *volume rendering* werden Artefakte sichtbar, die aus der Art des Datensatzes und dem Visualisierungsverfahren resultieren. Durch verrauschtes Bildmaterial ist damit zu rechnen, daß die Gradientenapproximation ungenau ist, was durch falsche Normalen in das Beleuchtungsmodell eingeht, und - bei sehr schmalen Objekten - zu einer Fehleinschätzung der Oberflächenwahrscheinlichkeit führt. Der Einfluß durch Rauschen kann durch Berücksichtigung einer größeren Nachbarschaft bei der Berechnung des Grauwertgradienten gemindert werden (z.B. durch die in 4.4.3 genannte dreidimensionale Erweiterung des Sobelfilters).

Aliasing

Ein weiterer Effekt ist das durch Unterabtastung verursachte Aliasing im Ergebnisbild. Häufig wird ein Sichtstrahl in den Datenkubus verfolgt und an vorgegebenen Positionen nach einem dem Strahl am nächsten liegenden Voxel gesucht. Dieses Voxel wird für die Visualisierungsberechnung verwendet. Aus Gründen der Effizienz wird nicht beachtet, daß der Strahl nicht durch die Voxelmitte verläuft und es zudem durch die Suche nach dem

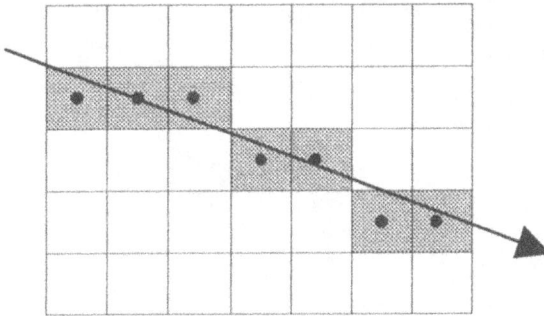

Abb. 5.31: Die Digitalisierung des Lichtstrahls durch die Voxelrepräsentation führt zu Ungenauigkeiten bei der Berechnung und daher zu Artefakten im visualisierten Ergebnis.

nächstliegenden zu einer unregelmäßigen Abtastung entlang des Sichtstrahls kommt. Die Einflüsse können gemindert werden, wenn die Abtastrate entlang des Sichtstrahl erhöht wird und für jeden Abtastpunkt die Werte aller ihm benachbarter Voxel anteilsmäßig ihres Abstandes zur Berechnung herangezogen werden (siehe Abb. 5.30).

5.4.2 Schnelles Volume Rendering

Die Rechenzeiten für *ray casting*-Methoden sind hoch, da auch hier eine große Anzahl von Lichtstrahlen durch eine große Anzahl von Volumenelementen verfolgt werden muß. Daher wird versucht, mit möglichst einfachen Berechnungsverfahren für die Strahlverfolgung zu arbeiten. Eine Möglichkeit besteht in der Digitalisierung des Strahls (beispielsweise nach dem Bresenham-Algorithmus /Fell93/). Anschließend muß nur noch der Anfangspunkt des Strahls versetzt werden. Alle anderen Positionen sind zuvor durch den Bresenham-Algorithmus als relative Veränderungen festgehalten worden. Leider ist die Berechnung so ungenau, daß es zu Artefakten im visualisierten Ergebnis kommt (siehe Abb. 5.31). Sie läßt sich aber mit dem im vorigen Abschnitt vorgestellten Anti-Aliasingverfahren kombinieren.

Volume Rendering auf digitalen Linien

Vor allem, wenn der Lichtstrahl nicht auf ein Objekt trifft, also durch den Hintergrund der Szene verläuft, dauert auch unter Nutzung des Bresenham-Verfahrens die Berechnung sehr lange. Erst wenn das gesamte Volumen durchdrungen ist, zeigt sich, daß tatsächlich kein Objekt den Lichtstrahl schneidet. Um diese Art nutzloser Berechnungen zu vermeiden, kann man einen umschließenden Quader um das Objekt definieren, außerhalb dessen keine Berechnung erfolgt.

Ein eleganter Ansatz, der eine sich allmählich verbessernde Ausgabe von Zwischenergebnissen zuläßt, basiert auf einer hierarchischen Repräsen-

Oct-Trees für schnelles Volume Rendering

163

Abb. 5.32: Durch Grauwert und Grauwertgradient kann eine unterschiedliche Darstellung unterschiedlicher Objekte erzeugt werden.

tation des zu visualisierenden Raums /Levo90a/. Dieser, auf einer *oct-tree*-Repräsentation basierende Ansatz geht von einem einzigen Quader aus, der den gesamten Datenraum durch einen mittleren Funktionswert repräsentiert. Dieser Quader wird solange zerlegt, bis die Varianz der Funktionswerte eines Teilquader ein gewisses Minimum unterschreitet. Hintergrund und andere homogene Bereiche werden also durch wenige, große und schnell zu bearbeitende Quader repräsentiert.

Der *oct-tree* wird vollständig, d.h. mit allen Knoten, repräsentiert. *Volume rendering* kann als *back-to-front*(BTF)- oder *front-to-back*(FTB)-Traversierung aller Blätter realisiert werden (siehe Abschnitt 4.2.4). Um die Wartezeit auf das Ergebnis zu verkürzen, kann eine sich allmählich verfeinernde Darstellung erzeugt werden. Auf jeder Verfeinerungsstufe werden die Knoten einer Ebene des Baums ausgegeben. Besitzt ein Knoten Unterknoten, so wird der durchschnittliche Grauwert und der durchschnittliche Gradient aller Unterknoten für die Visualisierung benutzt. Eine Verfeinerung der Visualisierung erfolgt durch Bearbeitung der nächstniedrigeren Ebene des Baums.

Darstellung unterschiedlicher Objekte

Um unterschiedliche Objekte auch verschieden darzustellen, kann neben dem Grauwertgradienten der Grauwert selbst für die Darstellung verwendet werden. Wenn eine vom Grauwert abhängige Zuordnung von Voxeln zu Objekten möglich ist, läßt sich eine zweidimensionale Opazitätsfunktion definieren, bei der die Transparenz auch vom Grauwert abhängt (siehe Abb. 5.32).

Kombination von Volume Rendering und Oberflächendarstellung

Die Darstellung durch *volume rendering* kann mit einer Oberflächendarstellung kombiniert werden /Levo90b/. Oberflächen werden nach ihrer eigenen Visualisierungsmethode dargestellt und beleuchtet. Nach der Konvertierung in die zweidimensionalen diskreten Bildschirmkoordinaten werden sie in das *volume rendering*-Verfahren eingebracht. Die bei der Konversion

164

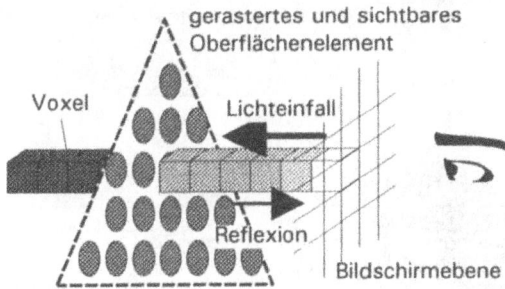

Abb. 5.33: Bei der kombinierten Visualisierung einer Oberfläche und einer Voxelrepräsentation werden gerasterte, sichtbare Oberflächenanteile in das *volume rendering* eingebracht.

gestrichene Abstandsangabe für einen Oberflächenpunkt wird dazu benutzt, während des *volume rendering* festzustellen, wieviel Licht diesen Oberflächenpunkt erreicht und wieviel der reflektierten Intensität den Betrachter erreicht. Zusätzlich kann diese Darstellung mit Schnitten kombiniert werden, an denen die originalen Funktionswerte visualisiert werden (siehe Abb. 5.33). Durch dieses Verfahren kann auch das in Unterkapitel 5.3 vorgestellte Absorptions-Streuungs-Modell, das selbst keine Reflexion an Oberflächen vorsieht, mit einer Oberflächendarstellung kombiniert werden.

Ein inhärenter Nachteil der Repräsentation, auf der das *volume rendering*-Verfahren arbeitet, ist, daß stets das gesamte Volumen bei der Darstellungsberechnung durchsucht werden muß, obwohl die Intensität des verfolgten Lichtstrahls nur an wenigen Orten eine signifikante Modifikation erfährt. Wichtig für die Visualisierung sind nur diejenigen Volumenelemente, an denen die Oberflächenwahrscheinlichkeit größer als Null ist.

Um diesem Umstand Rechnung zu tragen, kann die in Abschnitt 3.3.2 vorgestellte *shell*-Repräsentation von Udupa et al. /Udup93/ für das *volume rendering* verwendet werden. Diese Repräsentation wurde so entworfen, daß, obwohl nur derjenige Teil von Voxeln repräsentiert wird, dessen Oberflächenwahrscheinlichkeit größer als Null ist, trotzdem die ursprüngliche räumliche Ordnung dieser Voxel im dreidimensionalen Datenkubus erhalten bleibt. So konnte zur Visualisierung ein BTF- oder FTB-Verfahren ausgeführt werden, durch das potentielle Oberflächenvoxel in nach z-Werten geordneter Reihenfolge auf einen Ausgabepuffer geschrieben werden. Jedesmal, wenn durch diesen Prozeß ein Vorgängervoxel überschrieben wird, wird die kumulative Intensität des durchgelassenen Lichts nach Gleichung (5.6) berechnet. Durch die Konzentration auf die Oberflächenvoxel wird so eine erhebliche Beschleunigung des Visualisierungsverfahrens erreicht. (In /Udup93/ werden Zeiten von wenigen Sekunden für die Darstel-

Shell Rendering

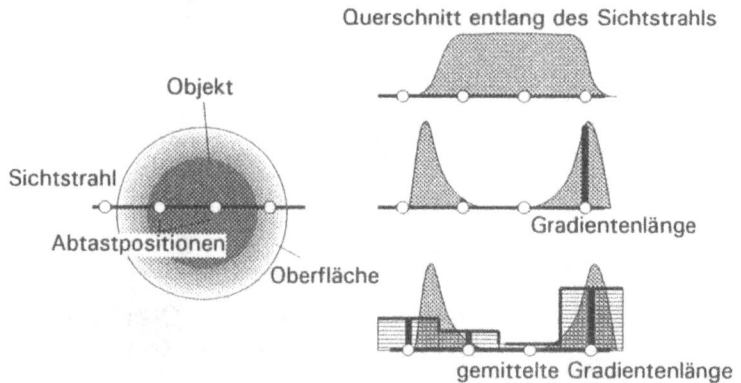

Abb. 5.34: Die Gradientenberechnung in einer impliziten Repräsentation darf nicht nur an den Abtastpositionen erfolgen, sondern muß zwischen benachbarten Positionen gemittelt werden.

lung von Objekten mit etwa einer Million Oberflächenvoxeln auf einer *Silicon Graphics*-Maschine genannt.)

5.4.3 Volume Rendering auf impliziten Repräsentationen

Eine Voxelrepräsentation ist die Diskretisierung einer impliziten Repräsentation $f(x,y,z)=0$. Diese kann auch selbst durch *volume rendering* visualisiert werden. Das Verfahren ist eine attraktive Alternative zu den in Abschnitt 5.2.6 vorgestellten *ray tracing*-Verfahren für komplexe, implizite Oberflächenrepräsentationen, da hier die Notwendigkeit der Schnittpunktberechnung nicht besteht.

Artefakte

Genau wie in einer Voxelrepräsentation werden Sichtstrahlen abgetastet und der Gradient an jeder Abtastposition zur Berechnung der Oberflächenwahrscheinlichkeit herangezogen. Einige, durch Rauschen und die Diskretisierung verursachten Artefakte bei der Darstellung einer Voxelrepräsentation treten hier nicht auf. Rauschen ist nicht Teil der Repräsentation, und die durch die diskrete Voxelrepräsentation verfälschten Abtastpositionen (siehe Abb. 5.30) sind in einer impliziten Repräsentation nicht existent.

Gradienten-
berechnung

Die Berechnung des Gradienten darf jedoch nicht durch partielle Ableitung der impliziten Objektfunktion erfolgen. Bei einem sehr großen Gradienten und einer zu geringen Abtastrate entlang des Sichtstrahls könnte sonst der Übergang zwischen zwei Objekten übersehen werden. Deshalb muß der Gradient an einem Abtastpunkt aus dem Mittel aller Gradienten zwischen diesem Punkt und dem nächsten Abtastpunkt gebildet werden (siehe Abb. 5.34).

6 Visualisierung durch ein globales Beleuchtungsmodell

Verfahren der Lichtstrahlverfolgung beschreiben Reflexion, Transmission und Absorption des an Oberflächen spiegelnd reflektierten Lichts. Durch eine im Vergleich zu lokalen Beleuchtungsmodellen genauere Repräsentation des Reflexionsverhaltens hofft man, eine größere Realitätsnähe der erzeugten Darstellung zu erreichen. Die spiegelnde Reflexion macht jedoch in realen Szenen oft nur einen kleinen Teil der an Oberflächen stattfindenden Reflexion aus. Der zweite Anteil, die diffuse Reflexion, wird im oben angeführten Modell jedoch immer noch durch die entsprechenden Terme des Phongschen Modells approximiert.

Globale Beleuchtungsmodelle haben daher das Ziel, die gesamte Reflexion und Emission, die innerhalb eines geschlossenen Raums stattfindet, zu beschreiben. Durch ein auf Basis des Gesetzes zur Erhaltung der Energie entwickeltes Modell wird ermittelt, was mit emittierter Strahlung durch Reflexion und Transmission an Oberflächen geschieht. Globale Beleuchtungs-modelle

Ein *ray tracing*-Verfahren ist freilich für die Modellierung der geometrischen Aspekte der diffusen Reflexion zwischen Oberflächen nicht sehr gut geeignet. Der diffuse Reflexionsanteil wird an der Oberfläche gleichmäßig in alle Richtungen reflektiert, so daß eine Verfolgung aller Lichtstrahlen unmöglich wäre. Statt dessen macht man sich die Richtungsunabhängigkeit der diffusen Reflexion zunutze. Die Berechnung der Beleuchtung erfolgt für jeden Oberflächenpunkt einer geschlossenen Szene, in der jeder Oberflächenpunkt gleichzeitig Sender und Empfänger von Strahlung ist. Da die gesamte durch Emission in die Szene einfallende Lichtstrahlung bekannt ist und die von einem Punkt empfangene Strahlung ausschließlich von gleichfalls bekannten geometrischen Faktoren abhängt, ergibt sich - nach einer Diskretisierung des Problems - ein lösbares lineares Gleichungssystem für die an jedem Punkt der Szene einfallende Strahlung. Lösungen für die diffuse Reflexion nach diesem Prinzip heißen *radiosity*-Verfahren. Sie waren das erste wirklich umfassende Modell für die in einem Raum stattfindende Reflexion. Radiosity-Verfahren

Die natürliche Erweiterung für dieses Modell ist die Einbeziehung der spiegelnden Komponente in das Verfahren. Da jedoch - genau wie *ray* Erweitertes Radiosity-Verfahren

167

tracing-Verfahren für die spiegelnde Reflexion - die *radiosity*-Methode eine für das spezielle Verhalten der diffusen Reflexion optimierte Lösung ist, ist eine solche Erweiterung nicht einfach. Sowohl die Integration einer gerichteten Reflexion in das *radiosity*-Modell als auch die Einbeziehung ungerichtet reflektierender Oberflächen in die *ray tracing*-Methodik wurden realisiert und werden in diesem Kapitel behandelt.

6.1 Die Modellierung der diffusen Reflexion

Approximation der Reflexion durch das Phongsche Modell

Im Phongschen Modell wird die ungerichtete Reflexion durch die beiden Terme der diffusen und ambienten Reflexion beschrieben. Der erste Term umfaßt denjenigen Anteil, der den Betrachter nach einmaliger Reflexion an einer Oberfläche erreicht. Alle Mehrfachreflexionen werden unter dem zweiten Term subsummiert. Für sie wird angenommen, daß Licht gleichmäßig aus allen Richtungen auf die Oberfläche einfällt. Zudem wird angenommen, daß das reflektierte Spektrum nur vom Spektrum der Lichtquelle und dem Material abhängt, an dem die letzte Reflexion stattfand. Beides sind grobe Approximationen der Realität, durch die insbesondere nicht berücksichtigt wird, daß auch durch Mehrfachreflexionen Schattenwurf bewirkt werden kann und daß die Mehrfachreflexion an unterschiedlich farbigen Oberflächen zu einer Veränderung des reflektierten Spektrums führen. Ein Modell, das all diese Umstände berücksichtigt, ist das von Goral et al. vorgestellte *radiosity*-Modell /Gora84/.

6.1.1 Ein Modell des Strahlentransports

Strahlentransport

Die diffus reflektierte Strahlung wird für einen geschlossenen Raum mit bekannter Geometrie für alle in diesem Raum existierenden Oberflächen berechnet. Jeder Oberflächenpunkt emittiert Licht, welches sich aus einer originären Emission (etwa, wenn dieser Punkt Teil einer Lichtquelle ist) und der Reflexion des von allen anderen Oberflächenpunkten des Raums auf diesen Punkt einfallenden Lichts zusammensetzt (siehe Abb. 6.1 und Farbtafel 15). Besitzt dieser Raum Öffnungen, z.B. Fenster, so werden diese als Licht emittierende Flächen modelliert. Auch Außenszenen können so modelliert werden, betrachtet man den Himmel als eine halbkugelförmige, Licht emittierende Fläche über einem ebenen, kreisförmigen Erdboden.

Radiosity-Gleichung

Unter diesen Voraussetzungen ist die Lichtemission (die *radiosity B*) an einem Oberflächenpunkt, d.h. an einer infinitesimalen Fläche, dA_i (siehe Abb. 6.2)

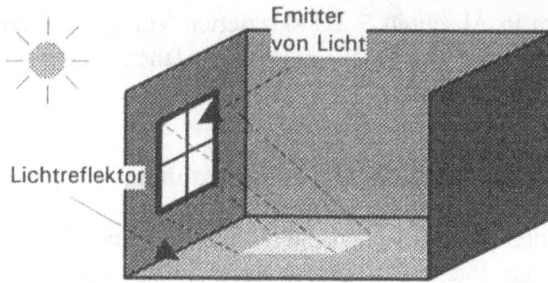

Abb. 6.1: Das *radiosity*-Modell setzt eine geschlossene Szene voraus, in der Licht von jeder Fläche emittiert und reflektiert wird. Öffnungen werden als Emitter von Licht behandelt.

$$B_{dA_i} dA_i = \varepsilon_{dA_i} dA_i + \rho_{dA_i} \cdot \int_{A_j} B_{dA_j} F_{dA_j dA_i} dA_j \qquad (6.1)$$

mit

B_{dA_i} -   *radiosity* an dAi,

ε_{dA_i} -   Emission von dAi,

ρ_{dA_i} -   Reflexionsfaktor von dAi (zwischen 0 und 1),

$F_{dA_j dA_i}$ -   Formfaktor für die Reflexion von dA_j nach dA_i (die

               Energie, die von dA_j nach dA_i reflektiert wird).

Mit Ausnahme von B_{dA_i} gibt es keine unbekannten Variablen in Gleichung 6.1, da die Geometrie der Oberflächen bekannt ist. Reflexionsfaktor und Emission von dA_i sind jedoch wellenlängenabhängig. Die Gleichung muß daher für alle Punkte dA_j und für jede Wellenlänge des sichtbaren Lichts gelöst werden. Dies kann in grober Approximation durch Berechnungen der *radiosity* für die drei Spektralkanäle Rot, Grün und Blau erfolgen. Eine genaueres Resultat ergibt sich durch Approximation der Tristimulus-

Farbe im Radiosity-Modell

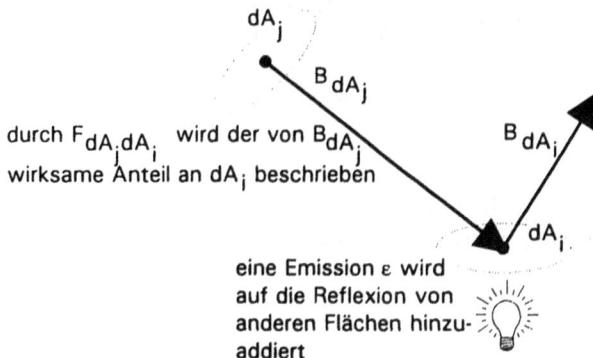

Abb. 6.2: Geometrie der *radiosity*-Gleichung.

werte nach dem in Abschnitt 5.2.3 skizzierten Verfahren. Nach der Berechnung der *radiosity* für alle Flächenpunkte entstehen so bemerkenswert realistische Szenendarstellungen.

6.1.2 Berechnung der empfangenden Strahlung

Diskretisierung des Radiosity-Modells

Für infinitesimale Flächen läßt sich die Emission dennoch selten berechnen, da das Integral in Gleichung (6.1) nur für wenige, regelmäßig geformte Oberflächen berechenbar ist. Daher wird von einer *Szene* mit endlich vielen Flächenelementen A_i ausgegangen, deren Strahlung für die gesamte Fläche konstant ist. Diese Flächenelemente können beispielsweise die Polygone einer Oberflächenrepräsentation sein. Dann ist

$$B_i A_i = \varepsilon_i A_i + \rho_i \cdot \sum_{j=1, j \neq i}^{N} B_j F_{ji} A_j.$$ (6.2)

Vertauscht man die Rollen von Strahlen sendenden und Strahlen empfangenden Flächenelementen, so ergäbe sich nur eine Richtungsänderung des Energieflusses. Es gilt

$$F_{ij} A_i = F_{ji} A_j$$ (6.3)

und man kann die Gleichung (6.2) umformen und durch A_i dividieren. Man erhält für jedes Flächenelement A_i für $i = 1, \ldots, N$ die Gleichung

$$B_i = \varepsilon_i + \rho_i \cdot \sum_{j=1, j \neq i}^{N} B_j F_{ij} \quad \Leftrightarrow \quad \varepsilon_i = B_i - \rho_i \cdot \sum_{j=1, j \neq i}^{N} B_j F_{ij}.$$

Um die an einem Flächenelement einfallende Strahlung zu berechnen, ist daher das folgende lineare Gleichungssystem für den Vektor $\vec{B} = [B_1 \ldots B_N]$ zu lösen:

$$\begin{bmatrix} 1 & -\rho_1 F_{12} & \cdots & -\rho_1 F_{1N} \\ -\rho_2 F_{21} & 1 & & \vdots \\ \cdots & & \ddots & \\ -\rho_N F_{N1} & -\rho_M F_{N2} & \cdots & 1 \end{bmatrix} \times \begin{bmatrix} B_1 \\ B_2 \\ \vdots \\ B_N \end{bmatrix} = \begin{bmatrix} \varepsilon_1 \\ \varepsilon_2 \\ \vdots \\ \varepsilon_N \end{bmatrix}.$$ (6.4)

Lösung der Radiosity-Gleichung

Wenn die Formfaktoren und die Reflexionskonstanten bekannt sind, kann das Gleichungssystem durch iterative Lösungsverfahren gelöst werden. Da die Matrix diagonaldominant ist - die Gesamtreflexion von einem Flächenelement in Richtung aller anderer Flächenelemente kann nicht größer als die auf es einfallende Energie sein und daher gilt $\sum_{j=1, j \neq i}^{N} |\rho_i F_{ij}| < 1$ für alle i - läßt sich das schnell konvergierende Gauß-Seidel Verfahren /Atki89/ anwenden. Beginnend mit einer initialen Schätzung $B^{(0)}$ (z.B. $B^{(0)} = [0 \ldots 0]$) werden die Elemente der jeweils nächsten Näherung $B^{(m+1)}$ aus der Vorgängernäherung $B^{(m)}$ erzeugt durch

$$B_i^{(m+1)} = \left(\varepsilon_i + \sum_{j=1}^{i-1} \rho_i F_{ij} B_j^{(m+1)} + \sum_{j=i+1}^{N} \rho_i F_{ij} B_j^{(m)} \right). \tag{6.5}$$

Gauß-Seidel-
Verfahren

Das Hauptproblem besteht in der Berechnung der Formfaktoren. Unter Berücksichtigung vom relativen Winkel zueinander, der Flächengröße und eventueller Verdeckungen durch andere Flächenelemente muß für jedes Paar zweier Flächenelemente der von einem zum anderen Flächenelement reflektierte Strahlenfluß berechnet werden. Die Berechnung kann je nach Komplexität der Szene und dem verwendeten Rechner zwischen mehreren Stunden und mehreren Tagen dauern. Es ist freilich zu bedenken, daß die modellierte diffuse Reflexion von der Position des Betrachters unabhängig ist. Solange keine Veränderung der Szene erfolgt, muß also auch dann keine erneute Berechnung der Formfaktoren durchgeführt werden, wenn sich die Betrachterposition ändert.

Nach Berechnung der Formfaktoren kann die von jedem Flächenelement abgegebene Strahlung durch das in Gleichung 6.5 spezifizierte Iterationsverfahren für jeden der drei Spektralkanäle approximiert werden. Das Ergebnis wäre jedoch unbefriedigend, da Flächenelemente mit einer konstanten Strahlenemission nur eine Approximation der in der Realität sich kontinuierlich über der Fläche ändernden Emission sind. Daher erfolgt zur Darstellung für jeden Punkt innerhalb des Flächenelements eine bilineare Interpolation eines Emissionswerts aus den an den Eckpunkten des Flächenelements emittierten Strahlung (siehe Abb. 6.3). Die Eckpunktstrahlung wird

Interpolation von
Radiosity-Werten

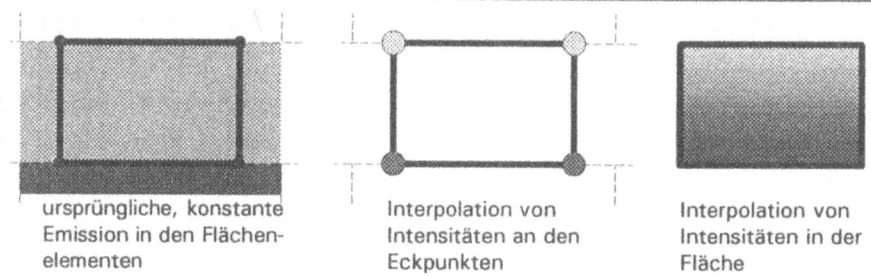

ursprüngliche, konstante Emission in den Flächenelementen

Interpolation von Intensitäten an den Eckpunkten

Interpolation von Intensitäten in der Fläche

Abb. 6.3: Die Strahlenemission an einem bestimmten Flächenpunkt wird aus der Emission an den Eckpunkten der Fläche interpoliert. Diese ergibt sich aus den berechneten Flächenemissionen der an dem Eckpunkt inzidenten Flächen.

aus den Emissionswerten der zu einem Eckpunkt inzidenten Flächenelemente interpoliert (bzw. extrapoliert, falls es sich um Eckpunkte am Rand einer Fläche handelt).

6.1.3 Die Berechnung der Formfaktoren

Berechnung der
Formfaktoren

Von allen Komponenten einer Implementierung der *radiosity*-Methode ist die Berechnung der Formfaktoren am aufwendigsten. Der Formfaktor für ein Paar von Flächenelementen A_i und A_j gibt den Anteil der von A_i emittierten Strahlung an, der das Element A_j erreicht. Dieser Anteil hängt von der Form und Größe der Flächen, vom Abstand zwischen ihnen und ihrer relativen Orientierung zueinander (gemessen durch die Winkel θ_i und θ_j zwischen den beiden Flächennormalen und der Strahlungsrichtung) ab. Zudem muß berücksichtigt werden, daß ein Teil der Strahlung das Element A_j nicht erreicht, weil andere Flächen den Strahlungsweg unterbrechen.

Formfaktoren für
infinitesimale
Flächen

Für die Strahlung zwischen zwei einander sichtbaren infinitesimalen Flächen dA_i und dA_j (also zwischen zwei Punkten) reduzieren sich diese Einflüsse auf die mit der Entfernung abnehmende Strahlung und die relative Orientierung zueinander (siehe Abb. 6.4). Die Abnahme der von einem Punktstrahler dA_j abgegebenen Strahlung ist proportional zur Entfernung r zwischen dA_i und dA_j. Der Einfluß durch die Orientierung ergibt sich aus der relativen Größe eines von dA_j auf dA_i projizierten Strahlungskegels und ist proportional zum Kosinus der beiden Winkel θ_i und θ_j. Der Formfaktor von dA_j nach dA_i ist daher

$$F_{dA_i, dA_j} = F\left(\vec{a}_i, \vec{a}_j\right) = \frac{\cos\theta_i \cdot \cos\theta_j}{\pi \cdot r\left(\vec{a}_j, \vec{a}_i\right)} \cdot dA_j,$$

wobei $\vec{a}_i$ und $\vec{a}_j$ die Orte der infinitesimalen Flächen dA_i bzw. dA_j sind und $r\left(\vec{a}_j, \vec{a}_i\right)$ der Abstand zwischen beiden Orten ist.

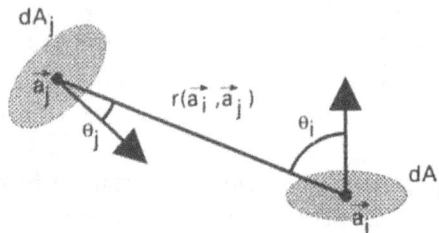

Abb. 6.4: Geometrie der Formfaktorberechnung.

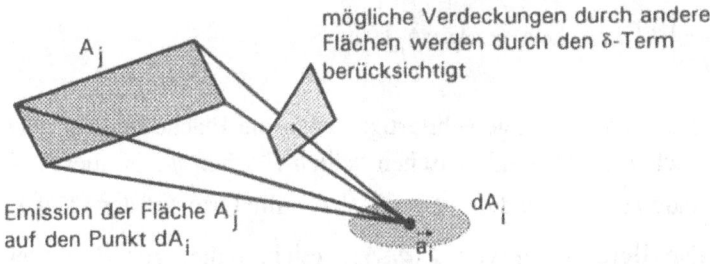

Abb. 6.5: Formfaktorberechnung für die Strahlenemission einer Fläche auf einen Punkt.

Falls eine mögliche Unterbrechung des Strahlungsweges berücksichtigt werden soll, wird die obige Gleichung erweitert zu

$$F(\bar{a}_i, \bar{a}_j) = \delta(\bar{a}_i, \bar{a}_j) \frac{\cos \theta_i \cdot \cos \theta_j}{\pi \cdot r(\bar{a}_j, \bar{a}_i)} \cdot dA_j \, .$$

Die Funktion $\delta(\bar{a}_i, \bar{a}_j)$ ist 0, falls der Punkt $\bar{a}_i$ von $\bar{a}_j$ aus gesehen verdeckt ist. Andernfalls ist $\delta(\bar{a}_i, \bar{a}_j) = 1$. Der Formfaktor für die von der gesamten Fläche A_j an einem Punkt $\bar{a}_i$ empfangenen Strahlung ist das Integral über die von allen Punkten in A_j abgegebenen und an $\bar{a}_i$ wirksamen Strahlung (siehe Abb. 6.5):

$$F(\bar{a}_i, A_j) = \int_{A_j} \delta(\bar{a}_i, \bar{a}_j) \cdot \frac{\cos \theta_i \cdot \cos \theta_j}{\pi \cdot r(\bar{a}_j, \bar{a}_i)} \cdot dA_j \, . \tag{6.6}$$

Der Formfaktor für den auf der gesamten Fläche A_i wirksamen Anteil der von A_j abgegebenen Strahlung ist das Mittel der an allen Punkten von A_i wirksamen Strahlung:

Der Formfaktor zwischen zwei Flächen

$$F(A_i, A_j) = \frac{1}{A_i} \cdot \int_{A_i} F(\bar{a}_i, A_j) \, dA_i$$

$$= \frac{1}{A_i} \cdot \int_{A_i} \int_{A_j} \delta(\bar{a}_i, \bar{a}_j) \cdot \frac{\cos \theta_i \cdot \cos \theta_j}{\pi \cdot r(\bar{a}_j, \bar{a}_i)} \, dA_j \, dA_i \, .$$

Das Integral ist jedoch nicht für beliebige Flächenelemente lösbar. Es existiert daher eine Reihe von Approximationsverfahren, um mit vertretbarem Aufwand eine Näherungslösung zu bestimmen. Ein verbreiteter Ansatz basiert auf der Annahme, daß die auf A_i wirksame Strahlung von A_j an allen Punkten etwa gleich ist /Cohe85/. Dann ist

Die Halbkubus-Methode (Hemi-cube)

$$\frac{1}{A_i} \cdot \int\limits_{A_i} F\left(\bar{a}_i, A_j\right) dA_i \approx F\left(\bar{a}_i, A_j\right). \tag{6.7}$$

Diese Annahme ist gerechtfertigt, wenn die Fläche von A_i relativ klein im Vergleich zum Abstand zwischen beiden Flächen ist. In diesem Fall sind die Abstände $r\left(\bar{a}_j, \bar{a}_i\right)$ und die Winkel θ_i für alle Orte auf der Fläche A_i etwa gleich. Die Berechnung von $F\left(\bar{a}_i, A_j\right)$ reicht daher zur Bestimmung des Formfaktors aus.

Für die Berechnung kann Nusselts Analogon zur Integralbestimmung benutzt werden /Sieg81/. Danach wird zur Integralberechnung die Fläche A_j durch eine Zentralprojektion mit dem Zentrum $\bar{a}_i$ auf eine um $\bar{a}_i$ zentrierte Halbkugel projiziert. Diese Projektion wird orthogonal auf die Basis der Halbkugel projiziert. Das Verhältnis der so erhaltenen Teilfläche zur Gesamtfläche der Basis der Halbkugel ist das gesuchte Integral von Gleichung 6.6 (siehe Abb. 6.6).

Der Strahlentransport von allen Flächen $A_j \neq A_i$ nach A_i kann durch ein HSR-Verfahren mit anschließender Projektion berechnet werden. Durch das HSR-Verfahren wird festgestellt, welche Anteile von Flächen A_j an der Oberfläche der Halbkugel sichtbar sind, falls die infinitesimale Fläche dA_i der Betrachterstandpunkt ist. Auf diese Weise wird der in Gleichung 6.6 nicht berücksichtigte Term δ für die Sichtbarkeit zwischen Flächenelementen gleich mit berücksichtigt. Anschließend erfolgt die Projektion von der Kugeloberfläche auf die Kugelbasis, um die Integrale zu berechnen.

Hemi-cube

Die Durchführung des HSR-Verfahrens für die Halbkugel wäre freilich

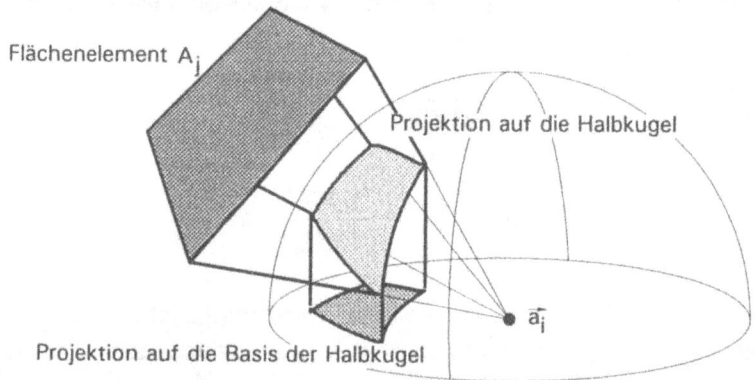

Abb. 6.6: Nach Nusselts Analogon entspricht das Integral in Gleichung 6.6 der auf die Halbkugelbasis um dA_i projizierten Fläche des Elements A_j.

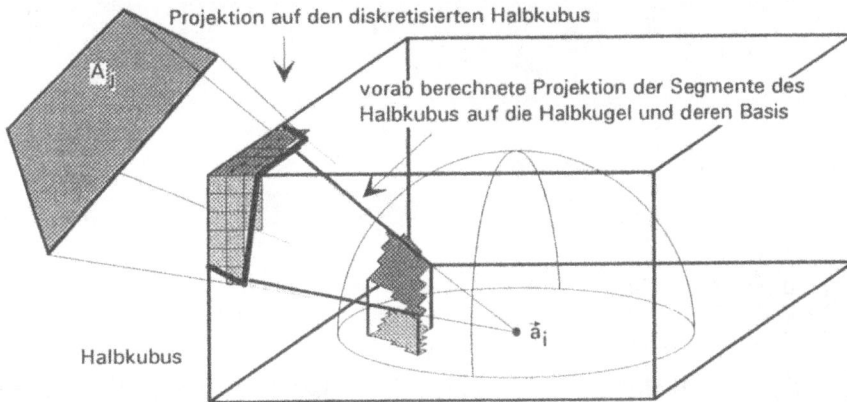

Abb. 6.7: Anstatt einer Projektion der Fläche auf eine Kugeloberfläche kann die Abbildung auf die Oberflächensegmente eines Halbkubus (*hemi-cube*) erfolgen. Jedes Segment trägt die Information über seine Projektion auf die Oberfläche der Halbkugel und anschließend auf die Halbkugelbasis.

sehr aufwendig. Die Berechnung erfolgt daher approximativ durch Projektion auf die Seitenflächen eines Halbkubus (der sogenannte *hemi-cube* /Cohe85/, siehe Abb. 6.7). Die Seiten des Halbkubus werden in einzelne Segmente zerlegt, so daß das HSR-Verfahren als - oft hardware-seitig verfügbares - Z-Pufferverfahren auf den fünf Seiten des Halbkubus durchgeführt werden kann.

Für jedes Segment des Halbkubus wird vorab seine Projektion auf die Halbkugel und anschließend auf die Basis der Halbkugel berechnet. So kann für jedes Segment ein Formfaktor bestimmt werden. Der Formfaktor für eine Fläche A_j ergibt sich aus der Summe all derjeniger Segmente des Halbkubus, auf die diese Fläche projiziert wurde.

Die Berechnung der Formfaktoren nach dieser Methode ist effizient, doch Ungenauigkeiten bei der Approximation können zu Problemen führen:

Nachteile des Hemi-cube-Algorithmus

- Ist der Abstand zwischen zwei Flächenelementen sehr gering oder ist das Flächenelement A_i sehr groß, dann ist die Gleichung 6.7 eine sehr ungenaue Approximation. Bereiche mit hohem Gradienten für die emittierte Strahlung - z.B. die Grenzen von Schatten auf großen Flächen - werden verfälscht dargestellt.

- Der Sichtbarkeitstest zwischen zwei Flächenelementen A_i und A_j beruht auf der Sichtbarkeit des Elements A_j von einem repräsentativen Punkt dA_i aus. Bei großen Flächenelementen führt das zu wahrnehmbaren Fehlern bei der Darstellung, die besonders bei Schatten auf großen Flächen sichtbar werden (siehe Abb. 6.8).

175

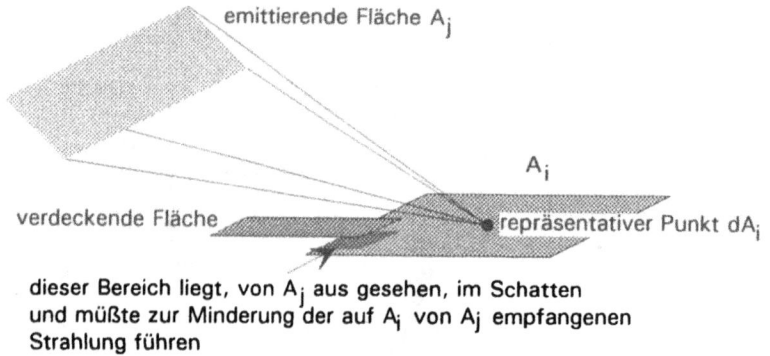

emittierende Fläche A_j

A_i

verdeckende Fläche — repräsentativer Punkt dA_i

dieser Bereich liegt, von A_j aus gesehen, im Schatten
und müßte zur Minderung der auf A_i von A_j empfangenen
Strahlung führen

Abb. 6.8: Die Wahl eines repräsentativen Punkts für die auf einer Fläche empfangene Strahlung kann zu fehlerhaften Ergebnissen führen, falls andere Punkte auf dieser Fläche von dem emittierenden Flächenelement aus nicht erreichbar sind.

- Durch die Diskretisierung der Halbkubusfläche entstehen Aliasing-Effekte infolge der Unterabtastung. Bei der Visualisierung werden dadurch Block-artefakte sichtbar.

Minderung von
Artefakten

Die ersten beiden Probleme lassen sich durch eine feinere Unterteilung der Flächen mildern. Artefakte, die durch Unterabtastung verursacht wur-den, lassen sich durch eine höhere Anzahl von Segmenten des Halbkubus unterdrücken. Beides, die Erhöhung der Anzahl der Flächen als auch eine besser aufgelöste Diskretisierung des Halbkubus, führt zu einem erheblichen Anstieg des ohnehin schon hohen Berechnungsaufwandes. Es gibt jedoch eine Reihe von Methoden, die mit geringerem Aufwand zu einer Verbesse-rung der Bildqualität führen.

6.1.4 Adaptive Flächenzerlegung

Adaptive Zerlegung
von Flächen

Die Ungenauigkeit in Bereichen, wo der Gradient der Strahlenemission hoch ist, läßt sich durch eine 'adaptive Zerlegung' genannte Methode min-dern /Cohe86/. Ein hoher Gradient bedeutet eine starke Änderung der Emission innerhalb eines Flächenelements. Solche Flächen werden in mehre-re Subflächen zerlegt. Diese werden bei der weiteren Verarbeitung jedoch nicht in gleicher Weise wie die Flächen selbst behandelt. Es wird lediglich berechnet, wie sich die ohne Zerlegung berechnete Strahlenemission auf die Subflächen verteilt. Dazu werden Formfaktoren von allen Subflächen $A_{i,s}$, $s=1,N$ für eine Fläche A_i zu allen anderen Flächen A_j berechnet. Anschlies-send wird aus den Formfaktoren für alle Subflächen der Formfaktor für A_i gemittelt:

176

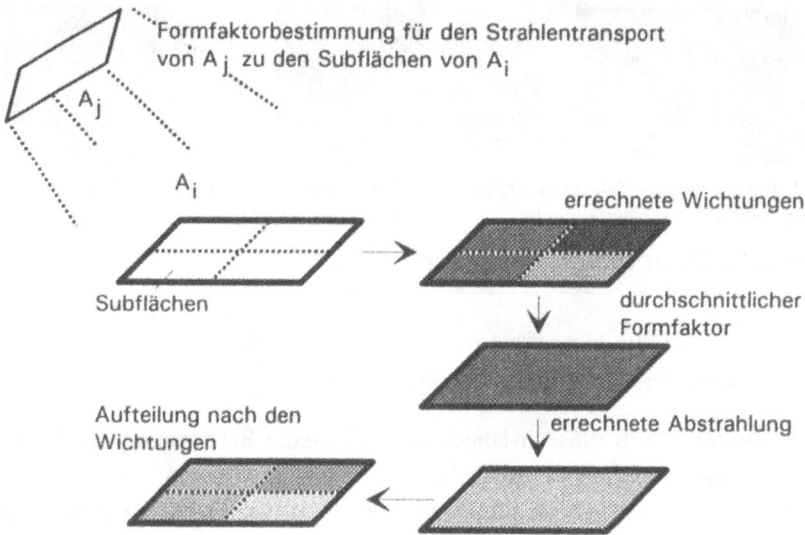

Abb. 6.9: Für Subflächen werden Formfaktoren zu allen Flächen berechnet. Aus ihnen wird ein Formfaktor für die Gesamtfläche ermittelt, der für die *radiosity*-Berechnung benutzt wird. Anschließend erfolgt eine Wichtung der *radiosity* nach den Formfaktoren der Subflächen.

$$F\left(A_i, A_j\right) = \frac{1}{A_i} \cdot \sum_{s=1}^{N} F\left(A_{i,s}, A_j\right) \cdot A_{i,s} \quad .$$

Nun wird die Strahlenemission für alle Flächen nach dem Gleichungssystem 6.4 berechnet. Da die Matrix der Formfaktoren nicht größer geworden ist, steigt der Aufwand für die Berechnung des *radiosity*-Vektors B nicht. Erst anschließend wird für Flächen, die in Subflächen zerlegt wurden, die errechnete Strahlungsenergie nach den zuvor ermittelten Formfaktoren für die Subflächen aufgeteilt (siehe Abb. 6.9):

Berechnung der Strahlenemission

$$B_{s,i} = E_i + \rho_i \cdot \sum_{j=1}^{M} B_j \cdot F\left(A_{i,s}, A_j\right)$$

Die Zerlegung in Subflächen kann freilich nicht direkt erfolgen, da die Verteilung der Strahlungsenergie nicht vorab bekannt ist. Die adaptive Zerlegung wird deshalb rekursiv durchgeführt. Benachbarte Flächen mit großen Unterschieden der berechneten Strahlenemission werden solange zerlegt, bis die Emission zwischen benachbarten Subflächen ein vorgegebenes Maß an Homogenität aufweist.

Bestimmung der zu zerlegenden Flächen

177

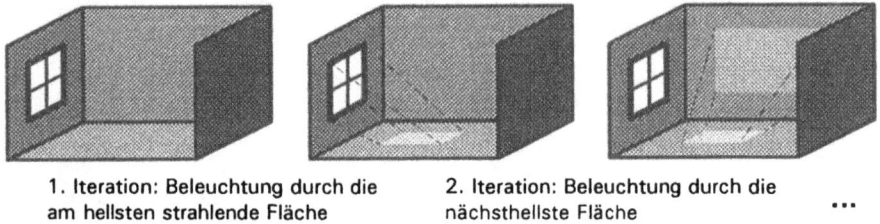

1. Iteration: Beleuchtung durch die
am hellsten strahlende Fläche

2. Iteration: Beleuchtung durch die
nächsthellste Fläche

...

Abb. 6.10: Iterative Berechnung der *radiosity*.

6.1.5 Ausgabe von Teilergebnissen

Ausgabe von Teilergebnissen

Obwohl durch diese Methode eine effiziente Berechnung der Strahlenemission auch in Gebieten mit hohem Strahlungsgradienten möglich ist, dauert der Berechnungsprozeß immer noch recht lange. Daher ist man an einer Ausgabe von sinnvollen, d.h. interpretierbaren Teilergebnissen interessiert. Betrachtet man die ursprüngliche Formulierung des Gleichungssystems nach Gleichung 6.4, dann fällt auf, daß nach jeder Berechnung der Formfaktoren für eine Fläche eine neue Iteration des Gauß-Seidel-Verfahren durchgeführt wird. Wenn die aktuelle Schätzung für den *radiosity*-Vektor $\vec{B}$ visualisiert werden würde, so erhielte man eine Darstellung der direkt von allen Flächenelementen auf ein Flächenelement reflektierten Strahlung. Durch die nächste Iteration würde die auf ein anderes Flächenelement von allen Seiten direkt einfallende sowie die über das erste Flächenelement indirekt reflektierte Strahlung berechnet. In den folgenden Iterationen würde für immer mehr Flächenelemente und für immer weiter berücksichtigte Mehrfachreflexionen die abgegeben Strahlungsenergie berechnet.

Umkehrung der iterativen Berechnung der Formfaktoren ...

Die Ergebnisse der einzelnen Iterationsstufen ließen sich zwar visualisieren, die Darstellung wäre aber nicht sehr befriedigend, da nach und nach einzelne Flächenelemente beleuchtet werden würden. Günstiger ist es, den umgekehrten Weg zu beschreiten und gleich im ersten Schritt *alle* Flächenelemente von *einer* Quelle zu beleuchten. Dies leistet das von Cohen et al. /Cohe88/ vorgestellte Verfahren (siehe Abb. 6.10 und Farbtafel 18).

... erste Iteration

In der ersten Iteration wird die vom am hellsten leuchtenden Flächenelement an alle anderen Flächenelemente abgegebene Strahlung berechnet. Das Ergebnis entspricht der Anwendung eines lokalen Beleuchtungsmodells mit diesem Flächenelement als Lichtquelle. Mehrfachreflexionen werden durch den ersten Schritt nicht berücksichtigt.

... nachfolgende Iterationen

In der nächsten Iteration wird die durch ein anderes Flächenelement emittierte Strahlung verarbeitet. Es wird das Flächenelement mit dem größten Anteil der noch nicht verarbeiteten Strahlung selektiert. Das wird, sofern mehr als eine Lichtquelle vorhanden ist, mit großer Wahrscheinlichkeit wieder eine emittierende Fläche sein. Es ist aber auch möglich, daß es sich um eine reflektierende Fläche handelt, die ihre Strahlung von der zuerst verarbeiteten Lichtquelle erhalten hat. Es kann durchaus vorkommen, daß, bevor alle Flächenelemente einmal verarbeitet wurden, ein Flächenelement mehrfach zur Aktualisierung der Beleuchtungsverhältnisse herangezogen wurde. Sichergestellt ist jedoch, daß zu jedem Zeitpunkt des Verfahrens die größtmögliche Veränderung zuerst bearbeitet wird.

Da Mehrfachreflexionen durch die iterative Annäherung an die tatsächlichen Beleuchtungsverhältnisse erst spät berücksichtigt werden, kann die Darstellung von Teilergebnissen durch die Einführung einer ambienten Komponente verbessert werden. Der Anteil dieser Komponente sollte der zu einem gegebenen Zeitpunkt noch nicht verarbeiteten Lichtemission entsprechen. So wird ein Eindruck von gleichbleibender Helligkeit der Szene bei zunehmender Realitätsnähe der Darstellung vermittelt.

Ambienter Beleuchtungsterm

Da mit jeder Iteration die Strahlung *zu* allen Flächenelementen berechnet wird, müßte eigentlich für jedes dieser Elemente der Formfaktor zu dem strahlung-emittierenden Element berechnet und gespeichert werden. Das würde die Berechnung und Speicherung *aller* Formfaktoren bedeuten. Glücklicherweise läßt sich hier der reziproke Zusammenhang nach Gleichung 6.3 zwischen den Formfaktoren von und zu einem Flächenelement nutzen, so daß ein solchermaßen wenig effizientes Vorgehen nicht erforderlich ist. Danach gilt

Algorithmische Umsetzung des Verfahrens

$$F\left(A_i, A_j\right) = F\left(A_j, A_i\right) \cdot \frac{A_j}{A_i}$$

so daß für eine Iteration auch die Berechnung der Formfaktoren von dem emittierenden Flächenelement zu allen anderen Elementen ausreicht. Durch dieses Vorgehen kann sogar auf die Speicherung der Formfaktoren verzichtet werden, wenn in Kauf genommen wird, daß bei einer mehrmaligen Behandlung eines Flächenelements seine Formfaktoren jedesmal neu berechnet werden. Letzteres ist akzeptabel, da durch die nach Wichtigkeit geordnete Reihenfolge der Berechnung eine mehrfache Bearbeitung von Flächenelementen zwar möglich, aber selten sein wird.

6.1.6 Minderung von Artefakten

Durch die vorher genannten Verfahren läßt sich die Berechnungsgenauigkeit für die Flächenelemente steigern und die Wartezeit auf erste Ergebnisse mindern. Ungenauigkeiten durch die Diskretisierung bestehen wei-

Stochastische Wahl der Abtastintervalle des Halbkubus

179

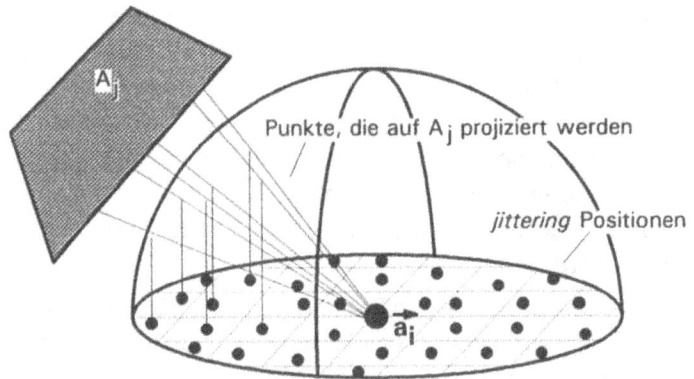

Abb. 6.11: Durch eine *jittering*-Methode bei der Intergralbestimmung können Artefakte durch Unterabtastung vermieden werden.

ter. Ein einfaches Mittel, um zumindest die Aliasing-Effekte zu unterdrükken, besteht in einer stochastischen, anstatt der durch den Halbkubus bewirkten regelmäßigen Abtastung. Zunächst wird auf der Basis der Halbkugel um die infinitesimale Fläche dA_i eine gleichmäßig verteilte aber zufällig positionierte Anzahl von Startpunkten generiert (z.B. durch die in Abschnitt 5.2.4 vorgestellte *jittering*-Methode). Die Punkte sind Anfangspunkte von Strahlen, die senkrecht auf der Basisfläche stehen (siehe Abb. 6.11). Dort, wo sie die Halbkugel schneiden, definieren sie Punkte von Suchstrahlen von der infinitesimale Fläche dA_i in die Szene. Für jeden Suchstrahl wird das erste von ihm geschnittene Flächenelement ermittelt. Der Formfaktor für dieses Flächenelement wird um einen Anteil erhöht, der dem durch den Strahl repräsentierten Flächenanteil auf der Halbkugelbasis entspricht.

Das Verfahren ist eine stochastische Approximation von Nusselts Analogon für das Integral in Gleichung 6.6. Die bei der Halbkubus-Methode verursachten Aliasing-Effekte werden hier durch Rauschen ersetzt. Da jedoch der Einfluß auf die Darstellung nicht nur von der Größe der Flächenelemente, sondern auch von der abgestrahlten Energie abhängt, ist die Methode nicht immer geeignet.

6.1.7 Progressive Verfeinerungsmethoden

Progressive
Verfeinerung

Die progressive Verfeinerung von Wallace et al. /Wall89/ ist ein *ray casting*-Verfahren, das den Aspekt der unterschiedlichen Wichtigkeit von Flächenelementen für das Visualisierungsresultat berücksichtigt. Der Formfaktor wird nur für die Eckpunkte einer Fläche A_i berechnet. Die Eckpunkte sind ohnehin die Basis einer vor der Visualisierung erfolgenden Interpolation

180

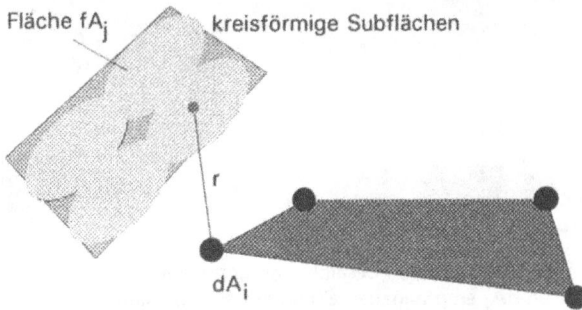

Abb. 6.12: Flächen werden durch kreisförmige Subflächen approximiert, für die der Formfaktor analytisch bestimmt werden kann.

von Helligkeitswerten. Sie werden als infinitesimale Flächen dA_i aufgefaßt, für die der Anteil der von den Flächenelementen A_j emittierten Energie berechnet wird. Jede Fläche A_j wird durch kreisförmige Subelemente approximiert (siehe Abb. 6.12). Der Formfaktor für ein kreisförmiges Element A_j mit der Fläche fA_j und dem Abstand r zu dA_i ist

$$F\left(A_j, dA_i\right) = dA_i \cdot \frac{\cos \theta_i \cdot \cos \theta_j}{\left(\pi r^2 + fA_j\right)}.$$

Falls die Fläche A_j durch n gleichgroße Kreise approximiert wird, ergibt sich

$$F\left(A_j, dA_i\right) = dA_i \cdot \sum_{k=1}^{n} \frac{\cos \theta_{i,k} \cdot \cos \theta_j}{\left(\pi r^2 + \frac{A_j}{n}\right)}. \tag{6.8}$$

Die Approximation durch Kreise kann, abhängig von der zur Verfügung stehenden Rechenzeit, der gewünschten Genauigkeit, aber auch von der Wichtigkeit des Flächenelements für die Visualisierung (gemessen an der abgegebenen Energieemission) beliebig verbessert werden. Anstatt den Beitrag des Emitters A_j für alle Eckpunkte dA_i durch eine gleiche Anzahl gleichverteilter Kreise zu approximieren, läßt sich auch die zuvor behandelte, adaptive Zerlegung anwenden. Dann erfolgt für jeden Eckpunkt eine eigene, anisotrope Zerlegung. Sie hängt von der an diesem Punkt wirksamen Energie ab, die von Teilflächen von A_j emittiert wird (siehe Abb. 6.13).

Eine der adaptiven Flächenzerlegung ähnliche Methode ist die hierarchische Berechnung der Formfaktoren durch das Verfahren von Hanrahan et al. /Hanr91/. Die Zerlegung beginnt mit den ursprünglichen Polygonflächen (eine große Wand mag anfangs nur aus einem einzigen Polygon bestehen)

Hierarchische Berechnung der Formfaktoren

181

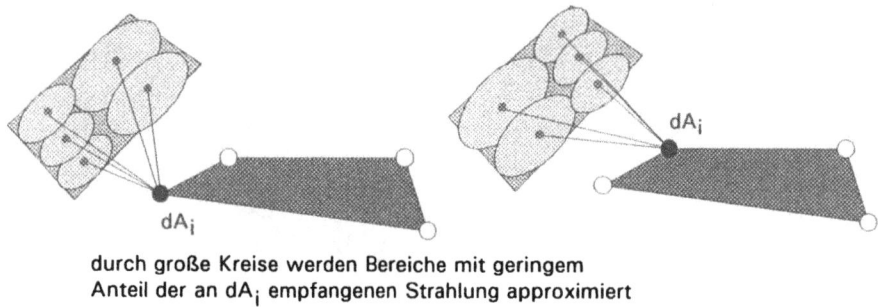

durch große Kreise werden Bereiche mit geringem
Anteil der an dA_i empfangenen Strahlung approximiert

Abb. 6.13: Die Approximation der Flächen kann auch durch eine für jeden Eckpunkt unterschiedliche Anordnung und Anzahl von Kreisen erfolgen.

und erfolgt nur dann, wenn ein hoher Anteil von wirksamer Energie ermittelt wurde. Dazu muß zunächst ein Formfaktor für den Energietransport zwischen zwei Flächenelementen A_i und A_j approximiert werden.

Die Abschätzung des Formfaktors erfolgt unter der Annahme, daß das emittierende Flächenelement durch eine infinitesimale Fläche dA_j repräsentiert werden kann. Das Energie empfangende Flächenelement wird durch einen Kreis mit einer dem Flächenelement entsprechenden Größe approximiert. Unter dieser Voraussetzung kann eine Abschätzung des Formfaktors nach Gleichung 6.8 ohne Berücksichtigung von Verdeckungen durch andere Flächenelemente durchgeführt werden. Falls der Formfaktor von A_i nach A_j oder von A_j nach A_i ein gegebenes Maximum F_{max} überschreitet, wird das Flächenelement mit dem größeren Formfaktor für die einfallende Energie in vier kleinere Flächenelemente zerlegt. Die Zerlegung wird solange fortgesetzt, bis keine Flächenelemente mehr existieren, für das der Formfaktor größer als F_{max} ist. So ist die Approximationsgenauigkeit des Formfaktors in der gesamten Szene etwa gleich groß.

Der noch notwendige Sichtbarkeitstest erfolgt nach der Zerlegung der Flächenelemente. Für jedes Flächenelement wird eine feste Anzahl von Zellen (4×4 in dem Verfahren von /Hanr91/) definiert. Jede Zelle enthält den Anfangspunkt für einen Strahl (der Ort liegt nicht genau in der Mitte der Zelle, sondern wird durch das in Abschnitt 5.2.4 behandelte *jittering*-Verfahren ermittelt). Für je ein Paar von Flächenelementen werden die Zellen nach einem Zufallsverfahren einander zugeordnet. Für Strahlen zwischen den Anfangspunkten zweier einander zugeordneten Zellen wird getestet, ob sie durch andere Flächenelemente unterbrochen werden. Der Grad der Verdeckung wird aus dem Anteil der nicht unterbrochenen Strahlen zur Gesamtanzahl der Strahlen ermittelt (siehe Abb. 6.14).

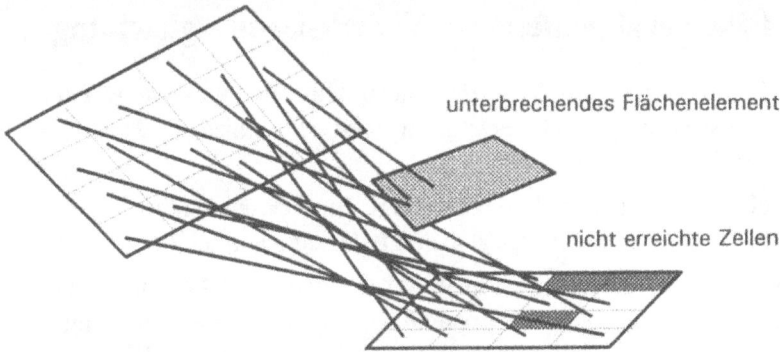

Abb. 6.14: Sichtbarkeitstest zwischen zwei Flächenelementen durch Untersuchung einer vorgegebenen Anzahl von Strahlen zwischen den Elementen.

Eine Weiterentwicklung dieses Verfahrens ist die betrachterbezogene Zerlegung der Flächenelemente /Smit92/. Als Kriterium für eine Zerlegung dient neben dem an Flächen wirksamen Energieanteil auch der davon an einer Betrachterposition empfangene Energieanteil. Je weiter diese Fläche von dieser Position entfernt ist und je mehr Reflexionen an anderen Flächen notwendig sind, bis das Licht den Betrachter erreicht, desto geringer ist der Einfluß der durch dieses Flächenelement abgegebenen Energie auf das schließlich erzeugte Bild. Die Zerlegung, und damit auch die Approximation des Formfaktors, kann daher auch dann sehr grob sein, wenn zwar der Anteil der wirksamen Energie an einem Flächenelement groß ist, der schließliche Einfluß auf die Darstellung jedoch gering ist.

Betrachterbezogene Verfeinerung

Die eine Betrachterposition erreichende Energie läßt sich genau wie der an einem Flächenelement wirksame Energieanteil durch die Formfaktormatrix beschreiben, denn die reflektierte Lichtenergie von der Lichtquelle zu einem Flächenelement unterliegt den gleichen Gesetzen wie die vom Flächenelement zum Betrachter reflektierte Energie. Aus den aktuellen Schätzungen für die von jedem Flächenelement reflektierten Lichtstrahlung B und des Anteils R, der davon den Betrachter erreicht, sowie aus der aktuellen Schätzung der Formfaktoren läßt sich ein Fehler schätzen, der als Kriterium für die weitere Zerlegung der Flächenelemente dient. Das Verfahren erlaubt für eine gegebene Genauigkeit und Betrachterposition die optimale Zerlegung der Flächenelemente zur Approximation der Formfaktoren. Wegen der Abhängigkeit von der Betrachterposition hat es jedoch den Nachteil, daß eine erneute Approximation der Formfaktoren notwendig wird, sobald eine wesentliche Änderung der Betrachterposition erfolgt. Für die im nachfolgenden Unterkapitel behandelte Verallgemeinerung des *radiosity*-Modells, durch das wegen der Einbeziehung der spiegelnden Komponente das Ergebnis ohnehin von der Betrachterposition abhängt, ist dies freilich unerheblich.

6.2 Eine verallgemeinerte Visualisierungsgleichung

Defizite der Radiosity-Methode

Durch die *radiosity*-Methode können realistisch wirkende Darstellungen dreidimensionaler Objekte erzeugt werden. Verschiedene Punkte wurden jedoch nicht berücksichtigt:

- Auch die spiegelnde Reflexion trägt zum Gesamteindruck bei. Daher sollte sie in das Modell der globalen Beleuchtung miteinbezogen werden.

- Die Farbe von Objekten ist nicht das Resultat einer Art von subatomarem Farbanstrich, sondern das Ergebnis von Reflexion und Brechung an sehr kleinen Oberflächenpartikeln (in der Größenordnung der Wellenlänge des Lichts).

- Die Unterscheidung zwischen spiegelnder und diffuser Reflexion ist künstlich. Beides sind Effekte der Interaktion zwischen denselben Lichtwellen und Oberflächen. Ein Modell sollte beide Reflexionsformen auf einer gemeinsamen Basis erklären können.

- Zwischen Oberflächen befindet sich kein leerer Raum. Verfahren zur Modellierung der Streuung durch gasförmige Materie sollten in das Modell integriert werden.

Zum Teil werden diese Defizite durch ein Modell ausgeglichen, das gleichzeitig von Immel, Cohen und Greenberg /Imme86/ und Kajiya /Kaji86/ vorgestellt wurde.

6.2.1 Strahlentransport für gerichtete und ungerichtete Reflexion

Verallgemeinerte Visualisierungsgleichung

Die verallgemeinerte Visualisierungsgleichung weist viele Ähnlichkeiten mit dem *radiosity*-Ansatz auf, berücksichtigt im Unterschied zu diesem aber auch eine gerichtete Reflexion. Für die Intensität der Strahlung von einem Punkt x' zu einem Punkt x ergibt sich (siehe Abb. 6.15)

$$I(x,x') = g(x,x')\left[\varepsilon(x,x') + \int_S \rho(x,x',x'') \cdot I(x',x'')dx'' \right] \qquad (6.9)$$

mit

$\varepsilon(x,x')$ -   Strahlung, die von x' nach x emittiert wird.

$\rho(x,x',x'')$ -   Streuung von x'' an x' nach x.

$I(x',x'')$ -   Strahlung von x' nach x''.

$g(x,x')$ -   Geometrie-Term ($g=0$, falls x von x' aus nicht sichtbar ist; $g = \dfrac{1}{r^2}$ mit $r = \|x - x'\|$ sonst).

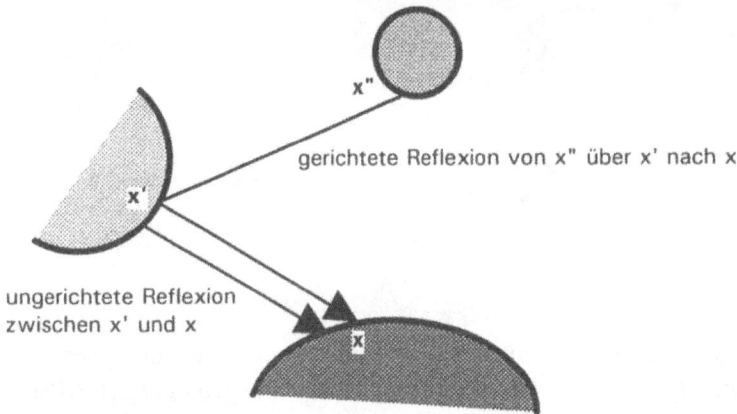

Abb. 6.15: Geometrie der verallgemeinerten Beleuchtungsgleichung für die diffuse und die spiegelnde Reflexion.

Durch die Funktion $\rho(x,x',x'')$ wird die gerichtete Reflexion von x'' an x' nach x repräsentiert. Sie entspricht der bidirektionalen Reflexionsstreuungsfunktion (BRDF) des *ray tracing*-Modells, die jedoch um eine Repräsentation des Verhaltens zwischen den Flächenelementen erweitert ist. *(Interpretation der allgemeinen Visualisierungsgleichung)*

Die Gleichung 6.1 kann freilich auch als Erweiterung des *radiosity*-Ansatzes aufgefaßt werden /Imme86/. Im ursprünglichen *radiosity*-Modell geht der richtungsunabhängige diffuse Reflexionsanteil als konstanter Reflexionsfaktor in die Gleichung ein und ermöglicht den Übergang von einem Integral zu einer Summe über eine feste Anzahl von Oberflächenelementen, falls von einer festen Anzahl homogen reflektierender Oberflächenelemente ausgegangen wird. Dadurch reduziert sich die Berechnung der an jedem Punkt reflektierten Intensität auf die Lösung eines linearen Gleichungssystems.

Bei einer Berücksichtigung der gerichteten Reflexion ist dieser Übergang nicht möglich, denn selbst bei einer festen Anzahl planarer Flächenelemente hängt die von x'' nach x' reflektierte Strahlung immer noch von der Position des Ortes x'' auf diesen Flächenelementen ab. Für die Berechnung der reflektierten Intensität ist daher die Approximation des Integrals aus Gleichung 6.1 notwendig.

6.2.2 Erweiterung der Radiosity-Berechnung

Die *radiosity*-Gleichung kann generalisiert werden, indem die von einem Flächenelement A_2 auf ein Element A_1 einfallende Strahlung in Strahlungsanteile zerlegt wird, die aus einer diskreten Anzahl von Richtungs- *(Generalisierung der Radiosity-Methode)*

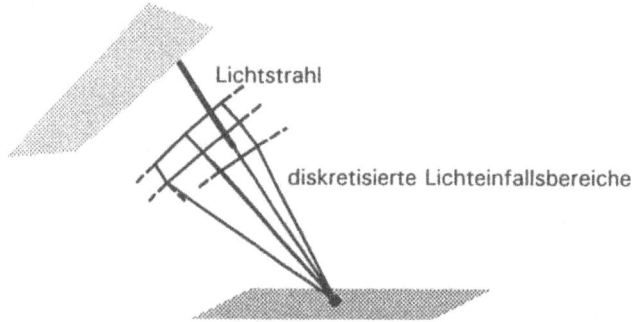

Abb. 6.16: Die *radiosity*-Methode kann erweitert werden, wenn die einfallende Strahlung in verschiedene Einfallsrichtungen unterschieden wird.

segmenten einfällt (siehe Abb. 6.16). Von der aus einem Segment einfallenden Strahlung wird angenommen, daß sie konstant wäre. Man erhält für die Reflexion von A_2 nach A_1:

$$I_1 = \varepsilon_1 + \sum_{d=1}^{M} \rho(d) \cdot I_2\left(d^{-1}\right) \cdot \cos \theta_d \cdot \omega_d \, ,$$

mit

I_1, I_2 - empfangene bzw. abgegebene Strahlung von A_1 bzw. A_2

ω_d - Fläche über dem Raumwinkel $d\omega_d$ des d-ten Richtungssegments

d - Richtung relativ zum Flächenelement A_1

d^{-1} - Richtung relativ zu A_2

$\rho(d)$ - Streuung (die BRDF) von A_2 nach A_1 entlang von d

Die von allen Flächenelementen A_j nach A_i emittierte Strahlung ist:

$$I_i = \varepsilon_i + \sum_{j=1}^{N} \sum_{d=1}^{M} \rho_j(d) \cdot I_j\left(d^{-1}\right) \cdot \cos \theta_d \cdot \omega_d \, .$$

Durch $\rho_j(d)$ wird die Streuung von A_j nach A_i entlang von d beschrieben. Falls A_i von A_j aus nicht sichtbar ist, ist $\rho_j(d) = 0$. Im Vergleich zur *radiosity*-Lösung entsteht freilich ein sehr großes Gleichungssystem $\mathbf{A}\vec{I} = \vec{\varepsilon}$ für die an jedem Flächenelement empfangene Energie (1 000 Flächenelemente und 1000 Richtungssegmente je Flächenelement ergäben 1 000 000 Gleichungen mit ebensovielen Unbekannten). Jedoch ist die Matrix nachweisbar dünn besetzt, so daß es Möglichkeiten gibt, das Gleichungssystem mit akzeptablem Aufwand zu lösen /Imme86/.

6.2.3 Erweiterung des Ray Tracing-Ansatzes

Für das Verfahren von Immel und Cohen erweist es sich als Nachteil, daß die gerichtete Reflexion an Oberflächen sich sehr schnell mit wechselnder Richtung ändert. Um diesem Umstand Rechnung zu tragen, müßte mit sehr vielen Richtungssegmenten oder sehr kleinen Flächenelementen gearbeitet werden, was zu einem Anstieg der Rechenzeit führt. Für eine bessere Modellierung der spiegelnden Reflexion eignet sich daher das von Kajiya /Kaji86/ vorgestellte Verfahren, das eine Verallgemeinerung des *ray tracing*-Verfahrens ist.

Generalisiertes Ray Tracing

Durch *ray tracing* in seiner ursprünglichen Form werden Strahlen von der Betrachterposition aus verfolgt. Es wird beobachtet, ob diese Strahlen die Lichtquelle erreichen. Treffen sie dagegen auf eine Oberfläche, so erfolgt eine von der Oberflächenneigung und der Objektbeschaffenheit abhängige Reflexion und Transmission. In dieser Form ist die Methode zur Lösung der Beleuchtungsgleichung 6.9 nicht geeignet, denn die BRDF ρ läßt eine Reflexion in beliebig viele Richtungen zu. Jedes Auftreffen eines Strahls auf eine Oberfläche bedeutet eine Streuung gemäß dieser Reflexionsfunktion, also die Reflexion in unendlich viele Richtungen.

Um die Berechnung dennoch durchzuführen, wird das stochastische Verfahren zur Lichtstrahlverfolgung eingesetzt, welches bereits zur Modellierung der Streuung um die Spiegelvorzugsrichtung benutzt wurde (siehe Abschnitt 5.2.3). Bei jedem Auftreffen auf eine Oberfläche wird der Lichtstrahl in eine zufällig gewählte Richtung reflektiert. Die Wahrscheinlichkeit der Reflexion in eine bestimmte Richtung hängt von der BRDF ab, so daß eine Reflexion in eine 'wichtige' Richtung (nahe der Spiegelvorzugsrichtung) mit höherer Wahrscheinlichkeit erfolgt. Dieser Vorgang wird für jeden Strahl vom Betrachterstandpunkt durch einen Bildpunkt des Ausgabemediums mehrfach wiederholt (Kajiya nennt die Zahl 40). Die Reflexion an einem Bildpunkt ergibt sich aus dem Mittelwert der einzelnen Strahlverfolgungen.

Stochastische Lichtstrahlverfolgung

Da die Strahlung um so mehr zu der in einem Bildpunkt wahrgenommenen Intensität beiträgt, je weniger sie gestreut wird, wird das obige, stochastische Verfahren zur Wahl einer Reflexionsrichtung ergänzt durch eine deterministische Komponente, durch die an jedem von einem Strahl getroffenen Oberflächenpunkt berechnet wird, ob von diesem Punkt aus eine der Lichtquellen direkt erreicht werden kann (ähnlich der diffusen Komponente im *ray tracing*-Verfahren). In diesem Fall wird die aus dieser Richtung einfallende Strahlung, gewichtet nach der BRDF, der ermittelten Gesamtstrahlung hinzugefügt.

6.2.4 Die Kombination von Ray Tracing und Radiosity

Zwei-Phasen-
Berechnung
der globalen
Beleuchtung

Die Methode des stochastischen *ray tracing* nach Kajiya hat den Vorteil einer adäquaten Behandlung der spiegelnden Reflexion und kann daher auch verwendet werden, um den Rechenaufwand konventioneller *ray tracing*-Verfahren zu verringern. An überwiegend diffus reflektierenden Oberflächen ist jedoch die Wahrscheinlichkeit der Streuung in eine bestimmte Richtung nahezu gleichverteilt und würde eine größere Anzahl von Versuchen erfordern, um zu einem hinreichend wahrscheinlichen Ergebnis zu kommen. Hier böte es sich an, einen *radiosity*-Algorithmus zu verwenden. Eine Lösung durch zwei unabhängige Durchgänge, durch die zunächst der Anteil der spiegelnden Reflexion und anschließend der der diffusen Reflexion berechnet wird, wäre jedoch - obwohl die Ergebnisse vielleicht realistisch aussähen - nicht korrekt. In diesem Fall würde nicht berücksichtigt werden, daß an einem spiegelnden Reflektor diffus reflektierte Strahlung oder daß an einem diffusen Reflektor spiegelnd reflektierte Strahlung einfällt (siehe Abb. 6.17). Eine Kombination von stochastischem *ray tracing* und *radiosity*-Algorithmus, die auch diese Formen der Reflexion berücksichtigt, ist das Verfahren von Wallace et al. /Wall87/.

Die Berechnung wird in zwei Phasen durchgeführt. In einer Vorverarbeitungsphase wird die globale Illumination in der Szene bestimmt. An den Eckpunkten jeder Fläche wird die diffus und spiegelnd zu diesen Eckpunkten emittierte Strahlung berechnet. In der Nachbearbeitungsphase wird festgestellt, wieviel der emittierten Strahlung eine gegebene Betrachterposition durch diffuse oder spiegelnde Reflexion erreicht. So wird allen vier Reflexionskombinationen Rechnung getragen.

Erste Phase

Die globale Illumination wird durch eine erweiterte Halbkubus-Methode ermittelt. Um die spiegelnde Reflexion in den Strahlentransport von einer Fläche A_j zur Fläche A_i einzuschließen, wird eine Spiegelwelt hinter der

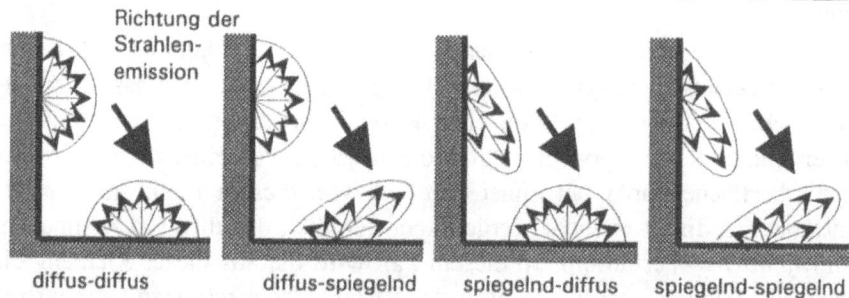

Richtung der
Strahlen-
emission

diffus-diffus   diffus-spiegelnd   spiegelnd-diffus   spiegelnd-spiegelnd

Abb. 6.17: Vier verschiedene Arten der Reflexion können zwischen zwei Flächen stattfinden.

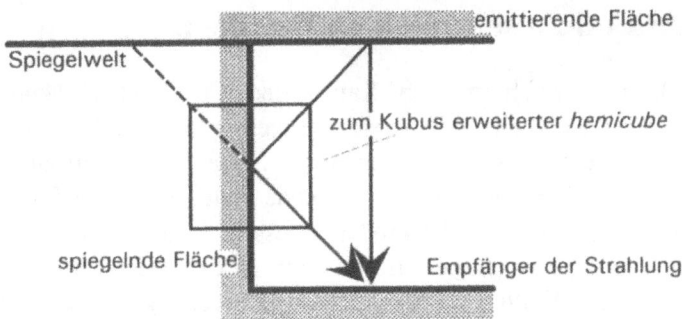

Abb. 6.18: Die Emission über ideale Spiegel kann durch die Konstruktion einer Spiegelwelt simuliert werden.

Fläche A_j erzeugt, in der die von A_i aus gesehenen sich in A_j spiegelnden Flächen liegen (siehe Abb 6.18). Um die Strahlung aus der Spiegelwelt zu berücksichtigen, wird für spiegelnde Flächen der Halbkubus zu einem Kubus erweitert (auf diese Weise können auch transparente Flächen in ein *radiosity*-Modell eingebracht werden). Durch diese Methode können nur ideale Spiegel mit planarer Oberfläche verarbeitet werden. Eine gestreute Reflexion und die Spiegelung an gekrümmten Flächen kann durch die Verwendung von *ray tracing*-Methoden integriert werden.

Nach Abschluß der Vorverarbeitungsphase ist für jeden Eckpunkt in der Szene der Anteil der einfallenden Strahlung aus diffuser und spiegelnder Reflexion bekannt. Die von Punkten innerhalb der Flächen abgegebene Intensität wird aus den Eckpunktwerten interpoliert. Die erste Phase muß nicht für unterschiedliche Betrachterpositionen wiederholt werden. Die berechneten Intensitäten werden für die diffus zum Betrachter reflektierte Intensität verwendet.

In der anschließenden zweiten Phase wird der spiegelnde Anteil der **Zweite Phase** Reflexion durch eine *ray tracing*-Methode berechnet. Die Streuung an der Oberfläche wird berücksichtigt, in dem anstatt eines einzelnen Sichtstrahls ein diskretisierter Sichtkegel verfolgt wird. Die Größe des Sichtkegels hängt von demjenigen Bereich ab, in dem ein Großteil des von Null verschiedenen Teils der BRDF liegt. Die Wichtung, mit der ein bestimmter Teil des Sichtkegels in die Berechnung eingeht, hängt vom Integral der BRDF in diesem Teil ab.

189

6.3 Reflexion an sehr kleinen Partikeln

Reflexion an
mikroskopischen
Partikeln

Durch die Verfahren nach Kajiya und Cohen et al. können sehr realistisch wirkende Darstellungen erzeugt werden (siehe z.B. den Vergleich zwischen einer realen und einer errechneten Szene in den Farbtafeln 16 und 17). Auch die bisher am weitesten gehende Beleuchtungsmodelle basieren jedoch auf einem Oberflächenmodell, dessen Struktur durch Elemente repräsentiert ist, die wesentlich größer sind als die Wellenlänge des einfallenden Lichts. Der Einfluß von Reflexion und Brechung auf die Wellenlänge des Lichts muß daher nicht berücksichtigt werden. Es gibt unseres Wissens mit dem Verfahren von Bösing /Bösi89/ nur einen Versuch einer Algorithmisierung des Einflusses mikroskopisch kleiner Strukturen auf die Lichtreflexion. Durch das Verfahren wird die Oberfläche mittels sphärischer Partikel von unterschiedlicher Größe und Dichte modelliert. Da diese Partikel im Größenbereich der Wellenlänge sichtbaren Lichts liegen, erfolgt eine vom Typ der Oberfläche abhängige Modifikation und Absorption des einfallenden Spektrums. Gleichzeitig hängt auch die Eindringtiefe der Lichtstrahlung in die Oberfläche von der Spezifikation der Partikel ab. Damit entfällt die ohnehin künstliche Unterscheidung in eine gerichtete und eine ungerichtete Komponente des reflektierten Lichts. Wie groß der gerichtete oder ungerichtete Teil der Reflexion ist, hängt allein von Dichte und Größe der Partikel ab. Durch sie ist festgelegt, wie die Anteile der unterschiedlich tief in die Oberfläche eindringenden Strahlung verteilt sind.

Das oben skizzierte Modell hat jedoch keinen Eingang in die allgemeine Computergrafik-Literatur gefunden. Es ist aufwendig zu berechnen und immer noch keine vollständige Charakterisierung des Reflexionsverhaltens, da eine gleichmäßige Verteilung gleichgroßer Partikel vorausgesetzt wird. Ähnlich wie bei der im vorherigen Kapitel vorgestellten, experimentellen Bestimmung der BRDF (anstatt ihrer analytischen Berechnung) ist es offenbar effizienter, die durch die Mikrostruktur verursachte Farbgebung und Mattheit der Oberfläche zu messen und wie ein Texturattribut in das Modell einzubringen.

7 Textur

Durch das geometrische Modell wird eine Oberfläche makroskopisch beschrieben. Die kleinste Einheit der Repräsentation ist nicht kleiner als ein Pixel. Die Erscheinungsweise der Oberfläche wird jedoch auch durch Strukturen beeinflußt, die wesentlich kleiner sind. Dies durch die geometrische Objektrepräsentation zu beschreiben wäre freilich ineffektiv, da im Grenzfall die Lage jedes einzelnen Moleküls repräsentiert werden müßte. Diese Struktur wird daher statistisch bezüglich der an der Oberfläche stattfindenden Reflexion durch die bidirektionale Reflexionsstreuungsfunktion (BRDF) beschrieben (siehe Abschnitt 5.1.5). Durch die BRDF können Oberflächendetails nicht exakt repräsentiert werden, doch eine globale (d.h. überall wirkende) Summation von Subpixeleigenschaften - wie z.B. die Rauhigkeit - ist möglich. Nicht alle mikroskopischen Oberflächeneigenschaften lassen sich indes so fassen. Gerade wenn es deterministische Aspekte gibt - beispielsweise die Maserung von Holz - wäre auch eine Beschreibung durch eine BRDF nicht effektiv.

Solche Oberflächeneigenschaften können durch Textur beschrieben werden. Textur im Sinne der 3D-computergrafischen Darstellung kann als Attribut von Oberflächen begriffen werden, dessen für die Visualisierung relevanten, geometrischen Aspekte erst während des Darstellungsprozesses ausgewertet werden. Nach dieser Definition ist auch Farbe eine Textur, da sie meist nicht durch die Interaktion von Licht mit Oberflächenpartikeln modelliert wird, sondern als zusätzliches Attribut in die Beleuchtungsgleichung eingebracht wird. Interessantere Texturen sind jedoch diejenigen, durch die Muster visualisiert werden - z.B. die schon genannte Holzmaserung -, welches nicht Teil der geometrischen Beschreibung ist.

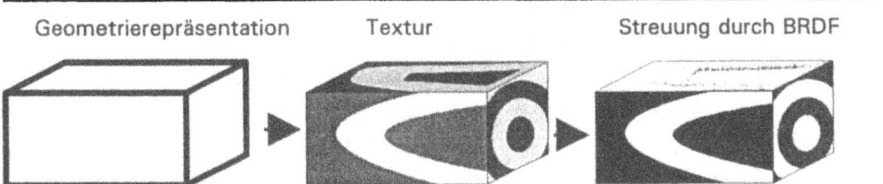

Abb. 7.1: Geometrierepräsentation, Textur und BRDF beschreiben Oberflächeneigenschaften auf unterschiedlicher Ebene.

Geometrie, Textur
und die BRDF

Die Grenzen für die Anwendung einer geometrischen Objektrepräsentation, für die einer Textur oder die einer BRDF sind fließend (siehe Abb. 7.1). Die Rauhigkeit an der Oberfläche eines Ziegelsteins könnte durch sehr kleine Oberflächenelemente, durch die Definition einer Ziegelsteintextur oder durch eine BRDF beschrieben werden. Welche der drei Repräsentationsformen die jeweils geeignetste ist, wird vom Einzelfall abhängen, da ihre jeweilige Wirkung und der zu treibende Aufwand sehr unterschiedlich ist. Durch die geometrische Objektrepräsentation wird eine beliebig exakte Approximation der Oberflächenstruktur auf Kosten eines immer größeren Aufwandes ermöglicht. Durch die BRDF werden dagegen die für die Visualisierung relevanten Aspekte dieser Struktur statistisch beschrieben. Verfahren, die auch für die Anwendung einer BRDF genutzt werden, werden bei der Texturierung für eine deterministische oder statistische Beschreibung von Oberflächendetails verwendet.

Repräsentation
von Textur

Textur kann auf drei Arten repräsentiert werden. Textur kann als Bild, ähnlich der Projektion eines Dias, auf eine glatte Oberfläche abgebildet werden, sie kann als gezielte Perturbation der Oberflächennormalen erzeugt werden oder sie kann als Modifikation durch einen dreidimensionalen Texturraum realisiert werden. Die Abbildung eines Texturbildes hat den Vorteil, daß beliebige Bilder auf die Oberfläche projiziert werden können, doch wirkt die Textur künstlich, falls eine Struktur mit wahrnehmbaren Tiefenunterschieden beschrieben werden soll. Hier eignet sich die Normalenperturbation besser. Da die veränderten Normalen Eingang in die Beleuchtungsgleichung finden, ist die bei unterschiedlichem Lichteinfall veränderte Schattierung sichtbar. Gegenseitige Abschattung und die durch Textur veränderte Form der Silhouette können jedoch auch hier nicht berücksichtigt werden. Dies kann nur durch 3D-Texturen erfolgen.

7.1 Die Abbildung von Textur

Texture Mapping

Die Projektion einer 2D-Textur ist unter dem Namen *texture mapping* oder *pattern mapping* bekannt. Die Textur ist ein zweidimensionales, digitales Bild, dessen Grauwerte benutzt werden, um den diffusen Anteil der Reflexion zu modifizieren. Der spiegelnde Anteil bleibt unverändert, da weiterhin von einer glatten Oberfläche ausgegangen wird, auf die die Textur projiziert wird. Die Bildelemente des Texturbilds werden *texel* (für *tex*ture *el*ement) genannt.

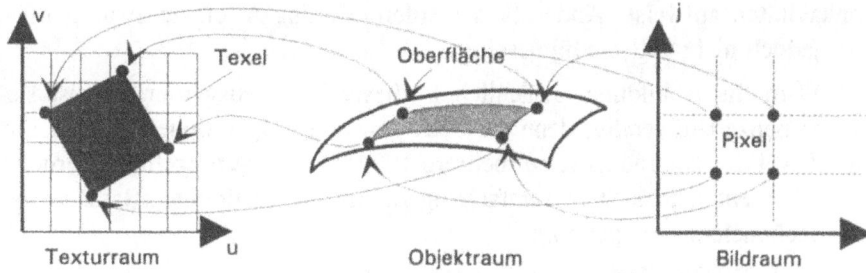

Abb. 7.2: Abbildungen zwischen Textur-, Objekt- und Bildraum.

Die Abbildung der Textur erfolgt während der Visualisierung. Konzeptionell gesehen handelt es sich um zwei aufeinanderfolgende Abbildungsvorgänge, bei der die Textur zunächst vom Textur- in den dreidimensionalen Objektraum und anschließend von diesem in den zweidimensionalen Bildraum abgebildet wird (siehe Abb. 7.2). Da zum Zeitpunkt der Visualisierung bereits festliegt, welcher Teil eines Objekts auf ein Pixel des Bildraums abgebildet wird, wird die Abbildungsvorschrift für die Textur invertiert, so daß für ein Pixel des Bildraums bestimmt werden kann, welcher Teil der Textur auf es projiziert wird.

Texturraum, Objektraum, Bildraum

Genau wie beim *ray tracing* und bei der Berechnung nach dem *radiosity*-Modell kann es zu Aliasing-Effekten kommen, wenn die Textur nur für einen einzigen Punkt innerhalb eines Pixels berechnet wird. Um diese Effekte zu verhindern, kann das gesamte Pixel in den Texturraum abgebildet werden und aus den durch das Pixel überdeckten Texturelementen ein Mittelwert gebildet werden. Dazu wird die Transformation der Pixelecken in den Texturraum berechnet und daraus auf denjenigen Bereich des Texturraums geschlossen, der auf ein Pixel fällt (siehe Abb. 7.2). Das Verfahren kann allerdings nur dann angewendet werden, wenn ein Pixel im Objektraum auf genau ein Oberflächenelement fällt und dieses Oberflächenelement keine

Anti-Aliasing

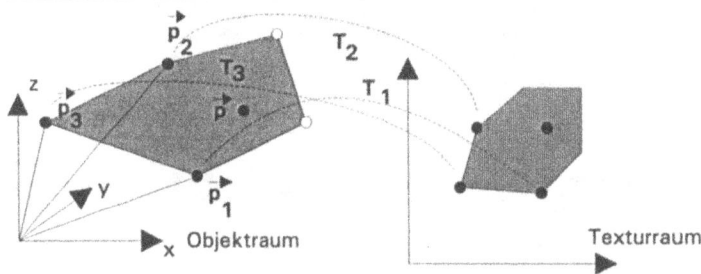

Abb. 7.3: Interpolation der Texturtransformation.

Konkavitäten aufweist. Andernfalls werden Aliasing-Artefakte zwar gemildert, jedoch nicht vollständig beseitigt.

Wird die Abbildung tatsächlich in dieser Form ausgeführt, so ist sie sehr rechenzeitaufwendig, denn die oben genannten Operationen müssen für jedes Pixel des Bildraums (also mehrere 100.000-mal) durchgeführt werden. Daher bedient man sich Vereinfachungen, die für bestimmte Klassen von Oberflächenelementen gelten.

Lineare Interpolation der Texturtransformation

Sind alle Oberflächenelemente planar, dann ist die inverse Transformation vom Bildraum in den Texturraum eine lineare Abbildung. In diesem Fall müssen nur die Transformationen T_1, T_2, T_3 für drei Eckpunkte $\vec{p}_1, \vec{p}_2, \vec{p}_3$ des Oberflächenelements berechnet werden. Sie bilden die Basis für ein baryzentrisches Koordinatensystem für das Oberflächenelement. Die baryzentrischen Koordinaten $a_1 \cdot \vec{p}_1 + a_2 \cdot \vec{p}_2 + a_3 \cdot \vec{p}_3$ eines Oberflächenpunkts $\vec{p}$ sind die Wichtungen, mit denen die Transformationen der Eckpunkte in die Transformation für $\vec{p}$ eingehen (siehe Abb. 7.3):

$$T(\vec{p}) = a_1 \cdot T_1 + a_2 \cdot T_2 + a_3 \cdot T_3 .$$

Interpolation auf Dreiecken

Die Berechnung der Transformation gestaltet sich noch einfacher, wenn die Oberfläche aus Dreiecken besteht. Dann lassen sich die Wichtungen aus den Längenverhältnissen der Schnittpunkte $\vec{p}_l$ und $\vec{p}_r$ einer Abtastlinie mit zwei der Dreiecksseiten $\vec{p}_1, \vec{p}_2$ und $\vec{p}_2, \vec{p}_3$ und dem Abstand des Punktes $\vec{p}$ auf der Abtastlinie zu diesen beiden Schnittpunkten berechnen (siehe Abb. 7.4). Es gilt:

$$T(\vec{p}_l) = \frac{\|\vec{p}_2 - \vec{p}_l\|}{\|\vec{p}_2 - \vec{p}_1\|} \cdot T_1 + \frac{\|\vec{p}_l - \vec{p}_1\|}{\|\vec{p}_2 - \vec{p}_1\|} \cdot T_2 ,$$

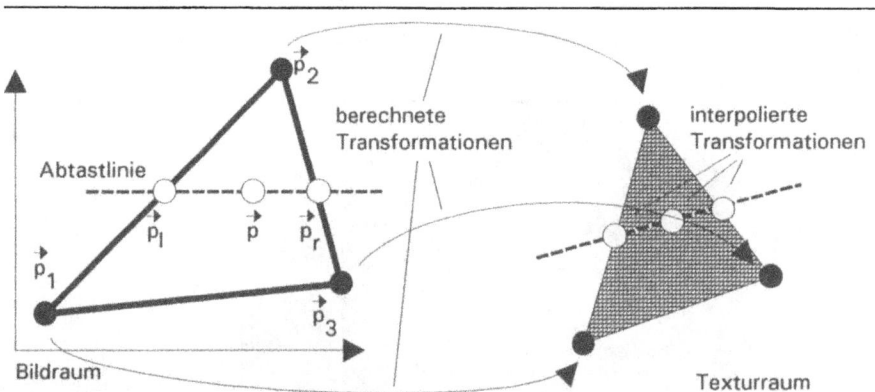

Abb. 7.4: Die Interpolation der Texturtransformation auf Dreiecken kann entlang von Abtastlinien im Bildraum erfolgen.

$$\mathbf{T}(\vec{p}_r) = \frac{\|\vec{p}_r - \vec{p}_3\|}{\|\vec{p}_2 - \vec{p}_3\|} \cdot \mathbf{T}_2 + \frac{\|\vec{p}_2 - \vec{p}_r\|}{\|\vec{p}_2 - \vec{p}_3\|} \cdot \mathbf{T}_3,$$

$$\mathbf{T}(\vec{p}) = \frac{\|\vec{p}_r - \vec{p}\|}{\|\vec{p}_r - \vec{p}_l\|} \cdot \mathbf{T}(\vec{p}_l) + \frac{\|\vec{p} - \vec{p}_l\|}{\|\vec{p}_r - \vec{p}_l\|} \cdot \mathbf{T}(\vec{p}_r).$$

Erfolgt die Visualisierung der Oberfläche entlang von Abtastlinien, dann kann die Transformation inkremental fortgeschrieben werden.

Diese vereinfachte Berechnung läßt sich jedoch nur dann verwenden, wenn die Transformation tatsächlich linear ist. Bereits die Benutzung einer perspektivischen Projektion bei der Abbildung vom Objekt- in den Bildraum führt zu einer Verletzung dieser Bedingung. Würde die Transformation auch jetzt noch linear interpoliert werden, so führte dies zu Fehlern. An den Kanten zwischen Oberflächenpolygonen träfen zwei unterschiedliche Approximationen aufeinander, und die daraus resultierende Unstetigkeit ergäbe einen wahrnehmbaren Fehler der dargestellten Textur (siehe Abb. 7.5).

Interpolation bei perspektivischer Projektion

Drei verschiedene Verfahren bieten sich an, durch die dieser Fehler vermieden werden kann:

Fehlervermeidung bei perspektivischer Projektion

- Die Oberflächenelemente können so klein gewählt werden, daß der

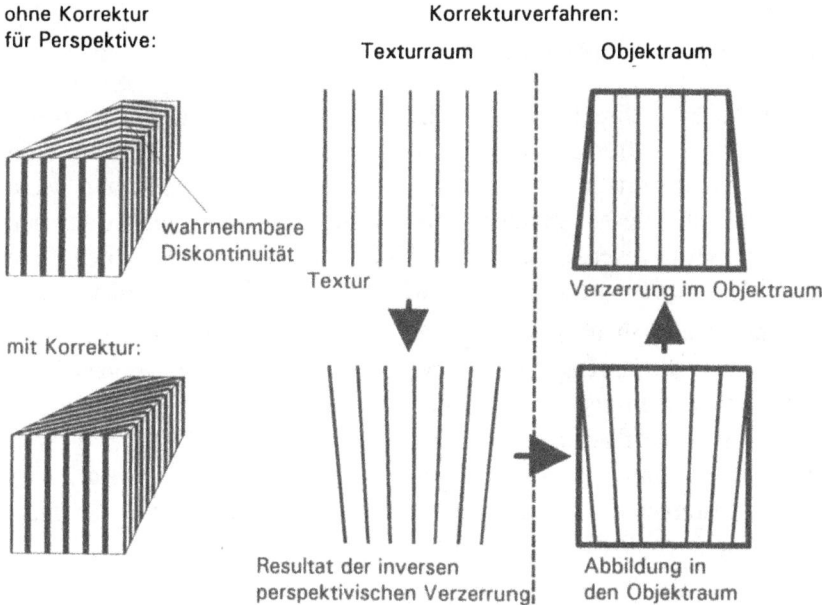

Abb. 7.5: Bei linearer Interpolation der Texturtransformation und perspektivischer Projektion treten wahrnehmbare Fehler auf, die durch das rechts skizzierte Korrekturverfahren unterdrückt werden können.

Approximationsfehler kaum mehr wahrnehmbar ist. Der Nachteil dieses Ansatzes besteht in dem enorm steigenden Rechenzeitaufwand.

- Anstatt der linearen Interpolation erfolgt eine inkrementale Fortschreibung der perspektivischen Projektion. Auch hier ist der Rechenaufwand größer, denn die perspektivische Projektion beinhaltet die Division durch die w-Koordinate der homogenen Koordinatenrepräsentation, die für jedes Pixel ausgeführt werden muß (siehe Kapitel 2).

- Die perspektivische Projektion wird inkremental fortgeschrieben, jedoch wird sie in eine perspektivische Verzerrung und eine anschließende orthogonale Projektion getrennt (siehe Kapitel 2). Die perspektivische Verzerrung wird im Texturraum ausgeführt. Im Anschluß daran muß nur mit der $\frac{1}{w}$-Koordinate *multipliziert* werden, um für jedes Pixel den Ort im Texturraum zu finden /Heck86/ (siehe Abb. 7.5).

Die angegebenen Verfahren gelten nur für die Verwendung von Oberflächendreiecken. Für beliebige planare Polygone entfällt die Möglichkeit einer inkrementalen Fortschreibung.

7.2 Textur auf gekrümmten Oberflächen

Textur kann direkt auf eine gekrümmte Oberfläche abgebildet werden. Die Abbildung ist freilich nicht länger linear, so daß keine lineare Interpolation der Transformation für alle Oberflächenpunkte durchgeführt werden kann. Ähnlich, wie bei der perspektivischen Projektion, können alternative Lösungen gewählt werden, damit die inverse Transformation in den Texturraum nicht an jedem sichtbaren Oberflächenpunkt berechnet werden muß.

Interpolation auf gekrümmten Flächen

Am leichtesten ist sicherlich eine Zerlegung in kleinere Oberflächenelemente durchzuführen, für die anschließend eine lineare Approximation der Transformationsparameter erfolgt. Für parametrisierte Flächenelemente (z.B. durch Bezierflächen) kann jedoch auch eine Abbildung der Textur in den Parameterraum durchgeführt werden. Anschließend können die Transformationsparameter im - nicht gekrümmten - Parameterraum linear interpoliert werden (siehe Abb. 7.6).

Textur und Ray Tracing/Casting

Falls für die Visualisierung ein *ray tracing*- oder *ray casting*-Verfahren benutzt wird, kann auf die Approximation oder Interpolation einer Transformation verzichtet werden. Der Aufwand zur Verfolgung der einzelnen Strahlen ist so groß, daß die zusätzliche Transformation in den Texturraum

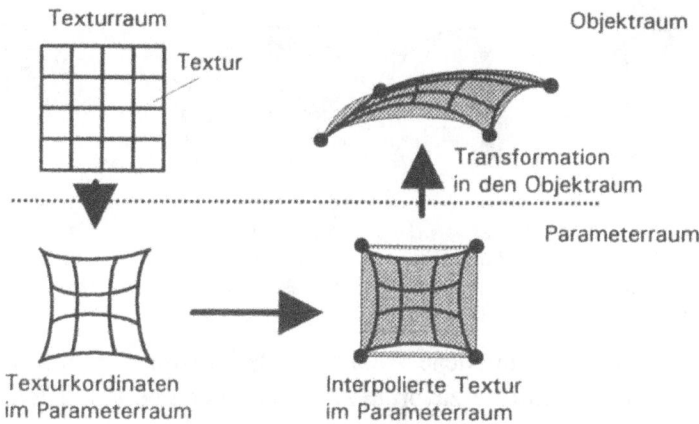

Abb. 7.6: Die Texturtransformation für parametrisierte Flächen kann durch Überführung des Texturraums in den Parameterraum interpoliert werden.

beim Auftreffen eines Strahls auf eine Oberfläche keine wesentliche Verlängerung der Berechnungszeit bedeutetet. Eine Interpolation ist in diesem Fall auch nicht ratsam, denn die größere Realitätsnähe eines *ray tracers* erhöht auch die Wahrscheinlichkeit von Aliasing-Effekten. Die Berücksichtigung von Mehrfachreflexionen führt dazu, daß in benachbarte Pixel des Bildraums weit voneinander entfernte Punkte des Objektraums abgebildet werden können. Bei einer Interpolation der Textur könnten auf diese Weise zueinander inkonsistent interpolierte Muster auf benachbarte Pixel abgebildet werden.

7.3 Zwei-Phasen-Texturprojektion

Die Kontinuität von Textur zwischen benachbarten Flächenelementen ist in vielen Fällen nicht gewährleistet. Wenn auf Kontinuität verzichtet wird, entsteht eine für den Betrachter wahrnehmbare Bindung der Textur an einzelne Flächenelemente, obwohl die Textur den Effekt einer an der Oberfläche wahrnehmbaren Strukturierung des Objektinnern oder einer von den einzelnen Flächenelementen unabhängigen Bearbeitung widerspiegeln sollte. Für eine realitätsnahe Darstellung dieses Effekts ist daher die Gestaltung konsistent wirkender Übergänge an den Grenzen der Flächenelemente unverzichtbar. Dieser Prozeß wird in einer interaktiven Planungsphase durch den Benutzer durchgeführt. Die Topologie der Oberfläche kann jedoch so komplex sein, daß es nicht leicht fällt, eine geeignete Abbildung der Texturfläche auf diese Topologie zu finden (man stelle sich vor, eine Teekanne mit

Texturübergänge zwischen Flächenelementen

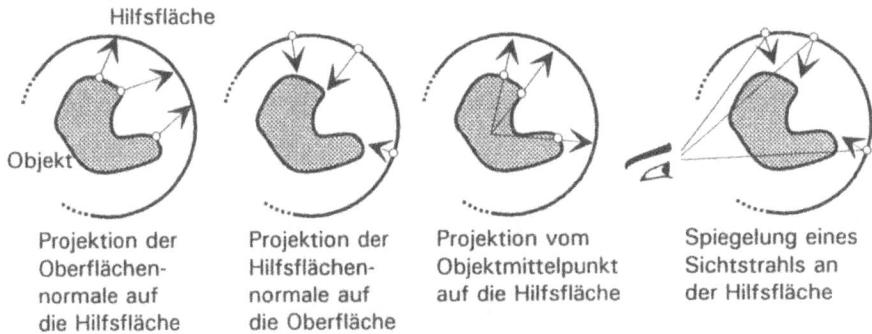

| Projektion der Oberflächen-normale auf die Hilfsfläche | Projektion der Hilfsflächen-normale auf die Oberfläche | Projektion vom Objektmittelpunkt auf die Hilfsfläche | Spiegelung eines Sichtstrahls an der Hilfsfläche |

Abb. 7.7: Eine kontinuierliche Abbildung der Textur auf eine komplexe Oberfläche wird durch eine zuvorige Abbildung auf eine Hilfsfläche vereinfacht.

Papier einzuwickeln, so daß das Papier eng an der Oberfläche anliegt und die Anzahl der Punkte, an denen Papierkanten aneinanderstoßen möglichst klein und möglichst regelmäßig verteilt ist).

Texturabbildung über Hilfsflächen

In diesem Fall geht man einen indirekten Weg für die Texturabbildung /Bier86/. Zunächst wird die Textur auf eine einfache Hilfsfläche abgebildet, für die sich leicht eine Abbildungsvorschrift finden läßt (z.B. auf eine Kugeloberfläche, die Fläche eine offenen Zylinders oder auf zwei einander gegenüberliegende, parallele Ebenen). Die Hilfsfläche schließt das Objekt ein. Anschließend erfolgt die Texturierung durch eine definierte Abbildungsvorschrift von der Hilfsfläche auf jeden Punkt der zu texturierenden Oberfläche (siehe Abb. 7.7 und die Farbtafeln 21, 22 und 23). Diese Abbildung kann z.B. sein:

- Die Projektion der Oberflächennormale auf die Hilfsfläche.

- Die Projektion der Hilfsflächennormale auf die Oberfläche.

- Der Projektion einer Linie vom Mittelpunkt des Objekts durch den Oberflächenpunkt auf die Hilfsfläche.

- Die Spiegelung eines Sichtstrahls an der Hilfsfläche auf die Oberfläche.

Durch keines der Verfahren kann sichergestellt werden, daß die Abbildungsvorschrift tatsächlich zu einer als akzeptabel empfundenen Projektion der Texturfläche auf die Oberfläche führt. In manchen Fällen wird das Ergebnis immer noch inkonsistent mit den Erwartungen des Betrachters sein.

Die vierte von den Texturabbildungen über eine Hilfsfläche unterscheidet sich von den drei anderen Abbildungsvorschriften dadurch, daß die Art der Projektion vom Standpunkt des Betrachters relativ zum Objekt abhängt. Bewegt sich der Betrachter oder wird das Objekt transformiert, so scheint

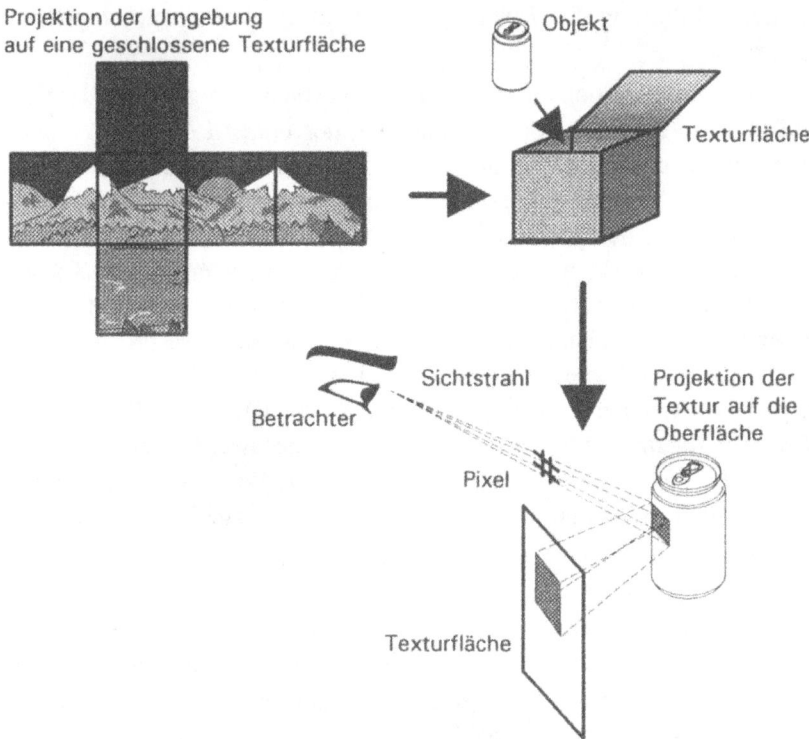

Abb. 7.8: *Environment mapping*: Die vom Objektzentrum sichtbare Umgebung wird auf eine geschlossene Texturfläche abgebildet und bei der Darstellung auf die Oberfläche des Objekts projiziert.

die Textur über die Oberfläche zu wandern. Diesen Effekt kann man ausnutzen, um die andernfalls durch *ray tracing* realisierten Spiegelungen zwischen Objekten zu approximieren.

Ein solches Approximationsverfahren ist die Reflektanz- oder Umgebungsprojektion von Textur (*reflectance mapping* oder *environment mapping* /Blin76/, /Gree86/). Durch dieses Verfahren wird die Reflektanz der aus Sicht des Objektzentrums sichtbaren Umgebung auf eine geschlossene Hilfsfläche projiziert (zum Beispiel auf eine Kugel oder einen Kubus). Anschließend wird aus Betrachtersicht eine Strahlverfolgung gestartet (siehe Abb. 7.8). Beim Auftreffen auf eine texturierte Oberfläche erfolgt aber keine weitere Verfolgung des Strahls durch die Szene, sondern es wird anhand der Oberflächennormale festgestellt, auf welchen Punkt der Textur der Strahl reflektiert werden würde. Der dort eingetragene Reflektanzwert wird dem Oberflächenpunkt zugeordnet. Das texturierte Objekt wirkt wie ein idealer Spiegel, in dem sich die Umgebung widerspiegelt. Eine diffuse Komponente

Reflectance Mapping
Environment Mapping

kann durch Filterung der Textur gleichfalls in das Verfahren integriert werden /Gree86/.

Ray Tracing-Approximation

Die Approximation eines *ray tracing*-Verfahrens ergibt sich daraus, daß alle Sichtstrahlenbäume von Strahlen nach der ersten Reflexion an der Objektoberfläche durch die Textur repräsentiert werden. Jeder Punkt auf der Textur entspricht der aufintegrierten Reflexion eines Sichtstrahlenbaums für einen Sichtstrahl, der im Zentrum des Objekts beginnt. Da die Sichtstrahlen freilich an der Objektoberfläche reflektiert werden, während die Textur auf der Basis einer Projektion aus dem Objektzentrum erzeugt wurde, ergeben sich Approximationsfehler (siehe Abb. 7.9). Insbesondere erhalten zwei an der Oberfläche reflektierte Strahlen, die aus unterschiedlicher Richtung auf den gleichen Ort der Textur projiziert werden, denselben Reflektanzwert. Bei einem *ray tracing*-Verfahren würden dagegen wegen der unterschiedlichen Richtung der Strahlen ganz unterschiedliche Bereiche der Szene durchlaufen werden, wodurch sich wahrscheinlich unterschiedliche Reflektanzwerte ergäben. Eine Reflexion des Objekts in sich selbst wäre auch nicht möglich.

Chrome Mapping

Dennoch ist der wahrgenommene Effekt oft sehr realistisch. Das gilt vor allem, falls die Oberfläche des texturierten Objekts viele und unterschiedliche Krümmungen aufweist oder falls der gespiegelte Hintergrund nur schwach strukturiert ist (z.B. bei Wolken). Dann ist es dem Betrachter kaum möglich, die durch Approximationsfehler entstandenen von den durch die Oberflächenkrümmung entstandenen Verzerrungen des Hintergrundes zu

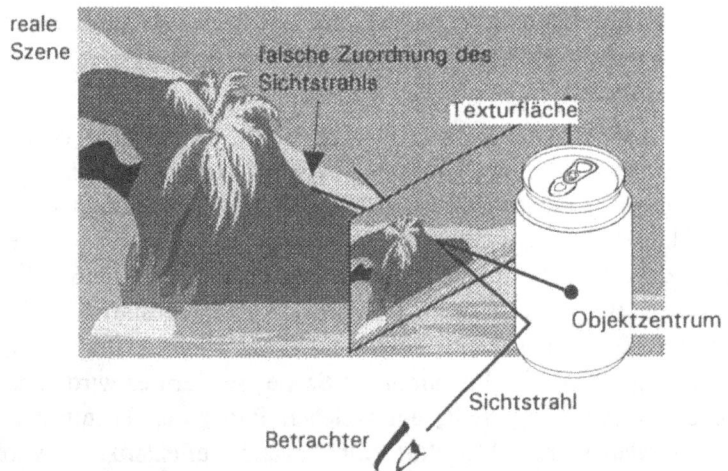

Abb. 7.9: Im Vergleich zum ray tracing tritt beim *environment mapping* ein Fehler auf, wenn Sichtstrahlen auf die Texturfläche projiziert werden.

unterscheiden. In solchen Fällen reicht es vielfach sogar aus, anstatt des realen Hintergrundes - der nicht immer leicht zu berechnen ist und sich bei Transformationen des Objekts in der Szene verändern kann - eine willkürlich gemusterte und ungefähr den Hintergrundfarben entsprechende Textur zu verwenden. Der Betrachter erwartet in solchen Fällen nicht, daß er spezielle Strukturen in der Spiegelung erkennen kann. In einer Animationssequenz ist das herausragende Kennzeichen der Spiegelung in diesem Fall das Wandern des Musters in Abhängigkeit der Veränderung der Betrachterposition. Dies wird auch durch das willkürlich gewählte Muster gewährleistet. Das Verfahren ist unter dem Namen *chrome mapping* bekannt, weil das Resultat der Spiegelung in einer verchromten Oberfläche ähnelt (es wird übrigens unter anderem bei der computergrafischen Darstellung mancher Sender-Logos im Fernsehen verwendet).

7.4 3D-Texturraum

Eine Alternative zur Texturprojektion ist der dreidimensionale Texturraum /Perl85/, aus dem das visualisierte Objekt "herausgeschnitten" wird (siehe Abb. 7.10 und Farbtafel 19). Die an der Objektoberfläche gezeigte Textur ist das Resultat entsprechender Schnitte im Texturraum. Sie wird - vorausgesetzt, der dreidimensionale Texturraum ist als eine sich in alle Richtungen stetig ändernde Funktion definiert - eher konsistent zu den Benutzererwartungen empfunden.

Dreidimensionaler Texturraum

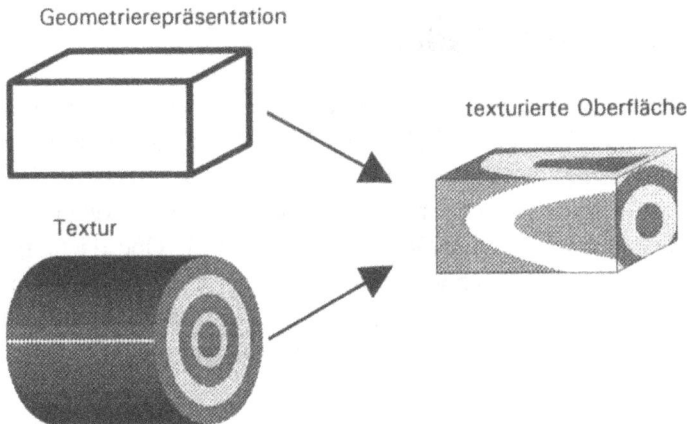

Abb. 7.10: Anwendung eines dreidimensionalen Texturraums.

Die Definition eines dreidimensionalen Texturraums ist vor allem dann sinnvoll, wenn sie sich einfacher als die entsprechende Oberflächentextur beschreiben läßt. Die Komplexität der letzteren ergibt sich dann durch die Komplexität der 3D-Textur und der des Schnitts im 3D-Raum. Ein gutes Beispiel für eine 3D-Textur ist die Maserung eines Kantholzes. Sie entsteht durch die Jahresringe des Baums, aus dem das Holz geschnitten wurde, und die Art des Schnitts. Die Textur könnte im 3D-Raum als eine Reihe von ineinander liegenden Zylindern modelliert werden (Äste - und damit Astlöcher im geschnittenen Holz - ließen sich als zusätzliche Zylinder in die Definition einbringen). Bei der Darstellung eines bestimmten Kantholzes müßten nur die Schnittebenen der Seiten des Kantholzes festgelegt werden und der entsprechende Schnitt im 3D-Texturraum durchgeführt werden.

Repräsentation des 3D-Texturraums

Der 3D-Texturraum kann entweder explizit, z.B. als Voxelrepräsentation, oder prozedural - also durch die Angabe einer Funktion von drei Koordinaten, die den entsprechenden Texturwert liefert - definiert werden. Eine prozedurale Definition dürfte freilich in den meisten Fällen vorzuziehen sein, da es in diesem Fall einfacher ist, die stetige Änderung der Texturwerte zu garantieren, und da zusätzliche Aliasing-Artefakte durch eine zu geringe Auflösung des Texturraums vermieden werden können.

Prozedurale Texturbeschreibungen können auf einfache Weise aus wenigen Basisfunktionen (Rauschen und geometrische Grundformen, wie z.B. Kugeln oder Ellipsoiden) generiert werden. Sie ermöglichen die Wiedergabe einer großen Vielfalt von unterschiedlichen Oberflächenstrukturen (siehe z.B. den *image synthesizer* von Perlin /Perl85/).

7.5 Normalenperturbation

Bump Mapping

Wie bereits zu Beginn dieses Kapitels gesagt wurde, wird durch die Textur nur die Abbildung von Helligkeitsunterschieden auf eine glatte Oberfläche bewirkt. Eine Modulation dieser Helligkeitsunterschiede in Abhängigkeit von Texturdetails ist nicht möglich. Daher wirkt das Ergebnis im Verlauf einer Transformation eines Objekts wie ein auf die Oberfläche projiziertes Dia. Dieser Eindruck kann vermieden werden, wenn die durch die Textur veränderte Richtung der Oberflächennormalen in das Modell einfließt. Dieses Verfahren ist unter dem Namen Normalenperturbation oder *bump mapping* bekannt /Blin78/.

Repräsentation im Texturraum

Anstatt im Texturraum eine Repräsentation der Farb- und Helligkeitsänderungen zu halten, wird das Ausmaß gespeichert, mit dem die Normale ausgelenkt wird. Diese Auslenkung kann als Kreuzprodukt zweier Auslenkungen $w_u \cdot \bar{n}_u$ und $w_v \cdot \bar{n}_v$ in zwei zueinander orthogonalen Richtungen u und v definiert werden. Bei der Darstellung wird die Originalnormale $\bar{n}$ an der Oberfläche durch die im Texturraum angegebene Perturbation modifiziert (siehe Abb. 7.11 und Farbtafel 20):

$$\bar{n}' = \bar{n} + w_u \cdot \bar{n}_u + w_v \cdot \bar{n}_v.$$

Da die Normale fast der einzige Parameter ist, durch den sich die Schattierung bei einer Bewegung des Objekts verändert, wird eine nahezu perfekte Täuschung erreicht. Einzig die Silhouette des Objekts wird falsch wiedergegeben. Hier wird sichtbar, daß die tatsächliche Repräsentation der Objektgeometrie nur eine glatte Oberfläche beschreibt. Durch die Normalenperturbation sollten daher keine allzu zerklüfteten Strukturen beschrieben werden.

Die Normalenauslenkung kann explizit als eine Liste von Auslenkungen in u- und v-Richtung abgelegt oder prozedural als eine Funktion von u und v definiert werden. Letzteres eignet sich besonders dann, wenn durch die Textur eine unregelmäßige Oberflächenrauhigkeit modelliert werden soll. In diesem Fall erfolgt die Beschreibung als eine Zufallsverteilung (z.B. als Gaußverteilung) mit Mittelwert 0 und einer dem Grad der Rauhigkeit entsprechenden Varianz. Die Art der Textur ist hier durchaus zur Normalenapproximation bei der Berechnung der spiegelnden Reflexion nach den Modellen von Blinn und Cook, Torrance (siehe Kapitel 4) vergleichbar.

Explizite und prozedurale Repräsentation

Durch die Normalenperturbation wird die Oberflächenfarbe nicht ver-

Kombination von Normalenperturbation und Texturabbildung

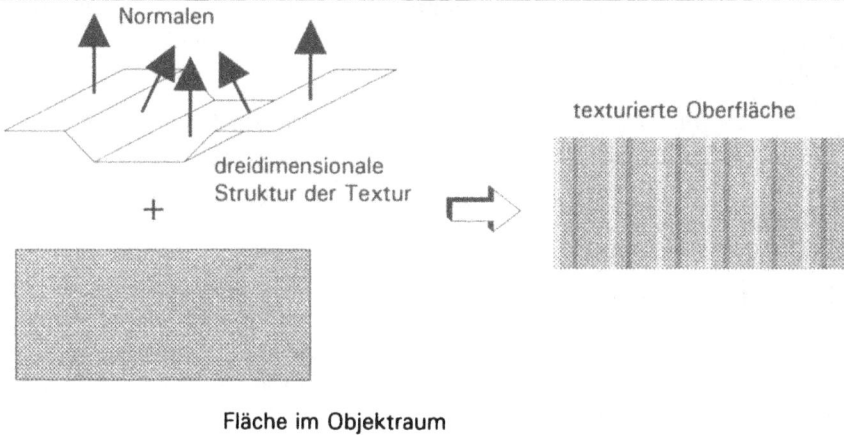

Abb. 7.11: Durch Normalenperturbation wird die für das Beleuchtungsmodell benutzte Normale gemäß der dreidimensionalen Struktur der Textur gezielt verändert.

ändert. Soll beispielsweise eine Ziegelwand visualisiert werden, so würde durch die Modifikation der Normalenrichtungen zwar die unterschiedliche Tiefe von Ziegelstein und Verfugung, nicht aber deren unterschiedliche Farbe simuliert werden. Dies und die Feinmusterung von Ziegel und Mörtel ließen sich durch ein Texturmuster einbringen, welches mit der Normalenperturbation kombiniert wird.

Auch für die Normalenperturbation müssen Übergänge zwischen Flächenelementen definiert werden, um zu einem realistisch wirkendem Ergebnis zu kommen. Der einfachste Weg führt über den in 7.3 vorgestellten, prozeduralen Texturraum. Wenn anstatt einer Farbmodifikation für jeden Punkt des 3D-Raums eine Perturbation der Normale definiert wird, kann bei der Visualisierung eines Oberflächenpunkts die dort spezifizierte Änderung der Normalenrichtung berücksichtigt werden.

7.6 Hypertextur

3D-Textur

Ein noch höheres Maß an Realitätsnähe läßt sich durch echte 3D-Texturen erreichen. Durch sie wird die tatsächliche, dreidimensionale Oberflächenstruktur repräsentiert, so daß Fehler in der Visualisierung durch eine verfälschte Geometriebeschreibung nicht auftreten. Eine 3D-Textur ist einer Geometrierepräsentation sehr ähnlich. Der einzige Unterschied besteht darin, daß die Textur erst während der Darstellung in das Modell eingebracht wird und damit nur eingeschränkt zusammen mit der Geometriebeschreibung manipuliert werden kann. In der Tat werden die in Kapitel 3 aufgeführten fraktalen Flächen auch zu den Texturen gezählt.

Hypertexturen

Fraktale Flächen und andere, als Oberflächenattribute definierte 3D-Texturen haben jedoch dieselben Nachteile wie alle anderen Oberflächentexturen. Insbesondere ist es aufwendig, die Übergänge zwischen benachbarten Flächen in konsistenter Weise zu gestalten. Die 1989 vorgestellten Hypertexturen dagegen wurden auf der Basis des 3D-Texturraums entwickelt und sind daher eine von den Flächenelementen unabhängige Texturierung /Perl89/.

Definition einer Hypertextur

Hypertextur kann für eine implizite Objektbeschreibung $f(x,y,z) = T$ oder eine Voxelrepräsentation definiert werden. Für jeden Punkt des 3D-Raums mit dem Funktionswert $f(x,y,z)$ wird eine Texturkomponente $t(x,y,z)$ addiert. Da die Objektoberfläche unverändert durch den Schwellen-

wert T definiert ist, ergibt sich durch diese Addition eine neue Oberflächenstruktur.

Die Texturkomponente setzt sich aus einfachen Basisfunktionen
zusammen. Zu den Basisfunktionen zählen bandlimitiertes Rauschen unterschiedlicher Amplitude, ein heuristisches 'Turbulenz'-Modell und eine Reihe
einfacher, arithmetischer Funktionen (z.B. Sinus- und Kosinusfunktionen).
Die Basisfunktionen werden durch Addition und Konkatenation zur komplexen Hypertexturen verknüpft. Dadurch gelingt die realistisch wirkende Darstellung vielfältigster Strukturen (z.B. Feuer, Haare, etc., siehe /Perl89/).

Zusammensetzung
einer Hypertextur

Für die Visualisierung wird das *ray casting*-Verfahren für implizite
Oberflächenrepräsentationen (Abschnitt 5.4.3) angewendet. Jeder Sichtstrahl
wird in Segmente zerlegt, für die ein Gradient approximiert wird. Er ist das
Mittel der an einer Reihe von Abtastpunkten innerhalb des Segments berech-
neten Gradienten. Die Dichte der Abtastpunkte hängt vom Frequenzband der
Texturfunktion und der zum Anti-Aliasing verwendeten Tiefpaßfilterung ab.
Der Gradient wird nach dem *volume rendering*-Prinzip für die Darstellung
verwendet, d.h. seine Länge gibt Auskunft über die Oberflächenwahrscheinlichkeit innerhalb des Segments, und seine Richtung wird als Normale in der
Beleuchtungsgleichung verwendet.

Visualisierung

8 Trends

Oberstes Ziel einer Darstellung ist die Vermittlung von mehrdimensionaler Information, die anders nicht oder nicht einfach weiterzugeben ist. Maßstab für die Effizienz einer gegebenen Lösung ist hierbei neben Rechenzeit und Speicherplatz die Realitätsnähe des Resultats. Betrachtet man die Resultate zu Beleuchtungsmodellen und Darstellungsverfahren, so scheinen die Methoden den Ansprüchen einer realitätsnahen Darstellung zu genügen. Ist bei einem qualitativ hochwertigem, computer-generierten Bild überhaupt noch ein Unterschied zu einem realen Bild bemerkbar, dann ist es die größere Exaktheit dargestellter Details gepaart mit einer einfacheren Szenenbeschreibung.

Hier zeigt sich jedoch eines der Probleme von computergrafischen Darstellungsverfahren. Der Aufwand für Modellierung und Darstellung ist für die Generierung eines realitätsnah wirkenden Bildes oft sehr hoch. Darüber hinaus sind Beleuchtungsmodell, Darstellungsverfahren und Gesamtrepräsentation eng aneinander gekoppelt, denn nicht jede Darstellungsmethode läßt sich effizient auf jede Geometrierepräsentation anwenden. Auch die Voraussetzungen für eine Modellierung der Beleuchtung können nicht durch beliebige Darstellungsverfahren oder Geometrierepräsentationen erfüllt werden. Ein gezeigtes Resultat ist daher eine Art Beispiellösung, die nicht ohne weiteres auf eine beliebige Anwendung übertragbar ist.

Auf der anderen Seite existieren schon seit langem eine ganze Reihe von Anwendungen, die sich der computergrafischen Darstellung bedienen (z.B. in der CAD, in der Architektur, in der Medizin, in der Flugsimulation und seit kurzen in den Bereichen Virtuelle Realität und *scientific visualisation*). Hier werden durch anwendungsspezifische Umgebungsbedingungen oft Grenzen gesetzt, die es schwer machen, fortgeschrittene Visualisierungsverfahren einzusetzen. Beschränkungen ergeben sich beispielsweise durch

- mangelnde Information für das verwendete Modell (wenn z.B. die BRDF für ein Beleuchtungsmodell unbekannt ist;
- zu großen Rechenzeitbedarf (wenn z.B. Transformationen im Rahmen einer Simulation in Echtzeit ausgeführt werden sollen);

- zu großen Speicherbedarf (wenn z.B. die detaillierte Geometriebeschreibung eines Baums zu viel Platz verschlingt, um einen ganzen Wald zu generieren).

Um neuere Darstellungsverfahren dennoch einsetzen zu können, müssen Vereinfachungen vorgenommen werden. Ein Teil der Geometriebeschreibung und des Beleuchtungsmodells kann z.B. durch Textur übernommen werden, einfachere Modelle können eingesetzt werden oder die Komplexität der Szene kann vermindert werden. Obwohl dies auch geschieht, ist es doch selten zielgerichtet. Maßnahmen werden dadurch gerechtfertigt, daß das Resultat 'genausogut' oder 'besser' aussieht, ohne daß eine weitere Qualifizierung des Urteils erfolgt. Gerade bei fortgeschrittenen Visualisierungsverfahren ist die Veränderung aber so subtil, daß eine mögliche Verbesserung oder Verschlechterung nicht leicht beurteilt werden kann.

Hier wird eines der Probleme der 3D-Computergrafik sichtbar. Es ist zwar bekannt, daß viele Effekte die Wahrnehmung einer Szene beeinflussen (z.B. Schattierung, Schattenwurf, Stereoeindruck, Bewegung, Transparenz, usw.), doch welcher Effekt welchen Einfluß hat, ist in der Computergrafik wenig untersucht. Es existieren zwar viele Arbeiten zur Wahrnehmung bildlicher Information, doch diese Texte (z.B. die Bücher von Lipkin und Rosenfeld /Lipk70/ und Humphreys und Bruce /Hump89/) beschäftigen sich mit der analytischen Seite der Wahrnehmung, also der Frage, wie und was ein menschlicher Beobachter an dargebotener Information aufnimmt. Für die Bildsynthese wird solche Information nur sporadisch eingesetzt. Die systematische Erarbeitung einer Theorie über die zur realitätsnahen Darstellung notwendigen Elemente blieb bisher aus. Eine Arbeit von Barbour und Meyer /Barb92/, die als möglicher Einstieg in diesen Themenkomplex dienen mag, bezieht sich eher auf noch verbleibende Defizite der computergrafisch erzeugbaren Szenen als auf die für Realitätsnähe notwendige Genauigkeit der Grafikverfahren. Mangels solcher Information bemüht man sich daher, jede der einzelnen Komponenten eines 3D-Visualisierungssystems möglichst nah an der physikalischen Realität zu modellieren.

Entwicklungen in der 3D-computergrafischen Darstellungen werden sich daher wohl im wesentlichen auf drei Gebiete konzentrieren, die alle zu einer Verbesserung eines visualisierten Datensatzes beitragen:

- Maßnahmen zur hardware-technischen Umsetzung (Vereinfachung von Berechnungsverfahren, Parallelisierung, usw.) werden zur Beschleunigung der komplexen Darstellungsalgorithmen beitragen. Geschwindigkeit bei der Darstellung spielt eine große Rolle, denn in der realen Welt wird viel der Mehrdimensionalität durch Bewegung (in der Welt oder von Objekten in der Welt) wahrgenommen.

- Methoden zur Minderung von Alias-Effekten und Artefakten werden weiterentwickelt werden, um Effekte auszuschließen, die für die Vermittlung von Informationen kontraproduktiv sind.
- Untersuchungen zur Effizienz einer Darstellung (im Sinne der durch die Darstellung an den Benutzer vermittelten Information) werden es ermöglichen, Modellierungs- und Visualisierungsverfahren gemäß den Anwendungsanforderungen zu selektieren. Ein Anwender wird selten daran interessiert sein, ein bestimmtes Beleuchtungsmodell zu benutzen, sondern daran, daß z.B. der Benutzer das Gefühl hat in einem echten Flugzeug anstatt in einem Simulator zu sitzen.

Besonders der zuletzt genannte Punkt ist von herausragender Bedeutung. Während durch den vermehrten Hardware-Einsatz und durch verbesserte Bilder der existierende Zustand verbessert wird, lassen sich durch Untersuchungen von Computergrafik-Methoden, bezüglich ihrer Tauglichkeit als Mittel zur Informationsvermittlung, auch weitergehende Schlüsse über den Einsatz dieser Methoden unter ganz anderen Bedingungen ziehen. Dies ist z.B. wichtig, wenn es, wie bei der *scientific visualisation*, nicht mehr um die Simulation erlernter Wahrnehmungsprozesse geht. Dieser Zweig ist aber auch der am schwersten zugängliche Bereich, denn er erfordert die interdisziplinäre Zusammenarbeit zwischen so unterschiedlichen Gebieten, wie der Informatik, den Naturwissenschaften und der Psychologie.

Farbtafeln

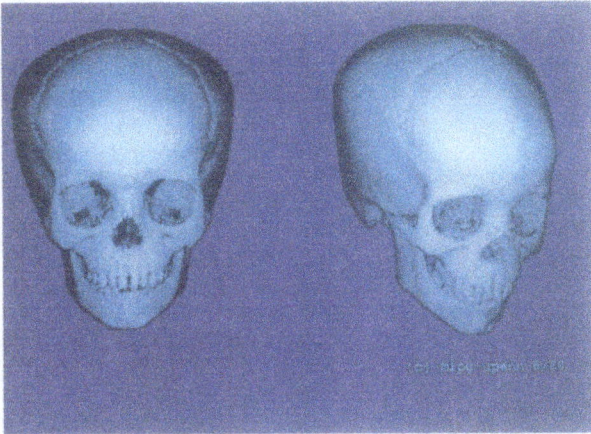

Tafel 1: Visualisierung der *cuberille*-Repräsentation eines aus CT-Daten segmentierten Schädels. Die Oberflächennormalen wurden durch den Gradienten der Originalfunktion (der Grauwertgradient) approximiert. Als Beleuchtungsmodell diente das Phongsche Modell. Gut zu erkennen ist die hohe Detailtreue der aus ca. 1.000.000 Elementen bestehenden Oberfläche. (J.K.Udupa, Medical Image Processing Group, Department of Radiology, University of Pennsylvania, Philadelphia)

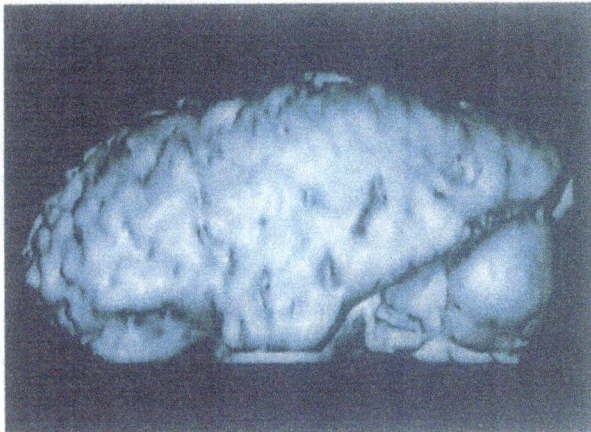

Tafel 2: Visualisierung einer durch Polyeder repräsentierten Hirnoberfläche (segmentiert aus Magnetresonanz-Tomogrammen). Zur Visualisierung wurde das Phongsche Beleuchtungsmodell benutzt. Die Normalen wurden nach dem in Abschnitt 4.4.2 genannten Verfahren aus Eckpunktnormalen gemittelt.

211

Tafel 3: *Wire frame*-Darstellung anatomischer Strukturen (Herz, Aorta, Spinalkanal aus CT-Daten). Die Vektoren werden auf eine zweidimensionale Fläche projiziert. Im vorliegenden Beispiel wird der 3D-Eindruck durch farbige Unterscheidung zwischen einzelnen Strukturen und Anwendung eines Beleuchtungsmodells auf die Vektoren (man beachte ihre unterschiedliche Helligkeit) unterstützt. Bei Überschneidung von zwei projizierten Vektoren wurden ihre Farbwerte addiert.

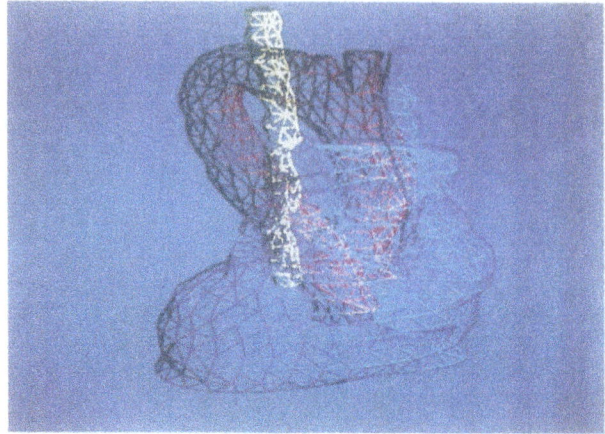

Tafel 4: Oberflächendarstellung der Objekte in Tafel 3. Deutlich ist die Dreiecksform der Oberflächenelemente zu erkennen.

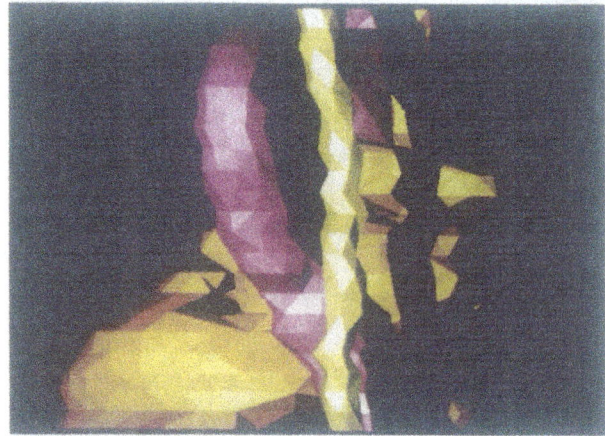

Tafel 5: Visualisierung der phongschattierten Oberflächenrepräsentation eines anatomischen Objekts (Ventrikelsystem). Die Kantigkeit der Dreiecke dieser Oberflächenrepräsentation ist nur noch an der Silhouette des Objekts zu erkennen. Dies läßt sich bei diesem Verfahren nicht vermeiden, da die Approximation nur für die Normalen und nicht für die Oberfläche erfolgt.

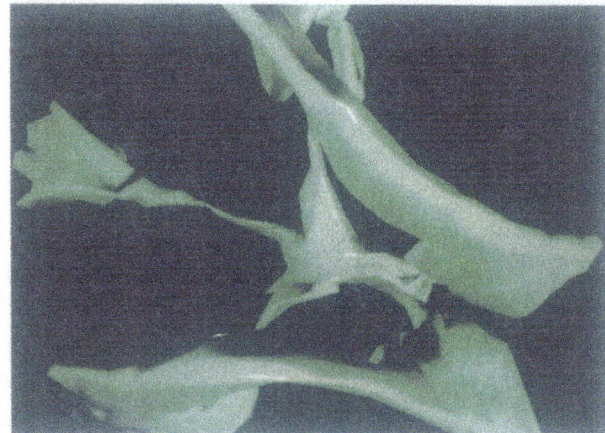

Tafel 6: Durch *distributed ray tracing* kann die Streuung an rauhen Oberflächen approximiert werden. Die Streuungsbreite der spiegelnden Reflexion der abgebildeten Kugeln steigt von links nach rechts an. (Projekt MARCOS der Technischen Universität Berlin und GMD-FIRST)

Tafel 7: Wenn der stochastische Ansatz der Sichtstrahlverfolgung auch für die Schattenfühler verwendet wird, lassen sich die durch Flächenstrahler verursachten Halbschatten darstellen. (Projekt MARCOS der Technischen Universität Berlin und GMD-FIRST)

Tafel 8: Eine weitere Applikation des *distributed ray tracing*-Ansatzes ist die Simulation des bei der Kamera-Aufnahme bewirkten Effekts einer begrenzten Schärfentiefe. Die Sichtstrahlen (stochastisch gestreut) treffen auf eine fiktive Linse und werden durch die Szene verfolgt. Nicht fokussierte Bereiche werden dabei auf verschiedene Pixel abgebildet. (Projekt MARCOS der Technischen Universität Berlin und GMD-FIRST)

Tafel 9: Kombination von Schattierung durch flächenförmigen Lichtquellen und Reflexion an rauhen Oberflächen durch *distributed ray tracing*. (Projekt MARCOS der Techn. Univ. Berlin und GMD-FIRST)

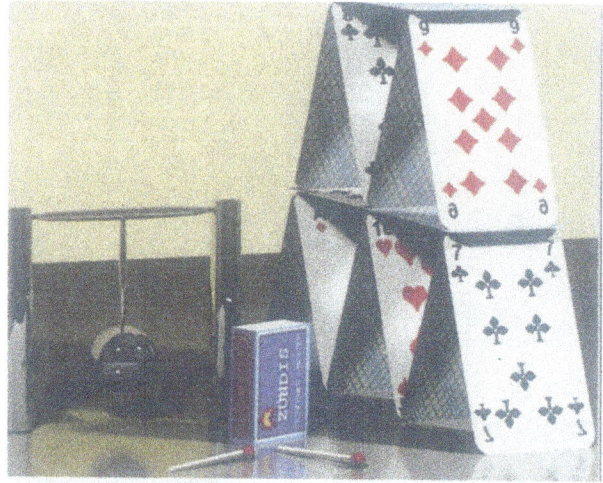

Tafel 10: Für die dargestellten Teekannen (Modell ist die bekannte Teekanne der University of Utah) wird durch unterschiedliche, materialabhängige Reflexionskurven der Eindruck unterschiedlicher Materialien bewirkt. (Projekt MARCOS der Techn. Universität Berlin und GMD-FIRST)

Tafel 11: Visualisierung einer komplexen Szene durch *distributed ray tracing*. (Nachempfindung eines Photos von Irving Penn: *After dinner games*, Museum of Modern Art, New York; generiert im Projekt MARCOS der Techn. Univ. Berlin und GMD-FIRST)

Tafel 12: Aliasingfrequenzen werden wahrgenommen, wenn die Frequenz des darzustellenden Musters kleiner als die doppelte Abtastrate ist. Dies ist deutlich im entfernteren Teil des Schachbrettmusters zu erkennen. (Projekt MARCOS der Technischen Universität Berlin und GMD-FIRST)

Tafel 13: Eine höhere Abtastrate (im abgebildeten Beispiel erfolgte eine 16-fache Überabtastung) mit anschließender Filterung mildert die Aliasing-Effekte. Das Problem wird jedoch nur verlagert, denn die Grenzfrequenz, oberhalb derer es zur Wahrnehmung von Alias-Frequenzen kommt, wurde zwar erhöht, aber sie existiert immer noch. (Projekt MARCOS der Technischen Universität Berlin und GMD-FIRST)

Tafel 14: Die Kombination einer 16-fachen Überabtastung mit stochastisch variierten Abständen zwischen den Abtastpositionen führt zur Wahrnehmung von Rauschen im Bereich oberhalb der Grenzfrequenz. (Projekt MARCOS der Techn. Univ. Berlin und GMD-FIRST)

Tafel 15: *Radiosity*-Prinzip: In einem geschlossenen Raum wird jede Fläche als Emitter und diffuse Reflektor von Licht betrachtet und unter dieser Voraussetzung die von jeder Oberfläche abgegebene Strahlung berechnet. Nur durch diese exakte Berücksichtigung ambienter Beleuchtung (Beleuchtung durch Mehrfachreflexion) ist die im Bild dargestellte Schattierung möglich. (ACM *educators slide set*, 1993, ACM New York)

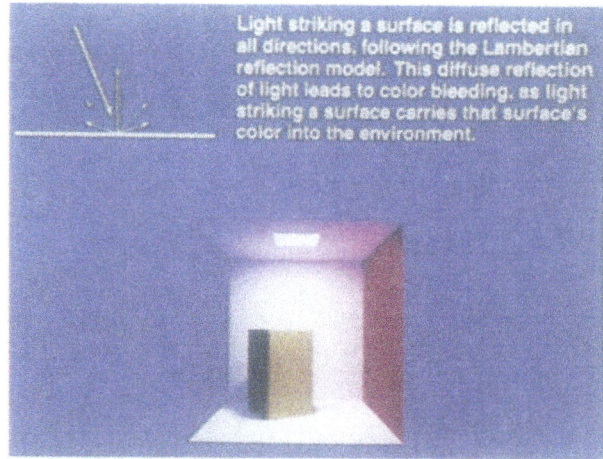

Tafel 16: Foto einer realen Büroszene (ACM *educators slide set*, 1993, ACM New York)

Tafel 17: Lösung der *rendering equation* für eine computer-interne Repräsentation der Büroszene in Tafel 16. Der Unterschied zur realen Szene ist hauptsächlich an der "überrealistisch" genauen Darstellung der Textur des Holzes zu erkennen. (ACM *educators slide set*, 1993, ACM New York)

PROGRESSIVE SOLUTION
The above images show increasing levels of global diffuse illumination. From left to right: 0 bounces, 1 bounce, 3 bounces.

Tafel 18: Durch progressiven Verfeinerung wird zunächst der Einfluß des größten Emitters von Licht auf die gesamte Szene berechnet. Anschließend wird die Szenendarstellung verfeinert durch Berücksichtigung des Einflusses des nächstgrößten Lichtemitters. Das Verfahren wird fortgesetzt, bis die noch zu verarbeitende Lichtemission unter ein vorgegebenes Minimum fällt oder bis eine Maximalanzahl von Iterationen durchgeführt wurde. (ACM *educators slide set*, 1993, ACM New York)

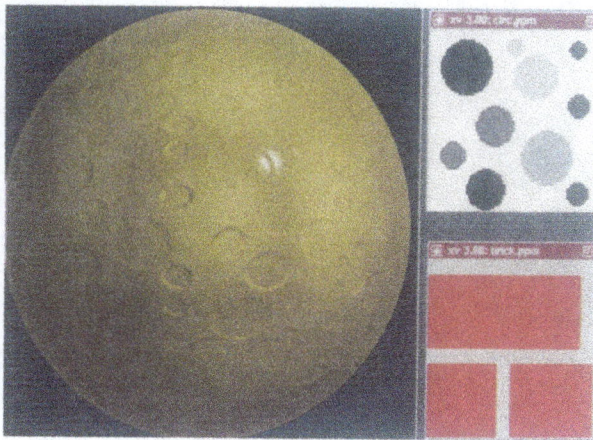

Tafel 19: Die auf der Oberfläche der Kugel wahrnehmbaren Strukturen wurden durch *bump mapping* erzeugt. Die *bump map* wird in der kleinen Abbildung oben links gezeigt. (Projekt MARCOS der Technischen Universität Berlin und GMD-FIRST)

Tafel 20: Zwei Beispiele für 3D-Texturen. Links ist eine Marmortextur gezeigt, welche auch in Tafel 11 für die Tischplatte verwendet wurde. Rechts ist eine Holztextur gezeigt, welche in Tafel 10 für die Podeste verwendet wurde. (Projekt MARCOS der Techn. Univ. Berlin und GMD-FIRST)

Tafel 21: Texturprojektion über eine zylinderförmige Hilfsfläche auf die Objektoberfläche entlang der Hilfs-flächennormale. Die Textur ist in Tafel 19 unten links abgebildet. (Projekt MARCOS der Techn. Univ. Berlin und GMD-FIRST)

Tafel 22: Texturprojektion über eine kugelförmige Hilfsfläche entlang von Strahlen aus dem Objektmittelpunkt auf die Hilfsfläche. (Projekt MARCOS der Techn. Univ. Berlin und GMD-FIRST)

Tafel 23: Texturprojektion über eine kubusförmige Hilfsfläche entlang von Strahlen aus dem Objektmittelpunkt auf die Hilfsfläche. (Projekt MARCOS der Techn. Univ. Berlin und GMD-FIRST)

Literaturempfehlungen

Von den auf Deutsch erschienenen Fachbüchern über die Computergrafik ist das Buch

Computergrafik von W.Fellner aus der Reihe Informatik des BI Wissenschaftsverlags in Mannheim (1988, Neuauflage 1993)

die derzeit beste Einführung in das Gebiet. Im Stil eines Lehrbuchs behandelt es die wichtigsten Grundlagen der 2D- und 3D-Computergrafik. Der Text ähnelt vom Aufbau und Inhalt dem zu Beginn der 80er Jahre erschienenen Einführungstext *Principles of Interactive Computer Graphics* von Newmann und Sproull, beinhaltet jedoch Kapitel über neuere Grafikentwicklungen.

Gleichfalls ein einführender Text ist

Computer Graphics: Gerätetechnik, Programmierung und Anwendung graphischer Systeme, von *J. Encarnacao* und *W. Strasser* aus dem Oldenbourg Verlag in München (1988, 3. Auflage).

Hier sollte freilich die Überarbeitung für eine Neuauflage abgewartet werden, denn Aufbau und Struktur des Buches wirken etwas veraltet. Die Stärken gegenüber dem erstgenannten Text liegen vor allem in einer vertieften Behandlung von Aspekten der geometrischen Modellierung und den vielen Programmierbeispielen.

Der wohl zur Zeit umfassenste Text über die Computergrafik ist das über 1200-seitige Buch

Computer Graphics: Principles and Practice von *J.D.Foley, A. van Dam, S.K.Feiner* und *J.F.Hughes* aus dem Verlag Addison-Wesley in Reading, Massachusetts (1992, 3. Auflage).

Es ist aus einem ca. 10 Jahre früher erschienenen Buch über Grundlagen der Computergrafik hervorgegangen, der erheblich erweitert worden ist, wobei jedoch nicht immer dem didaktischen Konzept gefolgt wurde, das dem ursprünglichen Buch zugrundelag.

Ein Fülle von Programmierbeispielen, Tips und Tricks aus der Computergrafik ist in den Büchern aus der Reihe **Gems of Computer**

Graphics, herausgegeben von *A. S. Glassner* zu entnehmen. Bisher erschienen sind die Bände

Graphic Gems I-IV aus dem Verlag Addison Wesley in Reading, Massachusetts (1990-1994).

Diese Bücher verstehen sich nicht als Einführungstexte, sondern richten sich an den erfahrenen Benutzer. Ihm bieten sie genau die Einzelheiten der rechentechnischen Umsetzung grafischer Methoden, die in den meisten Lehrbüchern aus Platzmangel nicht zu finden sind.

Zum Schluß noch zwei Empfehlungen zu speziellen Publikationen über über das Teilgebiet der 3D-computergrafischen Darstellung. Das Buch

Illumination and Color in Computer Generated Images von *R. Hall,* erschienen im Springer-Verlag, New York, 1993

beschreibt die Methoden der 3D-Visualisierung. Physikalische Grundlagen der Lichtreflexion, Farbmodelle, Beleuchtungsmodelle und 3D-Darstellungsverfahren werden ausführlich behandelt. Der Text ist als weiterführender Text für denjenigen geeignet, der sich selbst mit Forschung und Entwicklung in diesem Gebiet beschäftigen will.

Besser noch als ein Buch wären wegen der größeren Aktualität die Veröffentlichungen von Konferenzen zu diesem Thema. Nicht ohne Grund taucht unter den Literaturreferenzen die Zeitschrift

Computer Graphics der Special Interest Group Computer Graphics (SIGGRAPH) der ACM, New York

überdurchschnittlich häufig auf. In dieser Zeitschrift wurde bis 1992 der Tagungsband der jährlich stattfindenden SIGGRAPH-Konferenz publiziert. Seit 1993 erscheint der Tagungsband als eigenständige Publikation unter dem Namen

ACM Computer Graphics Proceedings der ACM-SIGGRAPH, New York.

Die jährliche SIGGRAPH-Konferenz ist immer noch die wichtigste Grafikkonferenz für den Bereich der 3D Visualisierung (auch wenn in letzter Zeit eine Aufteilung in unabhängig voneinander stattfindende Workshops zu beobachten ist). Alle wichtigen Ergebnisse in der 3D Visualisierung spiegeln sich - wenn auch nicht in jedem Fall als Erstveröffentlichung - in den SIGGRAPH-Konferenzbänden wieder.

Literaturverzeichnis

/Abra91/ Abramowski, S.; Müller, H.: *Geometrisches Modellieren*. Mannheim: BI-Wissenschaftsverlag, Reihe Informatik, Band75, 1991.

/Aman84/ Amanatides, J.: 'Ray tracing with cones'. *Computer Graphics*, Vol.18(3), 1984, S.129-135.

/Aman87/ Amanatides, J.: 'Realism in computer graphics : A survey'. *IEEE Comp. Graphics & Appl.*, Vol.7(1), 1987, S.44-56.

/Arvo87/ Arvo, J; Kirk, D.: 'Fast ray tracing by ray classification'. *Computer Graphics*, Vol. 21(4), 1987, S.55-64.

/Atki89/ Atkinson, K.E.: *An Introduction to Numerical Analysis*. New York: Wiley & Sons, 1989.

/Ball81/ Ballard, D.H.: 'Strip trees: A hierarchical representation for curves'. *Comm. ACM*, Vol.24(5), 1981, S.310-321.

/Barb92/ Barbour, C.G.; Meyer, G.W.: 'Visual cues and pictorial limitations for computer-generated photo-realistic images'. *The Visual Computer*, Vol.9, 1992, S.151-165.

/Barr81/ Barr, A.H.: 'Superquadrics and angle preserving transformations'. *IEEE Comp. Graphics & Appl.*, Vol.1(1), 1981, S.11-23.

/Baum75/ Baumgart, B.G.: 'A polyhedron representation for computer vision'. *Proc. Natl. Comp. Conf.*, 1975, S.589-596.

/Bier86/ Bier, E.A.; Sloan, K.R.: 'Two-part texture mapping'. *IEEE Comp. Graphics & Appl.*, Vol. 6(9), 1986, S.40-53.

/Blin76/ Blinn, J.D.; Newell, M.E.: 'Texture and reflection in computer-generated images'. *Comm. ACM*, Vol. 19(10), 1976, S.542-547.

/Blin77a/ Blinn, J.D.: 'A homogeneous formulation for lines in 3D space'. *Computer Graphics*, Vol. 11(2), 1977, S.237-241.

/Blin77b/ Blinn, J.D.: 'Models of light reflection for computer synthesized images'. *Computer Graphics*, Vol.11(2), 1977, S.192-198.

/Blin78/ Blinn, J.D.: 'Simulation of wrinkled surfaces'. *Computer Graphics*, Vol.12(3), 1978, S.286-292.

/Blin82a/ Blinn, J.D.: 'A generalization of algebraic surface drawing'. *ACM Trans. Graphics*, Vol.1(3), 1982, S.232-256.

/Blin82b/ Blinn, J.F.: 'Light reflection functions for simulation of clouds and dusty surfaces'. *Comp. Graphics*, Vol.16(3), 1982, S.21-30.

/Blin91/ Blinn, J.D.: 'A trip down the graphics pipeline: line clipping'. *IEEE Comp. Graphics & Appl.*, Vol.11(1), 1991, S.98-105.

/Bösi89/ Bösing, K.D.: *Aspekte der Schattierung dreidimensionaler Objekte zur realitätsnahen Visualisierung in der Computer Graphik.* Dissertation, Technische Universität Berlin, 1989.

/Bouk70/ Bouknight, W.J.: 'A procedure for generation of three-dimensional half-toned computer-graphics presentation', *Comm. of the ACM*, Vol. 13(9), 1970, S.527-536.

/Cohe85/ Cohen, M.F.; Greenberg, D.P.: 'The hemi-cube: A radiosity solution for complex environments'. *Computer Graphics*, Vol.19(3), 1985, S.31-40.

/Cohe88/ Cohen, M.F.; Chen, S.E.; Wallace, J.R.; Greenberg, D.P.: 'A progressive refinement approach to fast radiosity image generation'. *Computer Graphics*, Vol.22(4), 1988, S.75-84.

/Cook82/ Cook, R.L; Torrance, K.E.: 'A reflection model for computer graphics'. *ACM Trans. Graphics*, Vol.1(1), 1982, S.7-24.

/Cook84/ Cook, R.L; Porter, T.; Carpenter, L.: 'Distributed ray tracing', *Computer Graphics*, Vol.18(3), 1984, S.137-144.

/Cook86/ Cook, R.L.: 'Stochastic sampling in computer graphics'. *ACM Trans. Graphics*, Vol.5(1), 1986, S.51-72.

/Daub88/ Daubechies, I.: 'Orthonormal bases of compactly supported wavelets'. *Comm. Pure Appl. Math.*, Vol.41, 1988, S.909-996.

/Davi90/ Davis, D.; Bathurst, D.; Bathurst, R.: *The Telling Image: The Changing Balance between Pictures and Words in a Technological Age.* Oxford: Claredon Press, 1990.

/Dipp84/ Dippé, M.A.; Swenson, J.: 'An adaptive subdivision algorithm and parallel architecture for realistic image synthesis'. *Computer Graphics*, Vol. 18(3), 1984, S.149-158.

/Dipp85/ Dippé, M.A.; Wold, E.H.: 'Antialiasing through stochastic sampling'. *Computer Graphics*, Vol. 19(3), 1985, S.69-78.

/Dreb88/ Drebin, R.A.; Carpenter, L.; Hanrahan, P.: 'Volume rendering'. *Computer Graphics*, Vol.22(4), 1988, S.65-74.

/Enca88/ Encarnacao, J.; Strasser, W.: *Computer Graphics: Gerätetechnik, Programmierung und Anwendung graphischer Systeme.* München: Oldenbourg Verlag, 1988.

/Fell93/ Fellner, W.D.: *Computergrafik.* Mannheim: BI Wissenschaftsverlag, Reihe Informatik, Band 58, 1993.

/Fole92/ Foley, J.D.; van Dam, A.; Feiner, S.K.; Hughes, J.F.: *Computer Graphics: Principles and Practice*. Reading: Addison-Wesley, 1992.

/Four82/ Fournier, A.D.; Fussell, L.; Carpenter L.: 'Computer rendering of stochastic models'. *Comm. ACM*, Vol.25(6), 1982, S.371-384.

/Frie85/ Frieder, G.; Gordon, D.; Reynolds, R.A.: 'Back-to-front display of voxel based objects'. *IEEE Comp. Graphics & Appl.* Vol.5(1), 1985, S.52-60.

/Fuch77/ Fuchs, H.; Kedem, Z.M.; Uselton, S.P.: 'Optimal surface reconstruction from planar contours'. *Comm. ACM*, Vol.20(10), 1977, S.693-702.

/Glas84/ Glassner, A.S.: 'Space subdivision for fast ray tracing'. *IEEE Comp. Graphics & Appl.*, Vol.4(10), 1984, S.15-22.

/Gora71/ Goraud, H.: 'Computer display of curved surfaces'. *IEEE Trans. Computers*, Vol. C-20, 1971, S.623-629.

/Gora84/ Goral, C.M.; Torrance, K.E.; Greenberg, D.P.; Battaile, B.: 'Modeling the interaction of light between diffuse surfaces'. *Computer Graphics*, Vol.18(3), 1984, S.213-222.

/Gort93/ Gortler, S.J.; Schröder, P.; Cohen, M.F.; Hanrahan, P.: 'Wavelet radiosity'. *ACM Computer Graphics Proceedings* (SIGGRAPH93), 1993, S.221-230.

/Gree86/ Greene, N.: 'Environment mapping and other applications of world projections'. *IEEE Comp. Graphics & Appl.*, Vol.6(11), S.21-29.

/Gree89/ Greene, N.: 'Voxel space automata: Modeling with stochastic growth processes in voxel space'. *Computer Graphics*, No.23(3), 1989, S.175-184.

/Hall83/ Hall, R.A.; Greenberg, D.P.: 'A testbed for realistic image synthesis'. *IEEE Comp. Graphics & Appl.*, Vol.3(8), 1983, S.10-20.

/Hanr91/ Hanrahan, P.; Salzman, D; Aupperle, L.: 'A rapid hierarchical radiosity solution'. *Computer Graphics*, Vol.25(4), 1991, S.197-206.

/Hans88/ Hanson, A.J.: 'Hyperquadrics: Smoothly deformable shapes with convex polyhedral bounds'. *Computer Vision, Graphics and Image Processing*, Vol.44, 1988, S.191-210.

/He91/ He, X.D.; Torrance, K.E.; Sillion, F.X.; Greenberg, D.P.: 'A comprehensive physical model for light reflection'. *Computer Graphics*, Vol.25(4), S.175-186.

/Heck84/ Heckbert, P.S.; Hanrahan, P.: 'Beam tracing polygonal objects'. *Computer Graphics*, Vol. 18(3), 1984, S.119-127.

/Heck86/ Heckbert, P.S.: 'Survey of texture mapping', *IEEE Comp. Graphics & Appl.*, Vol.6(11), 1986, S.56-67.

/Heck88/ Heckbert, P.S.: 'Ray tracing Jell-O-Brand gelatin'. *Comm. ACM*, Vol.31(2), 1988, S.130-134.

/Herm79/ Herman, G.T.; Liu, H.K.: 'Three-dimensional display of human organs from computed tomograms'. *Computer Graphics and Image Processing*, Vol.9(1), 1979, S.1-21.

/Höhn85/ Höhne, K.H.; Bernstein, R.: 'Shading 3D images from CT using gray-level gradients'. *IEEE Trans. Medical Imaging*, Vol. MI-4, 1985, S.252-255.

/Horn87/ Horn, B.K.P.: 'Closed form solution of absolute orientation using unit quaternions'. *Journal of the Optics Society of America A (Optics and Imaging Science)*, Vol.4(4), 1987, S.629-642.

/Hump89/ Humphreys, G.W.; Bruce, V.: *Visual Cognition: Computational, Experimental, and Neuropsychological Perspectives*. Howe: Lawrence Erlbaum Associates, 1989.

/Imme86/ Immel, D.S.; Cohen, M.F.; Greenberg, D.P.: 'A radiosity approach for non-diffuse environments'. *Computer Graphics*, Vol.20(4), 1986, S.133-142.

/Jack80/ Jackins, C.L.; Tanimoto, S.L.: 'Oct-trees and their use in representing three-dimensional objects'. *Computer Graphics and Image Processing*, Vol.14, 1980, S.249-270.

/Jack86/ Jackèl, D.: 'Raster-Scan-Displays für Computer Graphik und Bildverarbeitung'. *Handbuch der Modernen Datenverarbeitung*, Vol. HMD-127, 1986, S.23-42.

/Jack92/ Jackèl, D.: *Grafik Computer: Grundlagen, Architekturen und Konzepte computergrafischer Sichtsysteme*. Berlin: Springer Verlag, 1992.

/Joy86/ Joy, K.I.; Bhetanabhotla, M.N.: 'Ray tracing parametric surface patches utilizing numerical techniques and ray coherence'. *Computer Graphics*, Vol. 20(4), 1986, S.279-285.

/Kaji83/ Kajiya, J.T.: New techniques for ray tracing procedurally defined objects'. *ACM Trans. Graphics*, Vol.2(3), 1983, S.161-181.

/Kaji84/ Kajiya, J.T.; von Herzen, B.P.: 'Ray tracing volume densities'. *Computer Graphics*, Vol. 18(3), 1984, S.165-174.

/Kaji85/ Kajiya, J.T.: 'Anistropic reflection models'. *Computer Graphics*, Vol. 19(3), 1985, S.15-21.

/Kaji86/ Kajiya, J.T.: 'The rendering equation'. *Computer Graphics*, Vol. 20(4), 1986, S.143-150.

/Kalr89/ Kalra, D.; Barr, A.H.: 'Guaranteed ray intersection with implicit surfaces'. *Computer Graphics*, Vol.23(3), 1989, S.297-306.

/Kay86/ Kay, T.L.; Kajiya, J.T.: 'Ray tracing complex scenes'. *Computer Graphics*, Vol.20, No.4, 1986, S.269-278.

/Kova89/ Kovalevski, V.A.: 'Finite topology as applied to image analysis'. *Comp. Vision, Graph. & Image Proc.*, Vol.46, 1989, S.141-161.

/Levo88/ Levoy, M.: 'Display of surfaces from volume data'. *IEEE Comp. Graphics & Appl.*, Vol.8(3), 1988, S.29-37.

/Levo90a/ Levoy, M.: 'Efficient ray-tracing of volume data'. *ACM Trans. Graphics*, Vol.9(3), 1990, S.245-261.

/Levo90b/ Levoy, M.: 'A hybrid ray-tracer for rendering polygon and volume data'. *IEEE Comp. Graphics & Appl.*, Vol.10(3), 1990, S.33-40.

/Lind68/ Lindenmayer, A.: 'Mathematical models for cellular interaction in development, Part I + II'. *Journal of Theoretical Biology*, Vol.18, 1968, S.280-315.

/Lipk70/ Lipkin, B.S.; Rosenfeld, A.: *Picture Processing and Psychophysics*. New York: Academic Press, 1970.

/Liu77/ Liu, H.K.: 'Two- and three-dimensional boundary detection'. *Comp. Graphics and Image Processing*, Vol.6, 1977, S.123-134.

/Liu92/ Liu, S.H.: 'Formation and anomalous properties of fractals'. *IEEE Eng. in Medicine and Biology*, Vol.11(2), 1992, S.28-39.

/Mall89/ Mallet, S.R.: 'A theory for multiresolution signal decomposition: the wavelet representation'. *IEEE Trans. Pattern Analysis and Machine Intelligence*, Vol.11(7), 1989, S.674-693.

/Mand82/ Mandelbrot, B.: *The Fractal Geometry of Nature*. San Francisco: Freeman & Co., 1982.

/Meag82/ Meagher, D.: 'Geometric modelling using octree encoding'. *Comp. Graphics and Image Processing*, Vol.19, 1982, S.129-147.

/Mill86/ Miller, G.S.P.: 'The definition and rendering of terrain maps'. *Computer Graphics*, Vol.20(4), 1986, S.39-48.

/Mitc87/ Mitchell, D.P.: 'Generalizing antialiased images at low sampling densities'. *Computer Graphics*, Vol. 21(4), 1987, S.65-72.

/Mura91/ Muraki, S.: 'Volumetric shape description of range data using 'Blobby Model''. *Comp. Graphics*, Vol.25(4), 1991, S.227-235.

/Mura93/ Muraki, S.: 'Volume data and wavelet transforms'. *IEEE Comp. Graphics & Appl.*, Vol.13(4), 1993, S.50-56.

/Musg89/ Musgrave, F.K.; Colb, C.E.; Mace R.S.: 'The synthesis and rendering of eroded fractal terrains'. *Computer Graphics*, Vol.23(4), 1989, S.41-50.

/Newm81/ Newman, W.M.; Sproull, R.F.: *Principles of Interactive Computer Graphics*. Tokyo: McGraw Hill, 1981.

/Nico77/ Nicodemus, F.E.; Richmond, R.C.; Hsia, J.J.: 'Geometrical considerations and nomenclature for reflectance'. US Dept. of Commerce, National Bureau of Standards, 1977.

/Oppe83/ Oppenheim, A.V.; Willsky, A.S.: *Signals and Systems*. Englewood Cliffs: Prentice-Hall Inc., 1983.

/Oppe86/ Oppenheimer, R.F.: 'Real time design and animation of fractal plants and trees'. *Computer Graphics*, Vol.20(4), 1986, S.55-64.

/Pain89/ Painter, J.; Sloan, K.: 'Antialiased ray tracing by adaptive progressive refinement'. *Computer Graphics*, Vol. 23(4), 1989, S.281-288.

/Peit88/ Peitgen, O.; Saupe, D. (Hrsg.): *The Science of Fractals*. Berlin: Springer Verlag, 1988.

/Perl85/ Perlin, K.: 'An image synthesizer'. *Computer Graphics*, Vol.19(3), 1985, S.287-296.

/Perl89/ Perlin, K.; Hoffert, E.M.: 'Hypertexture'. *Computer Graphics*, Vol.23(4), 1989, S.253-262.

/Poul90/ Poulin, P.; Fournier, A.: 'A model for anisotropic reflection'. *Computer Graphics*, Vol. 24(4), 1990, S.273-282.

/Phon75/ Phong, B.T.: 'Illumination for computer generated pictures'. *Comm. ACM*, Vol.18(6), 1975, S.311-317.

/Pres84/ Preston, K.; Duff, J.B.: *Modern Cellular Automata: Theory and Applications*. New York: Plenum, 1984.

/Prus88/ Prusinkiewicz, P.; Lindenmayer, A.; Hanan, J.: 'Developmental models of herbaceous plants for computer imaging purposes'. *Computer Graphics*, Vol.22(4), 1988, S.141-150.

/Prus89/ Prusinkiewicz, P.; Lindenmayer, A.: *The Algorithmic Beauty of Plants*, New York: Springer-Verlag, 1989.

/Reff88/ Reffye, P.; Edelin, C.; Francon, C.; Jaeger, M.; Puech, C.: 'Plant models faithful to botanical structure and development'. *Computer Graphics*, Vol.22(4), 1988, S.151-158.

/Reyn87/ Reynolds, C.W.: 'Flocks, herds and schools: A distributed behavioral model'. *Computer Graphics*, Vol.21(4), 1987, S.25-34.

/Requ80/ Requicha, A.A.G.: 'Representation for rigid solids: Theory, methods and systems'. *ACM Computing Surveys*, Vol.12(4), 1980, S.437-463.

/Sabe88/ Sabella, P.: 'A rendering algorithm for visualizing 3D scalar fields'. *Computer Graphics*, Vol.22(4), 1988, 51-58.

/Sack93/ Sack, O.: 'To see and not to see', *The New Yorker*, 10.Mai 1993, S.59-73.

/Shoe85/ Shoemake, K.: 'Animating rotation with quaternion curves'. *Computer Graphics*, Vol. 19(3), 1985, S.245-254.

/Sieg81/ Siegel, R.; Howell, J.: *Thermal Radiation Heat Transfer*. Washington: Hemisphere, 1981.

/Smit84/ Smith, A.R.: 'Plants, fractals and formal languages'. *Computer Graphics*, Vol.18(3), 1984, S.1-10.

/Smit92/ Smits, B.E.; Arvo, J.R.; Salesin, D.H.: 'An importance-driven radiosity algorithm'. *Computer Graphics*, Vol.26(2), 1992, S.273-282.

/Stie87/ Stiehl, H.S.; Jackèl, D.: 'On a framework for processing and visualizing spatial images'. *Computer Assisted Radiology*, Proc. of the International Symposium CAR'87, H.U.Lemke et al. (Hrsg.), Berlin: Springer-Verlag, 1987, S.665-670.

/Stol91/ Stolfi, J.: *Oriented Projective Geometry: A Framework for Geometric Computations*. Boston: Academic Press, 1991.

/Thib87/ Thibault, W.C.: 'Set operations on polyhedra using binary space partitioning trees'. *Comp. Graphics*, Vol.21(4), 1987, S.153-162.

/Tied90/ Tiede, U.; Höhne, K.H.; Bomans, M.; Pommert, A.; Riemer, M.; Wiebecke, G: 'Investigation of medical 3D-rendering algorithms'. *Comp. Graphics & Appl.*, Vol.10(2), 1990, S.41-53.

/Toen87/ Toennies, K.D.: *3D-Repräsentation der Morphologie von anatomischen Objekten durch Approximation ihrer Oberfläche*. Dissertation, Technische Universität Berlin, 1987.

/Toen90/ Toennies, K.D.; Tronnier, U.: '3D modeling using an extended cell enumeration representation'. *Computer Graphics*, Vol.24(5), 1990, S.13-20.

/Torr66/ Torrance, K.E.; Sparrow, E.M.: 'Polarization, directional reflection and off-peak phenomena in light reflected from roughened surfaces'. *Journal of the Optics Society of America*, Vol.56(7), 1966, S.916-925.

/Trav91/ Travis, D.: *Effective Color Displays: Theory and Practice.* Boston: Academic Press, 1991.

/Tron89/ Tronnier, U.; Wolff, K.D.; Trittmacher, S.: 'A 3-d surgical planning system and its clinical applications'. *Computer Assisted Radiology*, Proc. International Symposium CAR'89, H.U.Lemke et al. (Hrsg.), Berlin: Springer Verlag, 1989, S.403-408.

/Tots93/ Totsuka, T.; Levoy, M.: 'Frequency domain volume rendering'. *ACM Computer Graphics Proceedings* (SIGGRAPH'93), 1993, S.271-278.

/Tuft90/ Tufte, E.R.: *Envisioning Information.* Cheshire: Graphics Press, 1990.

/Udup91/ Udupa, J.K.; Odhner, D.: 'Fast visualization, manipulation, and analysis of binary volumetric objects'. *IEEE Comp. Graphics & Appl.*, Vol.11(3), 1991, S.53-62.

/Udup93/ Udupa, J.K.; Odhner, D.: 'Shell rendering'. *IEEE Comp. Graphics & Appl.*, Vol.13(6), 1993, S.58-67.

/Wall87/ Wallace, J.R.; Cohen, M.F.; Greenberg, D.P.: 'A two-pass solution to the rendering equation: A synthesis of ray tracing and radiosity methods'. *Comp. Graphics*, Vol.21(4), 1987, S.311-320.

/Wall89/ Wallace, J.R.; Elmquist, K.A.; Haines, E.A.: 'A ray tracing algorithm for progressive radiosity'. *Computer Graphics*, Vol.23(3), 1989, S.315-324.

/Ward92/ Ward, G.J.: 'Measuring and modeling anisotropic reflection'. *Computer Graphics*, Vol.26(2), 1992, S.265-272.

/Watt92/ Watt, A.; Watt, M.: *Advanced Animation and Rendering Techniques.* Reading: Addison-Wesley, 1992.

/Watt93/ Watt, A.: *3D Computer Graphics.* Reading: Addison-Wesley, 1993.

/West92/ Westin, S.H.; Arvo, J.R.; Torrance, K.E.: 'Predicting reflectance functions from complex surfaces'. *Computer Graphics*, Vol.26(2), 1992, S.255-264.

/Whit80/ Whitted, T.: 'An improved illumination model for shaded display'. *Comm. ACM*, Vol. 23(6), 1980, S.343-349.

/Will78/ Williams, L.: 'Casting curved shadows on curved surfaces'. *Computer Graphics*, Vol. 12(3), 1978, S.270-274.

/Yell83/ Yellot, J.I. Jr.: 'Spectral consequences of photoreceptor sampling in the rhesus retina'. *Science*, Vol.221, 1983, S.382-385.

Register